# 95 TESIS PARA LA NUEVA GENERACIÓN

## MANIFIESTO DE ESPIRITUALIDAD Y REFORMA A LA SOMBRA DE LUTERO

### LUCAS MAGNIN

**EDITORIAL CLIE**
Ferrocarril, 8
08232 VILADECAVALLS
(Barcelona) ESPAÑA
E-mail: clie@clie.es
www.clie.es

© Lucas Magnin, 2022.

**95 TESIS PARA LA NUEVA GENERACIÓN**

ISBN: 978-84-18810-86-2
Depósito Legal: B 9489-2022
Cristianismo
General
REL070000

# AGRADECIMIENTOS

A Almen por el ánimo, la compañía, los consejos, la inspiración y la paciencia en todos estos meses.

A Daniel Magnin, Graciano Corica y Jonatán Rodríguez por la lectura atenta y las sugerencias oportunas que enriquecieron estas páginas.

A los amigos y amigas con los que comparto la vida por la generosa atención con la que me escucharon introducir citas e ideas de Lutero de contrabando en casi cualquier ocasión. La vida en comunidad siembra en mí incontables ideas (y algunas florecieron acá).

A los que leerán este libro con mentes y corazones abiertos, con hambre y sed de respuestas. Que el Espíritu use estas meditaciones como una mecha para que el Evangelio brille con fuerza entre nosotros.

# ÍNDICE

# PRÓLOGO

Muchos son los libros, ensayos, artículos y conferencias que se publican cada día acerca de la Reforma protestante del siglo XVI. Son tantos que frecuentemente quien se propone mantenerse al tanto de lo que se está diciendo e investigando se siente sobrecargado ante la imposibilidad de tal empresa. Tal situación se ha vuelto aún más abrumadora en los últimos años, pues en el 2017 se cumplió el quinto centenario de la fecha que comúnmente se señala como el principio de la Reforma, y tal centenario resultó en una verdadera explosión en los estudios acerca de la Reforma. Hasta estos días, aunque estemos ya a una distancia de varios años de aquel centenario, la explosión continúa, y al menos el historiador que escribe estas palabras debe confesar que a veces la avalancha embota sus sentidos y hasta su interés. ¡Y ahora, como si no tuviésemos ya suficiente, aparece otro libro en cuyo título resuenan una vez más las tan trilladas y consabidas *95 tesis*!

Pero este libro es diferente. Aquí no se nos presentará a Lutero como el héroe legendario que se atrevió a enfrentarse tanto al papado como al Imperio. Aquí no se nos dirá que, de algún modo providencial, Lutero logró llevar a la iglesia de regreso a su fe de antaño, como si los siglos entre él y el Nuevo Testamento no tuvieran importancia. Aquí no se nos dará una interpretación detallada y novedosa de algún aspecto del pensamiento de Lutero o de los demás reformadores. Aquí no se discutirá sobre cuántas y cuáles son las famosas "Solas" —*sola Scriptura, sola fide,* etc. Aquí no se nos presentará a Lutero ni a Calvino como modelos que hemos de imitar en todo. (Lo cual me recuerda una anécdota de un pastor reformado que, viendo que las representaciones de Calvino predicando lo pintaban con una boina, empezó él mismo a predicar con boina, hasta que se enteró de que la profunda razón teológica para la boina de Calvino era... ¡que había palomas en la buhardilla!).

Acerca de todo eso hay ya mucho (y buena parte de ello exagerado, torcido o insípido). Pero tal no es el libro de Magnin. Y tampoco, como tanto se hizo en torno al quinto centenario, tomará Magnin a Lutero y a la Reforma como un trampolín desde el cual lanzarse a las aguas favoritas donde cada cual quiere nadar, dejando atrás al trampolín que proveyó el impulso (¡o la excusa!). Aquí no se tomará la *sola Scriptura* como un ariete para derribar las defensas de quienes interpretan las Escrituras de un modo diferente al nuestro. Aquí no se usará la *sola fide* para condenar a quienes insisten en que la justificación por la fe conlleva un proceso de santificación, que —como la justificación— es también don de la gracia de Dios.

Al repasar lo que he leído en este libro de Lucas Magnin, me quedan tres impresiones básicas. La primera de ellas es que Magnin nos presenta un Lutero y unos reformadores humanos, con pies de barro como todos los humanos. Lutero es, sí, el valiente que en Worms se enfrentó al más poderoso personaje en toda Europa. Pero Lutero es también quien trató al joven Melanchtón como un tirano, y quien cometió muchos otros errores. En una palabra, aquí se baja a Lutero del pedestal en el que los siglos lo han puesto y se lo trae a nuestro nivel, con los pies en la tierra y con los ojos unas veces en el cielo y otras en la cerveza.

Ese acto de bajar a Lutero de su pedestal es muy necesario. En nuestras querellas con el catolicismo romano, hemos exaltado a Lutero a tal punto que cuando nos topamos con las ambigüedades de su vida, de su pensamiento y de su conducta, o bien las negamos, o bien Lutero se nos cae del pedestal y en su caída se nos hace pedazos. Esa misma cuasi adoración de Lutero también sucede en otras latitudes. Hace unos años, me topé en un seminario luterano en los Estados Unidos con una estatua de Lutero en la que aparecía, en alemán, la siguiente inscripción: «La Palabra de Dios y la doctrina de Lutero permanecen por la eternidad». ¿Qué diría Lutero? Diría (y dijo): «Le pido al pueblo de Dios que no mencione mi nombre. Llámense "cristianos", pero no "luteranos". ¿Quién es Lutero? En fin de cuentas, [lo importante] no es mi enseñanza. [...] ¿Cómo puedo entonces permitir yo —un apestoso gusano— que se les dé a los hijos de Cristo mi miserable nombre?». Lutero lo dice; pero a muchos de sus hijos espirituales se nos hace difícil creerle. Magnin lo cree y este libro lo demuestra.

La segunda impresión importante es que este libro no hace lo que decíamos más arriba, aquello de tomar a Lutero como trampolín para entonces nadar en nuestras propias aguas, dejando atrás al Lutero que nos dio el punto de partida. El libro de Magnin es un diálogo —o, más bien, una conversación polifónica— entre los siglos, los personajes y las ideas. En ese diálogo, Lutero y Magnin —es decir, el siglo XVI y el XXI— son los corifeos; pero el coro que les responde y con el que conversan es mucho más variado e incluye una pléyade de autores y pensadores de los tiempos entre Lutero y Magnin.

Si antes me referí al hecho de tomar a Lutero como un trampolín, como quien salta de un trampolín a una alberca, ahora se me antoja hablar de otra clase de trampolín: la de los jóvenes con aspiraciones de gimnastas que brincan sobre una superficie en la cual rebotan y a la cual vuelven a caer. Unas veces caen de pie, otras sobre un hombro, otras sobre el trasero; pero siempre vuelven a rebotar a lo alto y se preparan para otro contacto con el trampolín. Es así que Magnin lee a Lutero. Aquí Lutero es punto de partida y punto de llegada; Lutero interpreta y es interpretado; Lutero reta y es retado; Lutero habla y escucha. Y Magnin parte de este siglo XXI para caer en el XVI, rebotar, toparse en el camino con Kierkegaard, volver al XVI, rebotar de nuevo, toparse con Nietzsche, volver al XXI y así en un constante y apasionado diálogo.

Por último, la tercera impresión con la que este libro me deja es que Magnin emplea la historia como es más útil, sabio y necesario. Repetidamente he dicho que la historia no se escribe principalmente desde el pasado, sino que se escribe desde el presente en que el historiador se encuentra, y desde el futuro que ese historiador anhela, espera o teme. Ese mismo Nietzsche que es parte del coro que acompaña las voces de Lutero y de Magnin dijo —aparte de muchas barbaridades— una gran verdad acerca de la historia y su función: *Gewiss, wir brauchen Historie, aber wir brauchen sie anders. [...] Das heist, wir brauchen sie vom Leben und zur Tat* («Ciertamente, necesitamos historia; pero la necesitamos de otra manera: la necesitamos a partir de la vida y hacia la acción»).

Magnin no se interesa en Lutero por curiosidad anticuaria, ni por admiración idolátrica, ni como arsenal para los debates. Magnin se interesa en Lutero como hermano tanto por su humanidad como por la fe. Magnin se interesa en Lutero porque es un antepasado digno de reconocimiento pleno —de reconocimiento, como cualquier otra persona, con sus grandes logros y sus trapos sucios. El diálogo que con él entabla me parece ser lo que Nietzsche pedía de la buena historia —que sea *zum Leben* (a partir de la vida) y que sea *zur Tat* (hacia la acción). Y en esto me sumo a lo propuesto por Nietzsche: ¡esa es la historia que necesitamos!

JUSTO L. GONZÁLEZ
Decatur, GA, EE.UU.
Enero, 2022

# INTRODUCCIÓN

Martín Lutero, ese extraño monje que vivió en Alemania hace 500 años, sigue presente en el imaginario de las iglesias evangélicas como una especie de bandera que se desempolva en ocasiones especiales. Puede ser a finales de octubre para conmemorar la Reforma, en el medio de una polémica anticatólica o en alguna mención pasajera sobre la importancia de las Escrituras, la fe o la gracia. La sombra de Lutero es difusa sobre las incontables ramas y grupos que componen el protestantismo. Aunque por lo general desconocemos buena parte de sus ideas y dilemas vitales, lo tenemos guardado por ahí, como una especie de amuleto.

Lutero condensa la imagen más popular de la Reforma. Defensores y detractores lo han ensalzado a lo largo de la historia como ángel o como demonio, como el único paladín de la fe en una época oscura y también como el más perverso de los herejes del cristianismo. Al igual que Moisés, Juana de Arco y Julio César, es un símbolo que trasciende su propia biografía y desaparece entre medio de su legado.

No solo estuvo en el momento justo y en el lugar indicado para dinamizar la reforma que la Iglesia de fines del Medioevo estaba pidiendo a gritos. Además, por su propio magnetismo vital, Lutero dio un enfoque muy personal a muchos de los debates teológicos más importantes de su tiempo y de la posteridad. Su forma de pensar las Sagradas Escrituras, la fe, la Cena del Señor o la autoridad en la Iglesia se extendió mucho más allá de las paredes de la Iglesia luterana.

Hans Küng afirma que la obra de Lutero produjo un completo cambio de paradigma en la historia de la Iglesia y la fe cristiana.

No se puede, según él, pensar el cristianismo fuera de la sombra que se extiende desde Lutero. Fue una nueva concepción global, una nueva gramática teológica, comparable solamente con la revolución que desató el giro copernicano. «Como los astrónomos después de Copérnico, Galileo y Kepler, así los teólogos después de Lutero se habitúan, como quien dice, a otra manera de ver»[1]. Fue, en palabras del historiador Bernard Coster, una refundación del cristianismo.

El obispo anglicano John Robinson, quien tuvo su momento bajo el sol en los años sesenta, en medio de los debates sobre la teología secular y la teología de la muerte de Dios, escribió lo siguiente: «A la larga, quienes modifican más profundamente la historia no son los que aportan una nueva serie de respuestas, sino los que posibilitan una nueva serie de preguntas»[2]. Lutero puso sobre la mesa un sinfín de ideas novedosas (y, al mismo tiempo, antiguas) sobre Dios, pero hizo algo más. Con su gesto de reforma, su cuestionamiento del *statu quo* de su época y su énfasis en la libertad de conciencia inauguró un nuevo momento histórico: la experiencia de la modernidad.

Es cierto que, al leer al propio Lutero, es fácil perderse entre debates que tienen muy poca relación con nuestra experiencia de Dios en el siglo XXI. Los ejemplos sobran: la situación de las órdenes mendicantes, las distinciones medievales sobre el sentido de la Cena del Señor, la polémica sobre la validez de las misas privadas, los sutiles comentarios sobre la injerencia que debían tener los príncipes, etc. En pocas palabras: estamos hablando de un mundo que ya no existe. Y, sin embargo, hay en Lutero una potencia que logra sobreponerse a los cinco siglos que nos separan de él para seguir dirigiéndonos la palabra.

Muchos tenemos la sensación de que estamos a las puertas de una nueva reforma de la Iglesia. Mi generación anhela una transformación estructural de la experiencia cristiana que pueda conectar mejor con el ejemplo de Jesús y, al mismo tiempo, logre responder con mayor claridad a las preguntas y los dilemas de nuestros contemporáneos (que son también los nuestros). Pero eso que se espera es también algo que se desconoce e incluso se teme. El camino a la reforma es misterioso y todo faro que ilumine la búsqueda es un buen comienzo. Por eso, para muchos de nosotros —que seguimos creyendo que la vida cristiana no es una causa perdida, que no queremos resignarnos a la entropía del cristianismo ni volvernos cínicos al respecto de la Iglesia y el seguimiento de Jesús— la figura de Martín Lutero es un consuelo y un estímulo.

Estas *95 tesis para la nueva generación* son algunas reflexiones que nacieron de forma bastante espontánea, mientras estudiaba al reformador. Están escritas de tal manera que cada lector pueda elegir cómo leerlas. Quizás respetando el orden que yo propongo, o quizás saltando por temas o intereses, como una *Rayuela* desordenada. Quizás meditando de a poco y a conciencia en cada una de mis propuestas, tal vez devorando estas páginas en un pantagruélico atracón literario.

Para sacar mayor provecho de las conexiones e implicaciones de estas ideas, en algunas ocasiones desarrollé dos tesis en un mismo ensayo. Además, para no naufragar entre fechas y datos, agregué al final una tabla cronológica con la biografía y algunas de las obras principales de Lutero.

Hay una escena de *Los reyes*, el poema dramático inspirado en el mito del minotauro, en el que Julio Cortázar pone en boca de Ariana las siguientes palabras: «Eres como una lámina de bronce, me oigo mejor si te hablo»[3]. Lutero será a continuación, para mí también, como una lámina de bronce: un personaje que me ayudará a desentrañar muchos temas que me cargan la mente y el corazón. Eso significa que no emprenderemos un estudio detallado y sistemático sobre la teología o la vida de Lutero (aunque también habrá un poco de esto).

El método de estas tesis será un poco diferente. En algunos ensayos, dedicaré bastante tiempo a explicar sus ideas o un evento importante de su biografía con la intención de extraer una aplicación actual o un desafío vigente. En otros, por el contrario, me enfocaré por completo en un dilema de nuestro tiempo y convocaré al reformador para aportar únicamente un detalle, una cita ocasional o una anécdota menor.

La intención de este ejercicio hermenéutico es acercar a Lutero, traerlo de este lado de la historia y ponerlo a dialogar con los conflictos actuales de nuestra fe. Vamos a extraer, de esa prolífica cantera que llamamos Martín Lutero, un tesoro invaluable para meditar en las complejidades y urgencias que tiene el cristianismo hoy. Intentaremos discernir la sabiduría que existe en su pensamiento y su biografía, en la valentía de sus preguntas y el laberinto de sus respuestas, en sus brillantes aciertos y también en sus vergonzosos errores. Y en medio de todo eso, aunque sea tímidamente, intentaremos oír el oportuno consejo de Dios.

Chesterton dijo que «las ideas pierden en altura lo que ganan en anchura»[4]. Este es un libro más ancho que alto. Hablar con propiedad de fenómenos tan complejos y variados como los que aquí abordaré es, desde el vamos, una misión casi imposible. Los lectores de estas páginas pertenecerán a contextos muy diversos; por ese motivo, es probable que las noventa y cinco tesis resuenen en cada persona de maneras diferentes. A fin de cuentas, la experiencia de fe de una iglesia neopentecostal de la ciudad de Guatemala, de una comunidad reformada del interior de España o de un grupo de universitarios un poco incrédulos de Buenos Aires es dramáticamente diferente. Es el riesgo de lanzar una botella al océano o publicar un libro como este: nunca se sabe quién lo va a encontrar.

Hablar de Lutero no tiene que ver con una excepcionalidad teológica de la Reforma, como si el Espíritu Santo hubiera levantado vuelo tras la muerte del último apóstol y hubiera vuelto a la tierra en el siglo XVI. Tampoco tiene que ver con una especie de orgullo protestante ni con creer que la tradición reformada es infalible. Conocer solo un poquito de los vericuetos de la historia frustra cualquier pretensión de superioridad. Creo, sin embargo, que el sendero abierto por la Reforma sigue siendo válido hoy porque hay allí muchas señales que apuntan al seguimiento de Cristo. Lo importante aquí no es Lutero. Más bien, nos sirve hablar de estas cosas en tanto y en cuanto nos guíen a la gracia que hemos recibido. Parafraseando a Pablo, en el ejemplo de la Reforma descubrimos un poco cómo es eso de imitar a Cristo.

No creo que Lutero nos sirva como un amuleto protestante o un trofeo para poner sobre una repisa de respeto y honor; creo que lo necesitamos, más bien, como un espejo que nos ayude a mirarnos mejor a nosotros mismos y a ver también el rostro del Maestro.

## ENTENDER NUESTRO LUGAR EN LA HISTORIA ES PARTE DE MADURAR EN LA VIDA CRISTIANA (Y, DE PASO, NOS EVITA ALGUNOS ERRORES PREOCUPANTES).

Me parece que esta primera tesis tiene que empezar por afirmar algo muy básico: entre nosotros y la Reforma protestante hay una distancia inmensa. Y vamos a viajar un poco más atrás para decir también: entre nuestra experiencia de la fe cristiana y la Iglesia primitiva hay también una distancia inmensa. Son dos afirmaciones que probablemente sonarán demasiado obvias para algunos; pero para otros —como fue mi caso en algún momento— serán un buen punto de partida para empezar a navegar por este libro.

Situados como estamos en nuestro propio entorno —histórico, cultural, geográfico y, por supuesto, religioso—, es fácil olvidar que nuestra posición en el universo es justamente eso: una posición. Los peces también dan por evidente que toda la realidad es agua. «Como el aire que respiramos, esa forma es tan traslúcida, tan penetrante y tan evidentemente necesaria, que solo con un esfuerzo extremo logramos hacernos conscientes de ella»[5].

Es probable que muchas de las personas que lean estas páginas se identifiquen, sin más, como "cristiano evangélico" o "cristiano protestante". Después de ese rótulo, quizás sigan otros adjetivos, como "carismático", "bautista", "reformado", "relevante", "pentecostal" o "independiente". Todas esas aclaraciones representan, en palabras de José Míguez Bonino, los diferentes rostros del protestantismo. A pesar de las diferencias que podamos encontrar, todos esos rostros «tienen "un aire de familia" innegable»[6] que los conecta con un origen común.

Esa tradición teológica e histórica compartida incluye: el estallido del pentecostalismo, las misiones norteamericanas e inglesas de los siglos XIX y XX, los avivamientos o *Grandes Despertares*\*, el pietismo de los siglos XVII y XVIII, las iglesias congregacionalistas y libres, el puritanismo que buscaba (¡ya en el siglo XVI!) renovar la Iglesia anglicana y finalmente la Reforma protestante que Lutero impulsó y Calvino sistematizó.

Anatole France escribió en una ocasión que es bastante inusual que un maestro pertenezca, en la misma medida que sus discípulos, a la escuela que él mismo ha fundado. Cuando intentamos tender puentes que atraviesen esos quinientos años entre Lutero y nosotros —¡para no hablar de los dos mil años que van hasta Jesús!—, es fácil que muchos sientan una continuidad directa o una prolongación natural que va desde su propia experiencia de fe hasta la teología que los reformadores hicieron en el 1500 o que la Iglesia primitiva proclamó en el siglo I. No es sorprendente, por ejemplo, escuchar que muchas iglesias mencionen las Cinco Solas como estandartes inconfundibles de su fe, heredadas directamente de la Reforma. A su vez, consideran que esos principios fueron una aplicación sin escalas de la enseñanza del Nuevo Testamento.

No obstante, no hay que esperar mucho para descubrir que la comprensión que tienen de la Sola Escritura o la Sola fe muchos de estos creyentes honestamente convencidos de esa continuidad, difícilmente represente el sentido que esas ideas tenían para los reformadores. Generalmente se usan las mismas palabras —Biblia, Iglesia, salvación, autoridad—, pero el puente que conecta los sentidos se ha cortado. Puedo imaginarme una escena de lo más divertida, en la que reformadores como Lutero, Zwinglio o Calvino repiten las palabras de Hechos 15:24, pero ahora hablando de nosotros: «Tenemos entendido que unos hombres de aquí los han perturbado e inquietado con su enseñanza, ¡pero nosotros no los enviamos!»\*\*.

---

\* El primero fue el de Whitefield, Wesley y Edwards (1730-1740). El segundo fue el de Finney y el Movimiento de santidad (desde 1820). El tercero (de la segunda mitad del siglo XIX) fue el de Moody y Parham; este último fue maestro de William Seymour, el pastor detrás del avivamiento de la Calle Azusa, evento que marca el nacimiento histórico del pentecostalismo. A esta historización clásica, se le agrega a veces un cuarto Gran despertar, durante la segunda mitad del siglo XX, catalizado por Billy Graham y el *Jesus Movement*.

\*\* A menos que se indique lo contrario, todas las citas bíblicas están tomadas de la Nueva Traducción Viviente (NTV). También son citadas la Reina Valera 1960 (RVR1960), la Reina Valera Contemporánea (RVC), la Dios Habla Hoy (DHH), la Palabra de Dios para Todos (PDT) y la Nueva Versión Internacional (NVI).

Cuando trazamos un árbol genealógico de nuestra propia fe y podemos asumir el camino que hizo el Evangelio para llegar hasta nosotros, muchas vendas se caen. Podemos notar la distancia —teológica, existencial, geográfica, cultural, histórica, lingüística— que hay entre nuestra experiencia de fe y el mensaje de los reformadores. Podemos reconocer las diferencias entre nuestras prácticas eclesiales y el testimonio apostólico del primer siglo. Somos seres históricos y una de las peores cosas que podemos hacer, en nuestro intento de vivir la fe cristiana en plenitud, es transitar nuestra vida como si la historia no existiera.

El recorrido de las próximas páginas nos hará tomar conciencia de la distancia que existe entre nosotros y la Reforma —y, por extensión, la Iglesia primitiva y Jesús—. Ese aprendizaje es doloroso, no lo voy a negar. Entender nuestro lugar en la historia complica las cosas. Sería mucho más satisfactoria la sensación de haber sido enviados en un viaje en el tiempo, a bordo del DeLorean, hasta nuestros días.

Si toda nuestra fe viniera certificada con un sello de calidad inviolable, firmado por Lutero o el apóstol Pablo, o si pudiéramos trasladarnos olímpicamente hasta la Reforma del siglo XVI —o, mucho mejor, hasta el mismo Aposento alto en Jerusalén—, podríamos evitar muchos complejos procesos de reflexión teológica. Ciertamente, ser hijos de un repollo o una cigüeña nos ahorraría mucho trabajo.

Pero el Señor —que nos dio el ejemplo al encarnarse en la historia— ha decidido en su eterna sabiduría bendecirnos de esta manera. Nos ha invitado —sin atajos, sin DeLorean y sin cigüeña, a la luz del testimonio de su obrar en la historia y del consuelo de su Espíritu— a vivir aquí y ahora, abrazados a la promesa de que estará con nosotros hasta el fin del mundo.

## LOS TIEMPOS DE GRAN INCERTIDUMBRE PUEDEN SER LA EXCUSA PARA ENTREGARSE AL MIEDO O LA MOTIVACIÓN PARA CONQUISTAR MEJORES CERTEZAS.

El humanista italiano Lorenzo Valla desenmascaró en 1440 uno de los fraudes más famosos de la historia. El documento conocido como Donación de Constantino afirmaba que, al mudar la capital imperial a Constantinopla en el año 330, el emperador Constantino había dejado a cargo del papa no solo la ciudad de Roma, sino también el resto del Imperio romano de Occidente. Ese era el fundamento de las atribuciones territoriales que el papado tenía sobre Italia y buena parte de Europa. El Derecho Canónico puntualizaba lo siguiente:

> El emperador Constantino donó al obispo de Roma la corona imperial y toda la magnificencia imperial en Roma y en Italia y en todas las tierras que, en Occidente, pertenecen al emperador. [...] Deben tener los obispos sucesores del Príncipe de los Apóstoles, mayor autoridad y poder en la tierra que la que posee nuestra majestad imperial.[7]

La autoridad del papa —no solo espiritual, sino también política— sobre el emperador quedaba así legalmente establecida. Al analizar las palabras y giros lingüísticos de la Donación de Constantino, Valla concluyó que el documento no podía haber sido escrito en el siglo IV. La hipótesis más creíble situaba su redacción en el siglo VIII, como parte de una disputa contra los herederos de Carlomagno por unos territorios italianos.

La obra de Valla no tuvo grandes consecuencias en el momento de su publicación. No fue más que un rumor que circulaba en ambientes académicos. De hecho, durante un siglo más, la Donación siguió siendo considerada como verdadera por los juristas.

Sartre escribió que, cuando cae la noche y la seguridad se vuelve penumbra, hay que tener muy buena vista para poder distinguir al buen Dios del diablo. En la bruma posmoderna en la que andamos, cuesta muchísimo gritar «¡Tierra a la vista!». Somos náufragos de identidad en unos tiempos líquidos. Las generaciones que nos precedieron podían hablar de "normal", "verdad", "perversión", "familia", "éxito", "mujer" o "bueno" a partir de implícitos acuerdos de la tradición occidental. Hoy la incertidumbre es nuestro acuerdo. Nos cuesta dejar de sospechar de todo.

La hipótesis de que existe cierta objetividad en el lenguaje ha perdido el consenso del que gozó en el pasado. Lo mejor que nos va quedando son las opiniones, los recorridos vitales, la reivindicación que pueden ofrecer las subjetividades al dar su testimonio. Cada cuerpo se aferra a la madera que puede, la que le da algún tipo de equilibrio mental. Desde ese púlpito inquieto, proclama su verdad con la esperanza de que esa voz ayude a reconstruir algún tipo de tejido social.

Y si ya la mera existencia en esta era turbulenta es un cóctel de ansiedades, problemas de identidad y angustia, ¡cuánto más el hecho de ser una Iglesia en misión! Nos sentimos acomplejados y siempre bajo el escrutinio. Nos debatimos entre dos formas de culpa: primero, la de rozar en ocasiones el fanatismo religioso; y segundo, la conciencia de lo mediocre que es nuestro testimonio cristiano.

Aunque la sensación es a menudo bastante asfixiante, hay un dato que puede darnos esperanza: la Reforma protestante brotó justamente en medio de una asfixia similar. A comienzos de 1520, entre dudas cada vez más significativas sobre la legitimidad del papado, llegó a manos de Lutero una copia de la obra de Lorenzo Valla. Fue la gota que rebalsó el vaso: la Donación de Constantino no era un título de propiedad legítimo. Eso significaba que durante siglos la iglesia de Roma había lucrado y hecho guerras sobre la base de un fraude.

Si hasta ese momento Lutero intentaba conciliar sus descubrimientos bíblicos con la institución del papado, después de esa lectura su tono cambió drásticamente. Ese mismo año publicó *A la nobleza cristiana de la nación alemana* y *La cautividad babilónica de la Iglesia*: dos tratados en los que hablaba abiertamente, por primera vez, del papa como el Anticristo.

Habían pasado ochenta largos años de incertidumbre y creciente descontento desde la acusación de Lorenzo Valla. Finalmente, las cosas cayeron por su propio peso.

Compartimos con Lutero el hecho de habitar en un ambiente intelectual de cambios profundos. A nivel político, económico, cultural y artístico, la desconfianza generalizada en las explicaciones antiguas nos arroja a un futuro incierto. Nos dijeron que el mundo tenía una forma, unos colores y una coherencia, pero al final la cosa no era tan así. Como sucedió con la Donación de Constantino, estamos tomando conciencia de muchos fraudes que algunos usaron para perpetrar sistemas opresivos e instituciones corruptas.

El vértigo que sentimos es como el de esos pajaritos a los que empujan de golpe del nido caliente. Pero es justamente en tiempos como estos, en palabras de Dave Grohl, cuando aprendemos a vivir de nuevo. Podemos llorar sobre la leche derramada y lamentarnos *hablando del mundo que se nos escapa*. O podemos aprovechar el vértigo y la urgencia para obligarnos a levantar vuelo de una vez por todas.

Tenemos que aprender a surfear la ola de la incertidumbre y el relativismo para poder encontrar, entre los escombros, verdades menos adulteradas y mejores certezas que las de nuestros predecesores. Henri Nouwen decía que ese duro camino es justamente el que nos permitirá ser «flexibles sin caer en el relativismo, firmes en nuestros planteamientos sin ser rígidos, espontáneos en el diálogo sin llegar a ser ofensivos, corteses y generosos a la hora del perdón sin ser excesivamente blandos, y verdaderos testigos sin convertirnos en manipuladores»[8].

Ante las preguntas más desconcertantes que emanan de las demandas políticas, ambientales, económicas, de género, bioéticas o cibernéticas, la promesa de Jesús sigue siendo pertinente: «No se preocupen de antemano por lo que van a decir. Solo hablen lo que Dios les diga en ese momento, porque no serán ustedes los que hablen, sino el Espíritu Santo» (Mc. 13:11).

No creo que esta asfixia que sentimos represente la muerte del cristianismo. Quizás la verdad sea todo lo contrario: que estamos en la hora undécima, justo antes de un cambio inmenso, a las puertas de una nueva reforma que llegará para trastocar los tristes fraudes que algunos han hecho en el nombre de Jesús.

## TESIS 3

**NO NOS HORRORICEMOS: NUESTRA FE NO VA A DESAPARECER PORQUE DEBAMOS REVISAR ALGÚN DATO EQUIVOCADO DE NUESTRO EDIFICIO TEOLÓGICO.**

## TESIS 4

**LA GENTE CON MIEDO HACE DAÑO A OTROS, CONVENCIDA DE HACER LO CORRECTO.**

El siglo XVI me parece algo fascinante: una era que rediseñó el mundo. Pienso en la conflagración de sucesos que hicieron tambalear Europa: como un terremoto epistemológico, todo lo que sabían entró en crisis. El ascenso de la burguesía y la conformación de los estados nacionales europeos, el despertar del racionalismo y los primeros pasos del método científico, todo señalaba que una era de cambios estaba despuntando. Las noticias de un Nuevo Mundo recién descubierto —con exóticos habitantes e incontables tesoros— se oían con pasmosa sorpresa; si tuviéramos que actualizar el efecto a nuestros días, quizás podríamos compararlo con el aterrizaje repentino de un puñado de naves extraterrestres en nuestras ciudades. Así de escalofriante. La Reforma llegó también para hacer tambalear los estamentos sociales y religiosos más arraigados. Y mientras tanto, desde Oriente, los ejércitos otomanos de Solimán el Magnífico trepaban por Europa y llegaban a sitiar peligrosamente la mismísima Viena.

Es el siglo de Leonardo Da Vinci y Moctezuma, de Iván el Terrible y Nostradamus, el tiempo de *Romeo y Julieta*, la *Capilla Sixtina*, la matanza de los hugonotes y el calendario gregoriano. No sorprende que Don Quijote, en los primeros años del siglo siguiente, quisiera evadirse a la fantasía de los libros de caballería antes que habitar en esa era tan inestable.

Un teólogo luterano llamado Andreas Osiander fue el responsable de editar en 1543 un libro que haría tambalear no solo el mundo, sino el universo mismo: *De revolutionibus orbium coelestium*. El autor de ese documento era el astrónomo prusiano Nicolás Copérnico. En sus páginas proponía un giro científico incalculable: pasar de una visión geocéntrica —la tierra como centro del cosmos— a una heliocéntrica —el sol está en el centro y la tierra gira a su alrededor—.

Osiander sabía que tenía en sus manos un libro controversial, que ponía en crisis todo un paradigma. Sabía también que Lutero, Melanchtón y Calvino se oponían a la teoría heliocéntrica porque creían que era bíblica y teológicamente errada.* Así que agregó un prefacio al comienzo del libro en el que quitaba relevancia a las ideas de Copérnico y las presentaba únicamente como un ejercicio de imaginación matemática: «Que nadie espere nada cierto de la astronomía», acotaba, porque «estas hipótesis no necesitan ser verdaderas ni probables»[9].

Uno de los grandes lectores de Copérnico fue Giordano Bruno, un astrónomo, filósofo y poeta italiano que pasaría a la historia como un mártir del librepensamiento. Bruno abrazó el sistema copernicano y fue incluso más allá. En sus escritos se encuentran desperdigadas algunas ideas que han sido ya refutadas, pero muchas otras que la ciencia ha ido confirmando desde entonces: que la Tierra gira alrededor del sol y que además gira sobre su propio eje, que la percepción del movimiento es relativa, que el sol es una estrella, que en el cosmos hay otras estrellas y planetas similares al nuestro, etc.

Todas esas afirmaciones no contradecían a las Escrituras ni a la fe cristiana desde la perspectiva de Giordano Bruno, pero la Inquisición no lo vio de la misma manera. Un 17 de febrero de 1600 fue quemado vivo en una hoguera en el Campo de' Fiori de Roma.

El caso de Bruno puso en alerta a la curia sobre el peligro que representaban esas nuevas ideas de la astronomía para la Iglesia católica.

---

* En una de las *Charlas de sobremesa*, Lutero dijo de Copérnico: «Este loco quiere trastocar toda la ciencia de la astronomía; pero, como consigna la Sagrada Escritura, Josué ordenó detenerse al sol y no a la tierra».

Su expediente sería un modelo para la infame persecución que algunos años después se desataría sobre Galileo Galilei. La teoría de Copérnico fue declarada herética en marzo de 1616; en 1633, después de un proceso que se extendió por más de veinte años, Galileo fue condenado por hereje. Pasó el resto de su vida bajo arresto domiciliario. Tendrían que transcurrir doscientos lentos años hasta que los libros de Copérnico y Galileo fueran finalmente quitados del *Índice de libros prohibidos* de la Iglesia católica.

La Inquisición de hace siglos hacía añicos a quienes pusieran en duda alguna pieza, por pequeña que fuera, de su edificio teológico. Creían que, si se caía una pieza, todo se desmoronaba. Pero hoy sabemos, sin sombra de dudas, que Giordano Bruno, Copérnico y Galileo tenían razón y que podemos seguir siendo verdaderos cristianos, amar a Dios, servirlo con devoción y ser fieles a su Palabra mientras creemos que la Tierra gira alrededor del Sol.

No hay contradicción entre ese dato y nuestra fe. No hay herejía. Se sacó esa pieza y el cristianismo se mantuvo intacto. Pensaban que su religión y su mundo llegaría a su fin si cambiaba la teoría que explicaba el movimiento de los astros; sin embargo, contra todos sus cálculos y miedos, el mundo y la fe sobrevivieron sin mayores complicaciones.

Un poco más lejos del ojo de la tormenta, otros intelectuales y científicos —como René Descartes y Johannes Kepler— miraban con atención el proceso contra Galileo y reflexionaban sobre la relación entre la fe y la ciencia. Francis Bacon, otro contemporáneo, fue quizás quien logró sintetizar esas reflexiones de la forma más memorable:

> Dice nuestro Salvador: «Erráis por no conocer las Escrituras ni el poder de Dios» (Mt. 22:29), poniendo ante nosotros dos libros o volúmenes que hemos de estudiar si queremos asegurarnos contra el error; primero las Escrituras, que revelan la voluntad de Dios, y luego las creaturas, que manifiestan su poder; de las cuales las segundas son una llave de las primeras, no solo porque a través de las nociones generales de la razón y las normas del discurso abren nuestro entendimiento para que conciba el sentido verdadero de las Escrituras, sino principalmente porque abren nuestra fe, al llevarnos a meditar debidamente sobre la omnipotencia de Dios, que principalmente está impresa y grabada sobre sus obras.[10]

Muchos de los grandes científicos de la época eran creyentes devotos que entendían su estudio de la naturaleza como un acto de adoración. Estaban seguros de que el cristianismo no es una absurda teoría, incoherente con los hechos y datos duros, sino una explicación perfectamente razonable para entender la realidad. La Iglesia había comprendido mal un elemento concreto de esa realidad —en este caso, el movimiento de los astros—, pero eso no significaba descartar la fe, sino permitirle enriquecer con los nuevos descubrimientos su verdad eterna. No tenían dudas de que semejante revolución científica no destruiría el cristianismo, sino que lo haría más fuerte.

En la otra vereda, sin embargo, la Iglesia percibía los nuevos descubrimientos como una amenaza de vida o muerte. El Salmo 93 comienza con una adoración: «¡El Señor reina! ¡El Señor se ha vestido de magnificencia! ¡El Señor se ha revestido de gran poder! ¡El Señor afirmó el mundo, y este no se moverá!» (vs. 1; RVC). Justamente, los inquisidores usaron esa última frase como prueba para demostrar la herejía de Galileo.

¿Qué pensarán dentro de doscientos o trescientos años sobre las "demostraciones" que damos para justificar que tal o cuál idea es una herejía? ¿Qué dirán las próximas generaciones sobre las opiniones que nos emperramos en defender, incluso cuando los datos duros cuestionan nuestras interpretaciones? ¿Realmente se vendría el mundo abajo si algún detalle de lo que sabemos no fuera tan así? ¿Desaparecería el cristianismo si ciertos hechos anecdóticos no resultaran ser tal como los aprendimos?

Algunos creyentes están prestos a prender fuego a cualquiera que ose revisar algún dato de su fe. A veces esto sucede con temas de la tradición, la denominación o por gustos personales. Veo muy a menudo actitudes como esa en torno a las investigaciones de los biblistas sobre cuestiones arqueológicas, exegéticas o de géneros literarios de la Biblia. Pienso, por ejemplo, en la reconstrucción histórica que sugiere la mano de tres autores detrás del libro de Isaías, no uno, como se pensaba. O las hipótesis sobre la autoría del Pentateuco, que ponen en duda la postura tradicional sobre el rol de Moisés en la escritura de los primeros cinco libros de la Biblia. O aquellas evidencias arqueológicas y literarias que reconocen que el relato de la Creación de Génesis 1 es un brillante poema teológico más que un texto científico. Estudiosos que han dedicado su vida entera al análisis detallado del texto bíblico desarrollan investigaciones similares sobre temas tan fascinantes como el Jesús histórico, el corpus paulino, las tradiciones de Israel, la literatura apocalíptica y sapiencial o el proceso de formación del canon.

«Se podría escribir una "Historia eclesiástica del pánico", cuyo hilo conductor a través del tiempo es la lucha de la apologética cristiana contra la independencia creciente del hombre; una historia de condenas, de excomuniones»[11]. El instinto de preservación nos pone a la defensiva frente a todo aquello que parezca atentar contra nuestra supervivencia. Puede ser un animal salvaje o un asalto a mano armada, pero puede ser también una idea o un dato que hace tambalear nuestra cosmovisión.

He vivido esa sensación muchas veces y puede ser desesperante. Pero después de haber resistido a esos embates y haber atravesado terremotos epistemológicos de todos los tamaños y colores, aprendí algo. Es lo que también nos enseña la historia de Galileo, una convicción que intento recordarme cada vez que un nuevo elemento pone en crisis mi edificio teológico: mi fe no depende de algunos datos menores ni se va a desmoronar si algo ajeno a mi órbita se suma a la ecuación. Más bien, nuestra fe «está edificada sobre el fundamento de los apóstoles y los profetas. Y la piedra principal es Cristo Jesús mismo. Estamos cuidadosamente unidos en él y vamos formando un templo santo para el Señor» (Ef. 2:20-21).

La gente con miedo hace daño a otros convencida de estar haciendo el bien. Y, como supo decir Sebastián Castellion, matar a un hombre para defender una doctrina, no es defender una idea: es matar a un hombre. Ser más cerrados en nuestras ideas no nos convierte necesariamente en personas más piadosas y fieles —de igual manera, ser más abiertos en nuestras ideas no es sinónimo de libertad y lucidez—. Dios no se espanta de las novedades de hoy, así como tampoco se amedrentaba de los hallazgos de ayer. El edificio de la fe cristiana no es tan frágil como para que se haga añicos con cada cambio del viento, cada nueva invención o descubrimiento.

La vida de los creyentes anticipa el Reino de Dios, pero no lo realiza plenamente. La Iglesia está sujeta (como el resto de los mortales) al error, a la ambigüedad, al duro oficio de desaprender lo aprendido para hacer lugar a nuevos saberes. «A la Iglesia peregrina en la tierra no le es dado comprender todos los caminos que ha recorrido y recorrerá la historia en su marcha hacia la meta final (una meta que se habrá de alcanzar, aunque no sepamos cuándo ni cómo)»[12].

Anclarnos obstinadamente a ciertas hipótesis sobre datos menores, anecdóticos y no fundamentales de la Escritura o el universo no es un acto de lealtad cristiana. Parafraseando a Pablo, si nuestra esperanza en Cristo se cae a pedazos al cambiar una fecha o la presunta autoría de un libro de la Biblia, entonces probablemente «somos los más dignos de lástima de todo el mundo» (1 Co. 15:19).

## TESIS 5

### LAS IDEAS TIENEN CONSECUENCIAS; POR ESO, CONVIENE REVISAR MUY BIEN LO QUE PENSAMOS Y CREEMOS.

Antes de que Lutero apareciera en escena, hubo varios personajes que prepararon el camino a la Reforma. Figuras como Pierre Valdo, John Wyclif o Jan Hus insistían en reformar la Iglesia mediante una purificación de las costumbres, es decir, una santificación individual y eclesial. El predicador Girolamo Savonarola, por ejemplo, era famoso por organizar la hoguera de las vanidades: una quema pública de objetos lujosos y asociados con la vida libertina. Savonarola denunciaba con ese acto la corrupción de la Florencia renacentista gobernada por los Medici. La valentía profética del predicador italiano le granjeó poderosos enemigos, como el inmoral papa Alejando VI, que lo excomulgó y lo condenó a la hoguera.

Lutero tenía catorce años el día en que Savonarola fue quemado como hereje. Su ejemplo de valentía profética fue uno de los modelos que inspiró la vocación del reformador. Más de dos décadas después —de camino a la Dieta de Worms, acusado también él de herejía y sin saber si volvería de ese viaje o si moriría como mártir—, Lutero llevó consigo una imagen del monje italiano.

Lutero no fue ni el primero ni el último en buscar purificar las prácticas y costumbres de la Iglesia de su tiempo. Sin embargo, su Reforma hizo algo diferente de las anteriores: se centró en una revisión de la dogmática. No solo se enfocó en las costumbres, la moralidad y las fallas individuales; «que la vida del papa y de los suyos sea como fuere. Ahora estamos hablando de su doctrina»[13], dijo. No apuntó su artillería contra los pecados de la Iglesia, sino contra las enseñanzas pecaminosas.

«Hay que distinguir entre doctrina y vida», decía Lutero; «si no se reforma la doctrina, la reforma de la moral será en vano, pues la superstición y la santidad ficticia no pueden reconocerse sino mediante la Palabra y la fe»[14]. Aunque Lutero admiró a precursores de la Reforma como Savonarola, Wyclif y Hus, también los criticó por haber denunciado las deficiencias morales de la Iglesia, pero sin atacar la teología que estaba en su base. Habían apuntado a las consecuencias del problema, pero no habían hecho nada por tratar las causas.

C. S. Lewis dijo que podemos pasarnos la vida sin prestarle atención a las ideas teológicas, ignorando esa dimensión de la realidad. Pero eso no significa que no tengamos ninguna posición tomada sobre el tema. Más bien, significa que tenemos «un gran número de ideas equivocadas: ideas malas, mutiladas y obsoletas. Porque gran número de las ideas que en cuanto a Dios se hallan en boga en nuestra época son simplemente las que los verdaderos teólogos estudiaron hace ya siglos y descartaron»[15].

Nuestras ideas teológicas no son abstracciones intrascendentes que tiñen de un color u otro nuestra fe. No son un mero telón de fondo de la verdadera vida cristiana. Las ideas filosóficas y religiosas son peligrosas, «tan peligrosas como el fuego, y nada puede apartar de ellas esa belleza que les confiere el peligro. Pero solo hay un modo de cuidarnos de su peligro excesivo, y es penetrar en la filosofía y empaparnos de religión»[16].

Revisar, deconstruir, meditar y filtrar nuestras ideas sobre Dios y el mundo debería ser uno de los primeros pasos para la reforma de nuestra espiritualidad cristiana. No es un trabajo destinado a los intelectuales con poca fe. No es una distracción de la verdadera espiritualidad. Como dijo Richard Weaver hace algunas décadas, las ideas tienen consecuencias.

Si predicamos la centralidad del Evangelio en todas las áreas de la realidad, lo que creamos de Dios, la Biblia, la salvación y la misión afectará notablemente (para bien y para mal) nuestra vida, nuestra comunidad de fe y la sociedad.

## TESIS 6

EL CRISTIANISMO DEBE SER, HOY MÁS QUE NUNCA, UN BALUARTE DE SENSATEZ.

## TESIS 7

LEVANTAR LA VOZ CONTRA LAS HEGEMONÍAS INTELECTUALES, EL ESNOBISMO Y LAS MODAS CULTURALES TAMBIÉN ES PARTE DEL ROL DE LOS PROFETAS.

Como una levadura altamente eficiente, el movimiento filosófico que conocemos como *posmodernismo* abonó la sociedad occidental hasta crear ese espíritu de época que conocemos como *posmodernidad*. De las ácidas disputas en el interior de las escuelas marxista y estructuralista fue naciendo, a mediados del siglo XX, un método de crítica cultural que tensionaría la racionalidad moderna como nunca antes. Lo que empezó como una antítesis a ciertas tesis de la filosofía de su tiempo, logró convertirse, en cuestión de un par de décadas, en un discurso que no solo conquistó la academia (en especial, las Ciencias Sociales), sino que permeó los debates políticos, éticos y culturales de manera total.

Sobre el escenario de una economía consumista, saturada por la oferta permanente de atractivos estilos de vida, montada en los rieles de la hipercomunicación y la instantaneidad de internet, el espíritu del nuevo siglo se fue fortaleciendo. ¿Cuáles son los trazos de esa nueva hegemonía intelectual? En muy pocas palabras:

- la insistencia en la maleabilidad de aquello que consideramos real;
- el mantra foucaultiano de que *todo es discurso;*

- el lema derridiano de que *no hay nada fuera del texto;*

- la desconfianza lyotardiana frente a cualquier cosa que uno pudiera considerar *metarrelato;*

- la crítica a toda idea de objetividad y orden como nociones opresivas y deshumanizantes;

- el rechazo posestructuralista a cualquier categoría;

- la afirmación de la plena artificialidad de toda explicación.

Todas estas hipótesis han fermentado un clima intelectual de irracionalismo, subjetivismo y escepticismo que los escritores naturalistas del siglo XIX podrían tildar de fantástico.

Las *Fake News,* la posverdad, el auge de grupos extremistas, el relativismo epistemológico que inunda cada conversación y la carnicería discursiva en las redes sociales no solo son culpa del algoritmo y la exacerbación psicológica de una sociedad cada vez más individualista. Son, en buena medida, las consecuencias prácticas de ese paradigma que se convirtió en la hegemonía cultural de Occidente en las últimas décadas.

Estamos en presencia de lo que Milan Kundera denomina *Homo sentimentalis:* «El sentimiento se ha revalorizado y la razón, devaluado. *El cogito ergo sum* ("Pienso, luego existo") de Descartes ha sido sustituido por el "siento, luego existo"»[17].

Con desfachatada insensatez, muchas de las mentes más brillantes de la academia y la cultura sembraron anárquicos vientos que minaron la confianza de Occidente en la razón, la ciencia y la posibilidad de abrazar algo que se acerque al menos un poco a la verdad. Estas son las tempestades que cosechamos.

Lutero ha sido frecuentemente acusado de ser un irracionalista. Y la verdad es que, cuando uno lee algunas de sus expresiones más pintorescas, pareciera que el título le cabe a la perfección. Solía hablar de la razón como *Frau Hulda:* «La novia del diablo, la razón, esa ramera encantadora, [...] la meretriz más seductora con que cuenta el diablo»[18]. En más de una ocasión, mostró una completa hostilidad hacia la filosofía y el mundo intelectual de las universidades más prestigiosas de su tiempo. Pero si analizamos sus ideas con detenimiento, las cosas se ponen mucho más interesantes.

Lutero creía que la razón, como el resto de las dimensiones de la experiencia humana, lleva en sí la marca de la Caída. Entendía que el pecado no solo es una cuestión moral, sino que también afecta nuestra capacidad de pensar correctamente. Su problema no era la razón en sí. De hecho escribió, en 1536, que «tras la caída, Dios no quitó la majestad de la razón humana, sino por el contrario la confirmó»[19]. En la Dieta de Worms, cuando peligraba su cabeza, pidió precisamente ser refutado mediante una sencilla exposición de las Escrituras y mediante la razón. Lo que le molestaba no era el intelecto, sino un tipo de razón autosuficiente y presuntuosa «que se arroga el conocimiento de aquello que pertenece al "reino" de la fe»[20].

Ese tipo de razón y no otra era la que Lutero consideraba "prostituta del demonio". Y para él no había intelectuales que encarnaran mejor ese tipo de actitud fanfarrona y pedante que los teólogos de la gloria. Lutero llamaba así a los filósofos y teólogos escolásticos que, a comienzos del siglo XVI, todavía constituían el núcleo duro de la hegemonía intelectual de su tiempo. Con sus categorías estructuradas y sus sofisticados métodos de validación, la filosofía y teología escolástica de fines de la Edad Media dominaba las universidades más prestigiosas de Europa.

La figura de Aristóteles era omnipresente para los escolásticos, que afirmaban que no se podía ser un verdadero intelectual sin basar las propias opiniones en la tradición aristotélica. La escolástica tardomedieval no era ya el sistema imponente de la *Summa* de Tomás de Aquino, ni tenía la potencia analítica del sutil Duns Escoto, ni ofrecía una lógica invencible como la de Guillermo de Ockham. En la época de Lutero, la escolástica era puro escolasticismo: la cáscara débil de un imperio intelectual agotado por las disputas internas, la exageración y el elitismo.

El lenguaje enrevesado y los silogismos oscuros de la escolástica convirtieron al Evangelio en una actividad a la que solo unos pocos accedían: «Una filosofía teológica en la que el cristianismo originario del Nuevo Testamento era solo un elemento entre otros, y ni siquiera el dominante»[21]. Por la presión de los pares y el prestigio intelectual que ofrecía, la escolástica se había convertido, a principios del siglo XVI, en una hegemonía cultural que había cooptado la capacidad de análisis de la academia.

Años antes de su ruptura con la Iglesia católica, en un enorme acto de valentía epistemológica, Lutero rompió con Aristóteles:

> Me duele en el corazón que ese pagano maldito, altanero y perverso haya seducido y engañado con sus falsas palabras a tantos de los mejores cristianos. Dios nos ha atormentado con él a causa de nuestros pecados. [...] Sé muy bien lo que digo. Conozco a Aristóteles tan bien como tú y los tuyos. También yo lo he leído y oído con mayor entendimiento que Santo Tomás y Escoto. De ello puedo gloriarme sin vanidad y, si fuera menester, lo probaré. No me importa que durante tantos siglos muchas altas inteligencias se hayan afanado por él. Tales objeciones no me impresionan, como anteriormente lo hicieron.[22]

Mientras las universidades repetían, hegemónicamente y sin mucho pensamiento crítico, su dependencia a la filosofía aristotélica, Lutero afirmaba que un verdadero teólogo no pude llegar a serlo sin desembarazarse antes del molde de Aristóteles.

Si reducimos la ecuación histórica al mínimo, quizás no sea exagerado afirmar que la Reforma protestante fue una reacción —ejecutada desde el interior de la academia misma— contra el esnobismo de los intelectuales de su tiempo. Lutero no fue un irracionalista, sino, precisamente, un intelectual hastiado del vaho de la academia y dispuesto a cuestionar la *intelligentsia* de su tiempo.

A través de la polémica, las paradojas y los contrastes, intentó despegarse de la sobreintelectualización de los escolásticos, de su lógica disociada de la revelación y de las sutilezas que convertían la vida en un juego de palabras. Lutero fue «un pensador inconformista [...] que siempre conservó una sana desconfianza hacia la razón»[23], las modas académicas y el esnobismo de las élites culturales. Lutero acusaba a los escolásticos una y otra vez de ser sofistas\*, es decir: charlatanes, relativistas, tramposos, esnobs.

El siglo XXI galopa al ritmo de la irracionalidad territorial, la inconsistencia, el fanatismo, el chantaje emocionalista y los impulsos sectarios. Es una era desquiciada: ha perdido su quicio, su eje, su órbita. Y el cristianismo, en tiempos como estos, no puede darse el

---

\* Ese fue su término preferido para hablar de los escolásticos. Lo acuñó siguiendo el ejemplo del círculo de humanistas de Erfurt y lo usó constantemente a partir de 1518. También les dedicó epítetos como *teologastros, amorreos, ranas, bestias, asnos, topos, murciélagos, etc.* Los centros de estudios escolásticos eran para él *burdeles de Satanás.*

lujo de arrojarse a la insensatez ni de engrosar las filas del absurdo, el arrebato pasional o la superficialidad.

«Simplones» —dice Proverbios 1—, «¿hasta cuándo insistirán en su ignorancia? Burlones, ¿hasta cuándo disfrutarán de sus burlas? Necios, ¿hasta cuándo odiarán el saber? Vengan y escuchen mi consejo. Les abriré mi corazón y los haré sabios». A los creyentes nos toca, en medio de estas tempestades, evitar la deliciosa pendiente de la irracionalidad fanática y tomarnos el lento y duro esfuerzo de examinarlo todo.

Especial trabajo les toca, en ese horizonte turbulento, a los estudiantes, intelectuales, teólogos y artistas que, desde la fe, deberán disputar sentidos a un siglo cautivo de ideas a menudo insostenibles. Ideas que, por la presión de los pares y el prestigio intelectual que arrastran, parecieran ser la voz autorizada de la cultura y la academia.

Algo que preocupa a muchos creyentes al involucrarse en ese tipo de debates es la necesidad de ser profetas para este tiempo. Y no podrían tener más razón. Sin embargo, nunca hay que olvidar que parte del verdadero testimonio profético para nuestra generación implica justamente levantar la voz contra las hegemonías intelectuales. Esto incluye también dudar de los sofismas con buena prensa —¡que suelen tener abultados presupuestos internacionales!—, las deslumbrantes modas culturales y las escuelas de pensamiento vanguardistas que ignoran a su paso la autocrítica y los llamados de atención.

«Nosotros, que somos del día, debemos estar siempre en nuestro sano juicio» (1 Ts. 5:8; DHH). Imitando al *Logos* que ordena y da sentido al mundo, en compañía de violentos eslóganes que pavimentan caminos totalitarios a derecha e izquierda, nos toca encarnar un testimonio elemental y en vías de extinción: el sagrado oficio de la sensatez.

## DIOS REDIME NUESTRAS BIOGRAFÍAS, TENDENCIAS Y PARTICULARIDADES PARA SU GLORIA; ALLÍ ENCONTRAMOS NUESTRO MEJOR TESTIMONIO.

Hablar de la Reforma protestante es, en muchos contextos, casi equivalente a sana doctrina. Reforma es sinónimo de pureza de la fe y verdadero cristianismo: un modelo imperecedero que debería guiar a la Iglesia de todos los siglos. Los énfasis teológicos de los reformadores —la salvación por la fe, la centralidad de la Escritura, el mensaje cristocéntrico, el sacerdocio de todos los creyentes— son enumerados como el corazón del Evangelio: el resumen de lo verdaderamente esencial del mensaje de Jesús. Otros temas, énfasis o enseñanzas —incluso si aparecen a lo largo de la Biblia o fueron proclamados por los primeros cristianos— palidecen ante ese pilar de verdadera sana doctrina.

Sin embargo, cuando nos acercamos un poquito al fuego de la Reforma, no encontramos ese supuesto molde intemporal e inamovible. Más bien, descubrimos la fascinante experiencia de vidas complejas y únicas cautivadas por el Evangelio. La teología de la Reforma no nació de una epifanía ni de una lectura de la Biblia a espaldas del mundo. Por el contrario: brotó de personalidades y dilemas de vida, de experiencias y situaciones concretas, de amistades y desencuentros, redimidos por el Espíritu de Dios.

La magnética personalidad de Lutero y el peso que tuvieron sus ideas y acciones en la historia lo convierten en un caso de estudio único. Sus aciertos y errores nunca son tímidos; sus luces resplandecen con muchísima fuerza y sus sombras son realmente oscuras. Lutero y Reforma están tan profundamente conectados que es imposible entender el protestantismo sin la particular personalidad, biografía y experiencias del reformador. «Sin Lutero no es posible comprender lo que aconteció en el cristianismo de Occidente desde el XVI, no solo porque él fue el que puso en movimiento este proceso, sino porque lo que él implica está profundamente relacionado con su persona»[24], con su forma de pensar y vivir. Fueron sus dudas e intuiciones las que fundaron una manera de hacer teología. Como decía Felipe Melanchtón —el gran colaborador de Lutero y uno de sus primeros biógrafos—, el carácter del reformador era la mejor prueba de su doctrina. Y quiero pensar en algunos ejemplos.

La teología de la justificación por la Sola fe no solo fue el fruto de su lectura de la epístola a los Romanos. Para entenderla realmente, hay que considerar también la angustia y el miedo que marcaron los primeros años de vida de Lutero. La enfermedad y muerte de uno de sus compañeros de colegio, la ocasión en la que se cortó una arteria con una espada y casi se desangra, la tormenta en la que pensó que moriría y en la que prometió a santa Ana ingresar al monasterio si le perdonaba la vida... ese fue el suelo del que brotó su comprensión de la Sola fe. La ansiedad y la depresión fueron el aguijón en la carne que pavimentó el camino hacia una radical experiencia con Dios.

Su enseñanza sobre la familia cristiana y los roles en la pareja estaba inspirada en la Biblia, pero también evidenciaba lo que había aprendido en su casa. Su padre Hans era minero y trabajaba mucho tiempo fuera de la ciudad; por ese motivo, su madre Margarethe se dedicó únicamente a las tareas del hogar. Eso no era una regla general en la sociedad alemana de su tiempo. La particular división de tareas que Lutero aprendió de Hans y Margarethe le pondrían un marco a su comprensión de las instrucciones domésticas del Nuevo Testamento. Hoy resultan muy absurdas algunas de sus opiniones sobre el tema: «Las mujeres deben quedarse en casa: su morfología física indica que fueron creadas para ello, pues tienen caderas anchas y buen fundamento sobre el que sentarse»[25].

Su capacidad para hacer frente sin temor a figuras de autoridad —como el papa o el emperador— se desarrolló primero en el entorno doméstico. Su padre Hans quería que Martín fuera un prestigioso abogado que le ayudara con el negocio familiar, pero su hijo lo desobedeció y se convirtió en monje. Esa actitud contestataria, forjada en la relación con su padre, lo acompañaría el resto de su vida y lo ayudaría a soportar presiones inimaginables. Además, el carácter peleador y polémico que puso a Lutero en el centro de la Reforma de la Iglesia era típico de la cultura de Mansfeld, lugar donde pasó su infancia.

La denuncia del enriquecimiento de los ricos a costa del pueblo alemán fue uno de los motivos principales de la popularidad de las noventa y cinco tesis. Esa crítica nos trae, como un eco, las quejas de su padre (un pequeño empresario minero) contra los ricos usureros y los banqueros.

Otro de sus ataques se dirigió contra la religión ascética de su tiempo. Más allá de sus valiosas interpretaciones bíblicas, esa denuncia refleja una experiencia de vida: la de haber crecido en una familia que tenía un buen pasar económico y estaba acostumbrada a comidas y bebidas de cierta calidad. Con ejemplos como estos podríamos seguir un buen rato.

Una cosa que Lutero hizo con más determinación que la mayoría de teólogos de la historia fue, justamente, aceptar que su vida era un componente importante de su teología. No algo que había que negar, no un obstáculo para acceder a la revelación, no un factor intrascendente que lo distraía de "las cosas de Dios". Al incorporar conscientemente su biografía y sus luchas internas a su reflexión teológica, puso en marcha una renovación de la espiritualidad cristiana que se escucha con fuerza a cinco siglos de distancia. Lutero «entretejió la historia de sus crisis con la de su pensamiento»[26]; su teología, como el *Logos* mismo, estaba encarnada.

De nuestros temores y valentías, de los traumas de la infancia y los errores de la adultez, de las cualidades ocultas y los evidentes talentos, de las luces y las sombras, en resumen: de todo el crisol de experiencias que componen nuestra vida es de donde brotará la singularidad y belleza de nuestro testimonio. Son esos vericuetos biográficos y dilemas existenciales los que preparan la tierra para que crezca en nosotros el fruto del Espíritu con características tan particulares como nuestras huellas digitales.

Por supuesto que el ejemplo y las conquistas de otros creyentes nos enseñan e inspiran; ¡todo este libro es la prueba de eso! Pero en vez de preocuparnos tanto por encontrar moldes externos, patrones ajenos, modelos a imitar para descubrir cuál es "la forma de Dios", quizás convenga preguntar honestamente y con humildad: ¿cómo me hiciste, Señor? ¿Cuáles son mis luces y sombras, mis dolores y alegrías, mis dudas? ¿Acaso podrás hacer algo hermoso con esta infancia irregular, con estos pecados tan desagradables, con mi comunidad de gente sencilla, mis rarezas sin remedio y nuestros países con inestabilidad crónica?

Sabemos que no es gran cosa, pero, como en la historia de la viuda, *esto que somos, esto que soy, eso te doy.*

## TESIS 9

## LA TRANSFORMACIÓN DE LA IGLESIA Y DEL MUNDO ES EL FRUTO DE UNA VIDA DE SANTIDAD Y DEVOCIÓN PROFUNDA.

Lutero ha legado a la posteridad un puñado de escenas realmente épicas, de esas que funcionan muy bien en la pantalla cuando van acompañadas por vigorosos violines y percusiones grandilocuentes. Colgar las noventa y cinco tesis a martillazos en la puerta de la iglesia, gritar en alemán «¡No pienso retractarme!» ante la Dieta de Worms y quemar públicamente la bula de excomunión del papa León X son las primeras que vienen a mi mente. Esas imágenes, oportunamente celebradas y amplificadas por la tradición protestante, podrían dar la impresión de que el reformador era un caudillo de la talla de Espartaco, una especie de *Avenger* teológico que con acciones y frases memorables se dedicaba a despotricar contra un sistema religioso corrompido.

Pero antes y después de todo esfuerzo por denunciar la injusticia, reformar la Iglesia o cambiar el mundo, Lutero era un monje cautivado por Dios. Joseph Lortz dio en el clavo cuando lo definió como un verdadero *homo religiosus:* un individuo plenamente entregado a la aventura espiritual. Uno de sus biógrafos escribió que el ardor religioso de Lutero es algo realmente inusual y que si queremos encontrar figuras análogas en la historia del cristianismo «debemos volvernos al judío Pablo, al latino Agustín, al francés Pascal, al danés Kierkegaard, al español Unamuno, al ruso Dostoievski, al inglés Bunyan y al norteamericano Edwards»[27].

Entender la figura y el legado de Lutero bajo otras luces —políticas, económicas, sociales— sin considerar la centralidad de sus motivaciones religiosas es malinterpretarlo. Lutero vivió sus años abrasado de pasión por Dios, en una posición de radical humildad ante sus mandamientos, con una dedicación total (y por momentos incendiaria) al seguimiento de sus pisadas. La Reforma no fue el fruto de un rebelde sin causa; lo de despotricar contra el sistema era solo la punta del iceberg. El centro de su causa era un compromiso ilimitado con el Creador.

Augusto Comte sugirió que la juventud es la edad metafísica; como tal, no es sorprendente que buena parte de nuestra vitalidad se exprese en abstractas utopías y revoluciones metafísicas. Por eso vibramos con todo tipo de causas. Por eso nos enciende la épica de la Reforma. La indignación por las estructuras caducas y las opresiones cotidianas infla en nosotros un ardor profético que anuncia la renovación de todas las cosas. Pero no toda indignación es santa y en más de una ocasión el discurso bienintencionado, la pose de revolución y las reivindicaciones imprecisas son tan solo ruido. Un címbalo que resuena.

Si detrás de toda la épica revolucionaria y las utopías de transformación no hay una vida prendada a la presencia de Dios, nuestros mejores deseos tienen poco futuro. No hay reforma, ni Iglesia, ni cristianismo que no se realice en Cristo. El amor profundo por el Dios que nos encontró primero debe ser el ancla de toda epopeya espiritual.

Los tibios nunca reforman nada. Una fe vaga y vaporosa, una espiritualidad egocéntrica y sin compromiso, una ética cristiana superficial y elástica tiene serios problemas para habitar en la presencia del fuego consumidor.

La Biblia repite con insistencia el imperativo de la santidad: «Sean santos porque yo soy santo». Semejante mandamiento es mucho más que un estímulo para aspirar a una moralidad sobresaliente: es el mandato de tratar la vida de Dios como algo excepcional que demanda dedicación plena. La santidad, dice Richard Foster, «es atención sostenida sobre el corazón»[28]: una continua meditación delante de Dios que puede desbaratar todas las lealtades y urgencias que anidan en el alma.

«El joven conoce los mandamientos» —escribió Bonhoeffer, otro reformador alemán, asesinado por el régimen nazi antes de cumplir cuarenta años—, «pero su situación consiste en que no puede contentarse con ellos y desea superarlos»[29]. Encontrar el contentamiento, la disciplina y la plenitud en la obediencia sencilla al Maestro es el corazón de las transformaciones individuales, comunitarias y colectivas. Es, además, un antídoto contra el rencor y contra nuevas formas de tiranía.

La transformación de las grandes estructuras comienza por la devoción escondida y el encuentro silencioso con la fuente de la vida, por las convicciones nacidas de aprendizajes lentos y la paciente misericordia hacia las miserias ajenas forjada en el fuego de los propios fracasos y deslealtades.

No es el pecador quien conoce el pecado, sino el santo.

YVES DE MONTCHEULL

## LO QUE EN UN MOMENTO FUE REFORMA, INNOVACIÓN Y ASOMBRO, EVENTUALMENTE SE CONVERTIRÁ EN ESTRUCTURA, ATRASO Y RUTINA.

«Yo, que estaba destinado al martirio, he llegado a un punto en el que convierto en mártires a los demás»[30]. Las palabras son de Lutero. Las pronunció tres años después de su audiencia en la Dieta de Worms, en la que pensó que sería quemado como hereje. Unos años después, en una carta a su amigo Amsdorf hacia fines de 1527, le pidió que orara por él para que Dios no le permitiera convertirse en enemigo de todo aquello por lo que había luchado tanto.

El pesimismo que el reformador sentía en ocasiones al respecto de su Reforma refleja los múltiples frentes de oposición a los que se enfrentaba constantemente y el enorme desgaste de su tarea. Es un testimonio, sobre todo, de las duras críticas que dirigían contra él los anabautistas —grupos «tildados, frecuentemente con injusticia, por los historiadores como "reformadores radicales", "sectarios", "espiritualistas", "entusiastas", "fanáticos", como el "ala izquierda de la Reforma"»[31]—.

Los anabautistas no querían nada menos que una reforma total del cristianismo, un retorno radical a las fuentes. Por eso, aunque en los primeros años creyeron que Lutero era el enviado de Dios para conducirlos en esa dirección, con el tiempo fueron tomando distancia. Lo acusaban de actuar con demasiada cautela, de quedarse a mitad de camino y no ir lo suficientemente lejos en su proyecto de restauración de la fe de los primeros cristianos.

Aunque en vida se llevaron como perros y gatos, me parece que existe un complemento fascinante entre la teología de Lutero y la de los anabautistas. Los puntos ciegos que existen en muchas intuiciones teológicas del reformador son enmendados por la experiencia de los anabautistas. Y viceversa: muchas de las carencias que tuvo la Reforma radical parecen iluminadas y complementadas por las propuestas de Lutero. La tensión dialéctica que existe entre esas reformas del siglo XVI sigue motivando la experiencia cristiana hasta nuestros días.

Una de las cosas que encuentro más estimulantes al pensar en esto tiene que ver con el recambio generacional. Porque los anabautistas, en pocas palabras, intentaron hacer una reforma de la Reforma. Lutero fue para los anabautistas lo que el papado había sido para Lutero. Fueron ellos los que se rebelaron contra los hallazgos del reformador, los que cuestionaron duramente sus interpretaciones y decisiones, los que señalaron las contradicciones de su teología y elevaron preguntas allí donde el luteranismo quería cerrar sus filas en una afirmación sin fisuras.

Lo que en un momento representó novedad y renovación se convertirá, tarde o temprano, en una estructura inflexible. Es la ley de la entropía, el destino de todo lo que está vivo. Nadie se escapa de sus consecuencias: ni la Reforma de Lutero, ni la Iglesia primitiva a fines del primer siglo, y ciertamente no se librarán de la entropía nuestros mejores proyectos, nuestra teología de vanguardia ni nuestros sueños de comunidad.

Una meditación de Lutero durante sus primeros años de Reforma da en el clavo: «Aunque la canonización de los santos hubiera sido buena en tiempos anteriores, ahora no lo es, como muchas otras cosas que anteriormente eran buenas y no obstante ahora son molestas y perjudiciales»[32]. La repetición de fórmulas, soluciones e intuiciones no asegura la supervivencia de un movimiento. Cuando la memoria se convierte en un músculo pasivo, su capacidad adaptación se atrofia, se vuelve territorial, envejece.

Las personas y estructuras que se niegan a soltar el terreno conquistado para hacer lugar a la irrupción de lo nuevo están firmando su certificado de desaparición. Sin embargo, cuando aceptan su lugar en el ciclo de la vida, se convierten en un terreno fértil para que las nuevas generaciones broten sanas y fuertes. Esa es la hermosa sabiduría detrás de las palabras de Jesús: «El grano de trigo, a menos que sea sembrado en la tierra y muera, queda solo. Sin embargo, su muerte producirá muchos granos nuevos, una abundante cosecha de nuevas vidas» (Jn. 12:24).

En su clásico estudio sobre la mitología universal, Joseph Campbell llegó a una conclusión bastante similar: «El héroe de ayer se convierte en el tirano de mañana, a menos de que se crucifique a sí mismo hoy»[33]. La tradición protestante sintetizó este desafío interminable en una expresión latina que hoy seguimos repitiendo: *Ecclesia reformata semper reformanda est*. La Iglesia reformada debe vivir en una constante reforma.

El río del Espíritu ya ha vitalizado a la Iglesia por dos mil años. Para que esa vida pueda llegar hasta nosotros y se extienda hacia el futuro, necesitamos continuamente limpiar su lecho de la basura que el tiempo amontona sin nuestro permiso. Empezando por nosotros mismos.

# TESIS 11

## UNO DE LOS PEORES ENEMIGOS DE LA REFORMA DE LA IGLESIA ES LA LAVADA DE CARA QUE NO CAMBIA LAS CUESTIONES ESTRUCTURALES.*

En el momento en el que escribo estas palabras, ha pasado casi un año desde el comienzo de la pandemia global de la COVID-19. El coronavirus trajo a la superficie incontables nuevos dilemas y, de paso, reflotó algunos conflictos antiguos. Instituciones y métodos, procesos, personas, respuestas, todo ha sido tensionado por el confinamiento y la crisis sanitaria.

Entre esos vestigios, la COVID-19 dejó en evidencia el resquebrajamiento del frágil esquema teológico de muchas iglesias. La forzada migración a la virtualidad expuso las miserias que por largo tiempo solo se decían en voz baja. *Están pasando demasiadas cosas raras para que todo pueda seguir tan normal.*

Ante esa perturbadora conciencia, algunos hicieron como si no pasara nada. Sin embargo, muchos emprendieron una revisión de sus prácticas, motivaciones y estructuras, con la esperanza no solo de sobrevivir a la pandemia, sino, más aún, de repensar la Iglesia hacia adelante. La memoria de la Reforma de Lutero y los testimonios de los grandes avivamientos brotan en las conversaciones de nuestra generación con una valentía conmovedora.

En *El gatopardo,* la novela de Giuseppe Tomasi di Lampedusa, publicada en 1958, se encuentra una frase enigmática y famosa: «Si queremos que todo siga como está, es necesario que todo cambie»[34]. Es probable que Lampedusa se haya inspirado en un proverbio francés, atribuido a Jean-Baptiste Alphonse Karr: «Cuantos más cambios, más parece todo lo mismo».

A partir de entonces, en la política italiana se habla del "gatopardismo" para referirse a una paradoja de la existencia: la de aquellos tiempos de transformaciones que, a pesar de todo el ruido, dejan

* Un extracto de este ensayo se publicó en la revista *Líder 6-25*. Año IV, 20, noviembre 2020.

intactos los mecanismos y las estructuras más anquilosados. Según Lampedusa, para poder mantener funcionando al *statu quo*, de tanto en tanto hay que agitar un poco las cosas.

Tengo serias dudas sobre cierto optimismo que ha sobrevolado en la sociedad en general —y en nuestras comunidades cristianas en particular— sobre los "aprendizajes" que la COVID-19 va a dejarnos como herencia. Aunque quisiera vociferar que todo esto nos va a sacar mejores, menos egoístas, profundamente humildes ante los peligros de nuestro estilo de vida, creo que el gatopardismo está siempre al acecho.

El paso de las ansias de reforma a las decisiones concretas es siempre tedioso. Implica dejar de rascar la superficie para entender las estructuras inconscientes, abandonar las buenas intenciones para convertirlas en transformaciones duraderas y también significa trabajar para que los catálogos de problemas evolucionen en consenso y compromiso. Semejante tarea representa horas, días, meses de debates y desencuentros, de errores y nuevos intentos, de revolear semillas en la oscuridad en búsqueda de tierra fértil.

Por supuesto: es más sencillo y tranquilizador depender de un liderazgo carismático e incuestionable, una aceitada estructura eclesial o una fórmula fija que resultó útil en su tiempo. Pero entonces, si elegimos esos senderos, no nos quejemos de que la entropía haga un trabajo devastador en nuestras comunidades.

Si no queremos que esas saludables transformaciones que tuvimos que elaborar rápidamente y con una buena dosis de optimismo para adaptarnos a la pandemia desaparezcan una vez que se termine el miedo al contagio, tenemos que ir un poco más lejos. «La renovación de la Iglesia no significa darle una mano de pintura a sus muros, sino precisamente renovar esos muros»[35]. Cuando la COVID-19 deje de ser una preocupación y se convierta en anécdota, ¿habremos tomado las decisiones concretas, consensuadas y a largo plazo para que la Iglesia se parezca un poquito más al ejemplo de Jesús?

La pandemia (y cualquier otra crisis) puede ser un regalo, de eso no hay dudas. Nos ha forzado a salir de la comodidad, de lugares predecibles y de muchas fórmulas gastadas. La adaptación a un contexto completamente distinto es un baldazo de agua fría que puede ayudarnos a entresacar lo bueno de lo vil. Nos queda, no obstante, el desafío de convertir esos valiosos aprendizajes en algo más que un poco de culpa cristiana y una sensibilidad que se evapore *cuando pase el temblor.*

## PARA HACER LA OBRA DE DIOS ES FUNDAMENTAL CONTAR CON BUENOS AMIGOS.

Una de las gratas sorpresas que encontré al estudiar a Lutero fue la importancia que tenían las amistades en la primera generación protestante. Para emprender la reforma de la Iglesia, Lutero se rodeó de sus amigos y se hizo amigo de sus compañeros de misión. Una y otra vez aparecen en sus cartas, sermones y panfletos los nombres de Nikolaus von Amsdorf, Johannes Lang, Wenzeslaus Linck, Nikolaus Hausmann, Georg Spalatin, Hans Reinicke, Johannes Bugenhagen, Johann von Staupitz, Lucas Cranach el Viejo, Andreas Osiander, Justus Jonas, Johannes Agricola y Felipe Melanchtón.

Los amigos de Lutero fueron sus aliados más importantes en la tarea de la Reforma. La diversidad de características de todas esas personalidades le dio al incipiente protestantismo una inusual creatividad y fuerza. Sus amigos fueron un campo de pruebas para sus intuiciones teológicas; las grandes ideas que un día cambiarían el mundo fueron primero charlas casuales.

Sin esas relaciones de confianza, es probable que el impulso reformador de Lutero hubiera sido sofocado en poco tiempo. Sin la intercesión y el cuidado de Staupitz —su mentor—, probablemente lo habrían matado en los primeros años de la Reforma. Sin el trabajo invisible de Spalatin —secretario del príncipe Federico—, Lutero no hubiera tenido la protección ni los recursos que le permitieron dedicarse a su tarea reformadora. Sin las pinturas y grabados de Cranach —el artista alemán más importante de su tiempo—, las ideas de Lutero no habrían logrado permear en el pueblo como lo hicieron. Sin la capacidad de síntesis y la habilidad para negociar de Melanchtón, la transformación de la Iglesia que Lutero deseaba se hubiera desvanecido en puro idealismo. Sin la estrecha colaboración de Jonas, Amsdorf y Osiander, los cimientos de la Iglesia luterana hubieran sido más inestables.

El espíritu empresarial que inundó las iglesias en las últimas décadas aportó cierta cuota de eficiencia al ministerio, pero el precio a pagar ha sido alto: relaciones con poca profundidad, tensas, competitivas, mediadas por el pragmatismo. Para destacar en un ambiente como ese, nos hemos acostumbrado a ponernos la máscara de buenos cristianos, a subir las barreras para demostrar cuán santa es nuestra vida. Tan enfocados estamos en "las cosas de Dios" que los avatares de la vida cotidiana quedan relegados al lugar de distracción. El mundo se está perdiendo, así que no hay tiempo para tener amistades significativas.

En uno de sus sermones, Lutero dijo: «Mientras yo dormía o tomaba cerveza de Wittenberg con Felipe y Amsdorf, la Palabra lo hizo todo»[36]. ¡Qué hermosa síntesis de la vida cristiana! Aunque el esfuerzo y la dedicación en el servicio a Dios tienen su lugar e importancia, la confianza en la soberanía divina es justamente la que nos permite disfrutar del servicio junto a otros.

Necesitamos de una Iglesia genuina, cotidiana, con capacidad *para curar con esperanza la tristeza,* sin actitudes aparatosas ni acartonadas. Una Iglesia de gente que disfruta de compartir tiempo, sueños y cargas, que se compromete con la vida de los demás y acepta que tener relaciones significativas es una parte esencial de la misión.

Hombres y mujeres que se acompañan en la vida y desarrollan amistades profundas, que aprenden a seguir a Jesús en comunidad, que conocen sus mutuas miserias y preocupaciones, que se desafían, corrigen y consuelan. Y que dedican tiempo de calidad para compartir una cerveza, un mate o un café con los compañeros de ministerio porque saben que, más allá de todos los esfuerzos, planes y buenas intenciones, es Dios el que cuida de su Iglesia.

Yo quiero ser parte de una comunidad cristiana como esa.

# TESIS 13

## EL AUTORITARISMO ES UN INSULTO AL EVANGELIO Y NO DEBERÍA TOLERARSE EN NINGUNA IGLESIA.

Me encantaría dejar las cosas tal como quedaron en la tesis anterior: el cariño del reformador por sus amigos. Pero, si vamos a ser fieles a la verdad, debemos hablar también de la inmensa sombra que crecía en la raíz misma de esa virtud. Vamos a entrar a uno de los rincones más oscuros de su psicología: Lutero era un déspota.

El reformador tenía la certeza absoluta de estar llevando a cabo una misión espiritual. Tan grande era su convicción de que su causa era la causa de Dios que no dudaba en descargar su tiranía más explícita contra aquellos que cuestionaran sus ideas o métodos. Lutero era implacable con todos aquellos que no estuvieran de acuerdo con él: «Nosotros estamos seguros de que tenemos razón. Esto nos basta»[37].

Su actitud arrogante e intransigente resulta por momentos insoportable. Ejemplo de esto es el coloquio de Marburgo, que intentó lograr un consenso entre los diferentes puntos de vista de varios reformadores. Aunque la reunión no logró su propósito, Zwinglio y Ecolampadio estaban muy contentos por haber finalmente conocido a sus compañeros de Reforma. Así que propusieron que todos los presentes se abrazaran fraternalmente y compartieran la Cena del Señor. Lutero se opuso a cualquier gesto de amistad, se lavó las manos en señal de desprecio y encomendó a sus adversarios al juicio de Dios. Zwinglio rompió en llanto.

Felipe Melanchtón fue su gran amigo, su mano derecha. Es además uno de los teólogos y educadores más brillantes de la historia de la Iglesia. Poco después de la muerte de Lutero, Melanchtón recordaba que durante casi treinta años de trabajo compartido había vivido en constante humillación. Lutero lo había sometido a un servilismo terrible durante todo su ministerio.

Simón Lemnius, uno de los estudiantes de Melanchtón, se burló del reformador en un panfleto; la respuesta de Lutero fue pegar carteles por toda la ciudad pidiendo para Lemnius nada más y nada menos que la pena de muerte.

Quizás la más triste de estas historias de despotismo fue la de Johannes Agricola.* No estamos hablando de un colaborador ocasional o periférico: Agricola era un amigo íntimo de Lutero. Ambos trabajaron codo a codo desde los primeros años de la Reforma. Fue él quien quedó a cargo de todas las responsabilidades de Lutero cuando el reformador tuvo que asistir a las negociaciones de la Liga de Esmalcalda: el púlpito de la iglesia de Wittenberg, sus clases en la universidad y el cuidado de su familia.

El amigo Johannes era el hombre de plena confianza del reformador. Pero, de pronto, empezó a predicar de una forma llamativa. No era nada sustancialmente diferente de la enseñanza luterana oficial, pero utilizaba algunas palabras y énfasis distintos a los que Lutero había acuñado. Las cosas empezaron a cambiar; Lutero estaba lleno de celos y se puso a la defensiva. Empezó a censurar cualquier innovación que no se apegara estrictamente a sus formas y discurso.

Como el trabajo de Agricola dependía del visto bueno de Lutero, el sustento de toda su familia (que incluía nueve hijos) quedó en una situación muy vulnerable. Agricola se quejó ante la Universidad de Wittenberg por el despotismo de Lutero y su saña constante contra él; la respuesta del reformador fue una vez más implacable. Lo acusó de haber fundado una nueva secta, de haber insultado la enseñanza verdadera y hasta lo llamó "enemigo de la Reforma". Agricola tuvo que irse de Wittenberg en secreto. Se mudó a Berlín con su familia. Durante el resto de su vida, ya lejos de la sombra de Lutero, fue un teólogo y un predicador respetado. Su fe nunca dejó de ser profunda, fiel y ortodoxamente luterana.

Nadie podía abrir las alas cerca de Lutero. Bajo su omnipresente sombra, nadie podía florecer. El sueño de toda una generación empoderada por su Reforma era aprender directamente del maestro; irónicamente, el costo a pagar para poder trabajar a su lado era agachar la cabeza. Lutero demandaba obediencia plena. El resultado

---

* Comparte ese triste podio Andreas Karlstadt, otro colaborador de Lutero desde la época previa a su ruptura con Roma.

de esa actitud fue «que acabó rodeado de "sumisos". Así, quien tanto había hecho por la libertad de conciencia y quien tan duramente había luchado contra la tiranía espiritual corría el riesgo de crear una Iglesia que, en ciertos aspectos, parecía más intolerante que la que criticaba»[38].

Como se había peleado duramente con todos sus colaboradores cercanos y hasta el final de su vida se negó a ceder el control a la siguiente generación, poco después de su muerte la Iglesia luterana se dividió. De un lado quedaron los *Gnesiolutheraner* —literalmente, "los luteranos auténticos"— y del otro, los *Philippisten* —que seguían la línea más moderada de Felipe Melanchtón—.

Todo el prontuario de autoritarismo de los párrafos anteriores tiene un sonido tristemente familiar. El abuso espiritual, la manipulación, el despotismo y la intransigencia son el pan cotidiano de un número inmenso de iglesias. La certeza que muchos líderes tienen de haber recibido un llamado de Dios, de tener una línea directa con Dios o de ser el ungido de Dios los convierte en pequeños dictadores. Verdaderos "papastores".

Mucha gente tolera todo tipo de presiones y ofensas para poder servir a Dios, ser tenida en cuenta, no ser desplazada o mantenerse cerca del centro de poder. Quien no obedece, quien no abraza la visión de la autoridad y trabaja para ella sin dudarlo ni un segundo, quien no es funcional a la posición del líder en la estructura eclesial se convierte pronto en una amenaza. El castigo se dirige a veces a hermanos descarriados, pero no hace falta ser un pecador público para caer bajo la condena. Cualquier colaborador que comience a sobresalir y a llamar demasiado la atención será visto como un peligro en potencia que la institución buscará neutralizar.

El coctel del autoritarismo suele incluir intimidación y abuso psicológico; un control obsesivo de lo que las personas piensan, dicen o hacen; exigencias desmedidas o expectativas irreales; acusaciones falsas y murmuración por lo bajo; y, en los casos más extremos, aislar a las personas de sus vocaciones, sus familias y sus amistades. Las consecuencias de este tipo de prácticas perversas acompañan a los creyentes por mucho tiempo.

Ninguna iglesia debería tolerar la conducción de un liderazgo narcisista y autoritario. Esa actitud está en las antípodas del ejemplo de Jesús y es una afrenta al Evangelio y a la dignidad de las personas. Es responsabilidad de todos los creyentes proteger al Cuerpo de Cristo de cualquier amenaza que ponga en riesgo su integridad o misión —incluso si esa amenaza viene desde la cima de la pirámide—.

Y si después de intentarlo con oración, paciencia, amor y ganas, la estructura sigue ignorando los llamados de atención, entonces no debemos sentirnos culpables. «Si cualquier casa o ciudad se niega a darles la bienvenida o a escuchar su mensaje, sacúdanse el polvo de los pies al salir» (Mt. 10:14). Si la única posibilidad para permanecer es anular nuestra vocación o dignidad, tomar distancia es la opción más cristiana.

## TESIS 14

**DIOS CASTIGA A LOS QUE ABUSAN DE SU PUEBLO, NO IMPORTA SI SON "LOS DE AFUERA" O "LOS DE ADENTRO".**

## TESIS 15

**DEBEMOS SIEMPRE SEGUIR AL BUEN PASTOR; ESO A VECES SIGNIFICA ALEJARNOS DE AQUELLAS COMUNIDADES DE FE EN LAS QUE SU VOZ YA NO SE ESCUCHA.**

Si tuviéramos que elegir un solo momento para datar el nacimiento del protestantismo, creo que el 10 de diciembre de 1520 sería un digno contendiente. Ese viernes, alrededor de las 10 de la mañana, Lutero, Melanchtón y Agricola hicieron una performance teológica que simbolizaría la ruptura definitiva con la Iglesia católica. Cerca de la puerta de Elster, rodeado de sus estudiantes de la Universidad de Wittenberg, Lutero quemó la bula *Exsurge Domine;* en la pira también ardieron varios libros más, incluido el Derecho Canónico.

La bula del papa León X condenaba la doctrina luterana (en especial, las noventa y cinco tesis) y ordenaba a Lutero que se retractara inmediatamente. El acto fue una declaración muy potente: prender fuego a esos documentos oficiales era también quemar sus naves y puentes. Desde entonces, pasaría a ser un renegado.

Las palabras del reformador fueron en esa ocasión: «Ya que has confundido a los santos de Dios, hoy el Señor te confunde a ti». Menos de un mes después de esa performance, León X publicó otra bula —la *Decet Romanum Pontificem*—, en la que lo excomulgaba definitivamente de la Iglesia católica romana.

Treinta y siete años tenía Lutero cuando rompió definitivamente con la institución religiosa en la que había pasado toda su vida. No era un capricho momentáneo ni un arrebato de indignación adolescente. Era una convicción lentamente madurada en la búsqueda de Dios, el estudio de su Palabra y el análisis de las realidades de su tiempo. Era el desenlace inevitable de la obstinada arrogancia de las autoridades de la Iglesia, que ni siquiera se tomaron el tiempo para oír las demandas sinceras y bien fundamentadas de un «andrajoso frailecito»* alemán.

Para peores, «el papado, miope y seguro en sus muchos años de dominio, no acertaba ver lo que ya era evidente a los ojos de muchos de los humanistas, burgueses y eruditos de la época»[39]: la reforma de la Iglesia era urgente. Bien podría haber dicho Lutero, en esos tiempos convulsos: «Tuve que volverme revolucionario si iba a continuar siendo religioso»[40].

Muchos de los jóvenes de segunda o tercera generación protestante en América Latina hemos entrado en crisis, en algún momento, con la fe que conocimos y aprendimos desde la infancia. Borges dijo en una entrevista que «toda persona llega a ser escéptica de lo que conoce»[41] y ese parece ser precisamente el caso. El incremento en las tasas de escolarización, un mayor acceso a la educación superior y las infinitas posibilidades de internet han forjado una generación permeable a ideas ajenas al universo de sus padres y abuelos.

El meteórico impacto que tuvo el Evangelio en las vidas de la primera generación de conversos —en esas famosas campañas masivas de la segunda mitad del siglo pasado— ha pasado a ser, para muchos de los que hemos crecido bajo esa influencia, una tradición que se siente incompleta y a veces incómoda. Más de uno quiere incluso distanciarse todo lo posible de etiquetas como "fundamentalista" y "evangélico".

Esta distancia no significa necesariamente un rechazo de Jesús, un desprecio de todo lo aprendido ni una renuncia al Evangelio; *lo que me falta no es la falta de fe*. No obstante, sentimos la necesidad de revisar en qué creemos y por qué. Una cita de Lutero resume muy bien este clamor generacional:

---

* Esas fueron las palabras que usó el cardenal Cayetano en 1518 después de su audiencia con Lutero.

No nos digáis con tanta frecuencia: Iglesia, Iglesia, Iglesia. Debéis convencernos de que sois la Iglesia. Esta es la cuestión. El diablo también puede decir "Soy Dios, adórame" (Mt. 4). El lobo también puede decir: "Soy el pastor" (Mt. 7, Jn. 10). Nosotros mismos sabemos que se debe obedecer a la Iglesia. Empero, preguntamos, ¿quiénes forman la Iglesia y dónde está?[42]

Hemos conocido las limitaciones, excesos y debilidades de la Iglesia evangélica. Por eso, aquellos que queremos vivir una fe auténtica y transformadora nos vemos obligados a atravesar un difícil proceso que, en más de una ocasión, ha llevado a la ruptura.

La historia de Israel muestra que el compromiso de Dios hacia su pueblo no es un cheque en blanco; más bien, se parece a una espada de doble filo. Es antes que nada una pasión defensora y dedicada que los libera de la opresión y los lleva a la tierra prometida llenos de cuidados y milagros. «Cualquiera que toca a mi pueblo, toca a la niña de mis ojos», dice el Señor (Za. 2:8; DHH). Pero la balanza se invierte rápidamente cuando su propio pueblo se convierte en factor de opresión e injusticia:

> Yo mismo pelearé contra ti con mano fuerte y brazo poderoso porque estoy muy enojado. ¡Me has puesto furioso! [...] ¡Hagan justicia cada mañana al pueblo que ustedes juzgan! Ayuden a los que han sufrido robos; rescátenlos de sus opresores. De lo contrario, mi enojo arderá como fuego insaciable debido a todos sus pecados (Jr. 21:5,12).

Por su obstinación, infidelidad e injusticia, la niña de los ojos de Dios puede convertirse también en objeto de su ira. Esta ironía se ve con toda claridad en el libro de Jonás, en el que una nación pagana y ajena al pacto como Asiria era más receptiva a la palabra de Dios que el duro pueblo de Israel y que el mismísimo profeta. Tan obstinado y nacionalista era Jonás que prefería morirse antes que arrepentirse y cambiar.

Los que hemos transitado el sendero doloroso del quiebre institucional podemos empatizar con la angustia, la culpa y la impotencia de Lutero. Después de haber intentado el diálogo y las propuestas superadoras, el peso de la estructura se desploma y fuerza una confesión de sumisión. ¿Adentro o afuera? Lentamente nos vamos hallando acorralados, forzados a una posición desesperante: la de «elegir entre el cisma y la decadencia»[43]. Irnos de la Iglesia para salvaguardar nuestras convicciones espirituales, nuestra dignidad personal e incluso nuestra salud mental, o quedarnos y renunciar a lo que creemos.

Quedarse significa, probablemente, bajar la cabeza y someterse, tragar saliva y palabras, disolverse en la estructura hasta hacerse irrelevante. Irse implica una experiencia que se parece por momentos a un exilio: hay vínculos que se cortan o se apagan, hay ansiedad y culpa. La vida sigue entre los que se quedan, pero el que toma distancia debe rearmar relaciones, espacios, ideas y compromisos. Algunos nunca terminan de reponerse de esa crisis y con tristeza se exilian definitivamente de la comunidad cristiana.

En Juan 10, Jesús se identifica con el Buen Pastor. Era una referencia evidente a una profecía del Antiguo Testamento contra los malos pastores del pueblo de Dios, esos que «no salieron a buscar a mis ovejas cuando ellas se extraviaron. Se ocuparon de sí mismos y dejaron que las ovejas pasaran hambre» (Ez. 34:8). Esos pastores «no han cuidado de las débiles; no se han ocupado de las enfermas ni han vendado las heridas; no salieron a buscar a las descarriadas y perdidas. En cambio, las gobernaron con mano dura y con crueldad» (vs. 4).

Pero el Buen Pastor, a diferencia de esos impostores, da su vida por las ovejas. No las esquilma, no las abandona, no se aprovecha de ellas. Por ese motivo, «las ovejas reconocen la voz del pastor y se le acercan» (Jn. 10:3). Se sienten seguras, aceptadas, dignificadas por su cuidado. «Él llama a cada una de sus ovejas por su nombre y las lleva fuera del redil. Una vez reunido su propio rebaño, camina delante de las ovejas, y ellas lo siguen porque conocen su voz» (vs. 3,4).

El éxodo de la juventud en las iglesias es un síntoma preocupante. Más allá de los detalles, la historia de mis contemporáneos se repite una y otra vez: distintas geografías, conflictos similares, conclusiones idénticas. Ante ese dilema, muchas iglesias se cuestionan cómo convocar a los jóvenes para que vuelvan al redil. Me alegro honestamente cuando eso pasa. Pero sería bueno que la solución comenzara con un paso previo: que antes de intentar convocar a las ovejas alejadas del redil, las iglesias pusieran en práctica mecanismos saludables y amorosos que no las obliguen a escapar.

Lutero escribió en una ocasión: «Si guardamos silencio y dormimos, de modo que la juventud quede abandonada, [...] entonces será por culpa de nuestro silencio y ronquido, por lo cual tendremos que rendir rigurosa cuenta»[44]. Es obvio que no todos los casos son iguales. No todo el que se va de la Iglesia es un iluminado, pero no es tampoco necesariamente un apóstata. No todo crítico es un profeta, ni todos los que se someten son por eso verdaderos cristianos. No obstante, cada discípulo que emigra debería encender una alarma en la Iglesia.

La declaración que hizo Lutero al quemar la bula de León X sigue sonando hoy tan escalofriante como hace cinco siglos: «Ya que has confundido a los santos de Dios, hoy el Señor te confunde a ti». Así fue para Israel, así fue en el siglo XVI, así será en nuestros tiempos líquidos. El juicio de Dios cae sobre aquellos que abusan de su pueblo; no importa si son "los de afuera" o "los de adentro". Dios protege a la niña de sus ojos.

Un líder, un concilio de pastores, una denominación, «el obispo, el papa, los eruditos y toda persona tiene la potestad de enseñar; pero las ovejas deberán juzgar si lo que enseñan es la voz de Cristo o la voz de extraños»[45]. Por más presión institucional y amenazas de excomunión que reciban, las ovejas de Jesús «nunca seguirán a un desconocido; al contrario, huirán de él porque no conocen su voz» (Jn. 10:5).

Nuestras iglesias deben ser megáfonos de la voz del Buen Pastor. Cuando no lo son, cuando pierden el contacto con el corazón del Evangelio, el deber de las ovejas es priorizar el llamado del Maestro.

Si en nuestra Iglesia hay puertas o ventanas cerradas,
tengamos en cuenta que él se irá.
Porque necesita respirar aire puro.
Y le gusta caminar.

ALESSANDRO PRONZATO

# TESIS 16

## ROMPER TODO NO SIGNIFICA REFORMAR LA IGLESIA NI CAMBIAR EL MUNDO.

Hay gente que solo quiere ver el mundo arder. Esa es la idea que aparece recurrente en la trilogía de *Batman: El caballero de la noche* de Christopher Nolan. Rodeada por sus propias contradicciones existenciales, la brújula moral de Batman se ve presa de una escalada cada vez más explícita de anarquía y nihilismo. Desde el método para purificar el pecado social de Ra's al Ghul hasta el cinismo mediático de Bane, pasando por la erotización del caos social del Joker y Harvey Dent, las películas de Nolan sondean en el maremágnum del espíritu de nuestra época. Para purgar a Occidente de sus vicios añejos, tenemos que prender fuego el mundo, incluso si nosotros mismos ardemos en el proceso.

El deseo de reformar la Iglesia era un grito incontenible de la cristiandad para cuando Lutero apareció en escena. Uno tras otro, los esfuerzos institucionales habían fracasado en la tarea de la reforma. El concilio de Constanza (1414-1418), el de Basilea-Ferrara-Florencia (1431-1445) y el Quinto Concilio Lateranense (que terminó siete meses antes de la publicación de las noventa y cinco tesis), todos intentaron cambiar las cosas. Todos fallaron. No es sorprendente que los reformadores hayan rechazado hacer las cosas por el camino del conciliarismo. Para reformar la Iglesia de verdad necesitaban ir más profundo, revisar con más compromiso las estructuras, llevar sus convicciones hasta las últimas consecuencias.

Así empezaron a surgir, ya en los primeros años de la Reforma, un sinfín de movimientos que ponían todo en entredicho: querían romper todo lo conocido para perseguir sin ataduras el ideal intangible de la verdadera espiritualidad. Algunos grupos radicales creían que el mejor camino era derribar todo el edificio de la tradición cristiana. Esa intuición llevó a Thomas Müntzer a incitar la guerra de los campesinos, que dejó casi ciento cincuenta mil muertos.*

Un punto álgido de las críticas de los grupos radicales fue la doctrina de la Trinidad: una palabra que no aparece en ninguna parte de la Biblia y que Tertuliano acuñó a principios del siglo III. Más de uno veía allí un claro ejemplo de la desviación de la Iglesia.

«"Creo en Dios Padre todopoderoso, Creador del cielo y de la tierra; y en Jesucristo, Hijo unigénito, nuestro Señor; y en el Espíritu Santo". Si falta uno solo de estos artículos, está perdido todo»[46], explicó Lutero en uno de sus sermones. El reformador era muy consciente de que la doctrina de la Trinidad representaba un quebradero de cabeza para la lógica y un blanco fácil para cualquiera que quisiera ponerla en duda. Sin embargo, insistió en preservar intacta su verdad e importancia. Si en otros puntos había predicado la ruptura, en este abrazó plenamente la continuidad con una verdad recibida del pasado.

La actitud de Lutero le hizo ganar enemigos en ambos lados de la disputa. Los católicos veían en él a un diabólico destructor de todo lo sagrado; los radicales lo denunciaban por tibio y hasta decían que era un aliado del papa. La Reforma, siguiendo su ejemplo, se esforzó por mantener un complejo equilibrio de dos partes. Primero: limpiar la Iglesia de sus inmensos pecados y cambiar el mundo para bien. Y segundo, como dijo Lutero a unos extremistas en una ocasión, no tirar al bebé con el agua sucia de la bañera.

Coquetear con el caos se ha vuelto un símbolo de sofisticación intelectual: debemos de(con)struir toda fuente de certeza y arrojarnos, en un acto de libertad adulta, a los brazos de la bruma. Vivimos en una época que tiene una extraordinaria capacidad para la denuncia, pero muy poca habilidad para el anuncio. En otras palabras: sabemos reconocer cada recoveco del mal y la opresión a nuestro alrededor, pero no tenemos imágenes precisas de la belleza, la verdad o la justicia.

Es tanta la maldad en la que habitamos que quisiéramos que todo colapsara para que surgiera, de las cenizas de la vieja sociedad y como un ave fénix, un mundo mejor. Sin horizontes muy claros, sin

---

\* Hasta los tiempos de la Revolución Francesa, no hubo en Europa una revuelta popular comparable a esta.

anclas éticas, sin saber qué vale la pena construir y por qué motivos, tiramos abajo los pilares de antaño por el mero placer parricida de desafiar la suerte.

La deconstrucción de tradiciones religiosas es uno de los lemas de mi generación. Emprender esa tarea de revisión habilita respuestas potentes a los nuevos desafíos y, de paso, denuncia muchos de los falsos ídolos que han brotado en la espiritualidad cristiana. Pero el problema de muchos de esos esfuerzos es que han perdido su vínculo irrenunciable con la fuente de vida. Su proceso de revisión se va pareciendo, de a poco, a la épica nihilista del Joker. La brújula deja de apuntar a la verdadera experiencia con Cristo y se vuelve un errático sendero de críticas a la institución y desconfianza hacia todo lo aprendido. Estiran la cuerda que sostiene la fe hasta el máximo de su capacidad y esperan, contra todo pronóstico, que no se rompa.

«Ignoro por qué extraordinario accidente mental» —decía hace más de un siglo Chesterton— hay personas que piensan que progreso e independencia del pensamiento son cuestiones que van de la mano. Cuando lo cierto es que, a partir de un pensamiento totalmente autónomo, todo individuo «ha de empezar por el principio y solo llega, con toda probabilidad, tan lejos como su padre. Pero si algo tiene la naturaleza del progreso, ese algo debe ser, sobre todas las cosas, el estudio detallado y la aceptación de todo el pasado»[47].

Toda innovación se basa en la tradición. Cualquier acto de creatividad y progreso tiene hundidas sus raíces en el pasado del que abreva, al que critica, al que continúa y ramifica, del que aprende y desaprende, actualiza e imita. Los seres humanos no tenemos la gracia de la creación *ex nihilo,* de la nada. Lo que sucede, más bien, es que cada generación vuelve a moldear, ante nuevos escenarios y desafíos, el barro que el pasado le dejó como herencia.

Romper todo no es lo mismo que reformar la Iglesia. Esperar que todo implosione y arda hasta la purificación tampoco equivale a cambiar el mundo para bien. El camino al futuro de la fe está pavimentado por la humildad ante los planteos de un mundo en cambio constante, pero también por la fidelidad ante las milenarias certezas de la fe. La bronca y el hastío por las cosas que no soportamos más no pueden quitarnos la capacidad de sorpresa ante la misteriosa experiencia de la salvación. Si eso pasa, la Liga de las Sombras ya ganó la batalla.

# TODO ESFUERZO DE ACTUALIZACIÓN O REFORMA DEBE RESPONDER, EN ÚLTIMA INSTANCIA, A UN OBJETIVO CENTRAL: LA FIDELIDAD AL EVANGELIO.

En el Concilio de Trento (1545-1563) y para hacer frente a "la herejía protestante", la Iglesia católica decidió cerrar sus filas y endurecer su posición. Desde entonces y por más de cuatrocientos años, su actitud fue decididamente antiprotestante y antimoderna. No fue hasta el Concilio Vaticano II (1962-1965) que el pedido de renovación de la cristiandad resonó con fuerza en Roma. Era una década de cambios: de los Beatles y el movimiento hippie al Mayo francés y la llegada a la luna, pasando por la minifalda, la píldora anticonceptiva, la masacre de Tlatelolco, el asesinato de Kennedy y Luther King, el Boom latinoamericano y *2001: Odisea del espacio*.

La Iglesia católica también estaba cambiando. Paradójicamente, el Concilio recuperó muchos de los pedidos que Lutero había elevado cuatro siglos antes. No lo llamaron *Reforma, sino aggiornamento*, pero de manera similar al movimiento protestante, desató una revisión profunda de la Iglesia. Sus consecuencias se extienden hasta hoy.

Una de las figuras clave del *aggiornamento* del Vaticano II fue Henri de Lubac. Su Teología nueva trajo un aire de renovación a los pasillos de San Pedro y fue celebrada por muchos que, como él, deseaban que el cristianismo pudiera adaptarse a los desafíos del mundo moderno y no quedara condenado al olvido. Sin embargo, incluso en medio de su pasión renovadora, comenzó a detectar «una confusión mortal. Entre todos los que hoy hablan de adaptar el cristianismo, existen muchos que quisieran, en el fondo, cambiarlo»; pero el cristianismo, decía de Lubac, «no debe convertirse en una religión con la que se puede hacer todo lo que uno quiera»[48].

Poco tiempo después del Concilio Vaticano II, y ya un poco preocupado por los excesos de algunos de sus compañeros de renovación, escribió: «¡Infeliz de mí cuando, bajo el pretexto de apertura o renovación, adoro las creaciones de mi espíritu! ¡Ay de mí cuando pongo mi confianza en novedades del todo humanas, cuyo calor momentáneo es tan solo el de un cadáver, destinado a desaparecer muy pronto»[49].

El teólogo alemán Jürgen Moltmann advertía, hace ya cincuenta años, que la fe cristiana se encontraba en una crisis doble: de *identidad* y de *relevancia*.

> Cuanto más intentan incidir en los problemas de la actualidad, la teología y la Iglesia, tanto más profundamente se adentran en una crisis de identidad cristiana. Cuanto más intentan reafirmar su identidad en dogmas, ritos e ideas morales tradicionales, tanto mayor se hace su irrelevancia y falta de credibilidad.[50]

En un extremo del péndulo se encuentra un excesivo deseo de identidad que se niega a encarnar el Evangelio en su contexto. En el otro, se halla un excesivo deseo de relevancia que pone las necesidades del contexto por encima del seguimiento de Cristo. Así andamos: entre los manotazos que intentan mantener a flote lo fundamental de la identidad cristiana y los manotazos que intentan derribar las estructuras viejas para asegurar la relevancia del cristianismo en el contexto actual.

No es fácil distinguir las intenciones de aquellos que honestamente quieren reformar la Iglesia y aquellos que, en realidad, quieren simplemente deformarla. Incluso en mi propia mente, las motivaciones a menudo se confunden. ¿Acaso hay alguna brújula que pueda ayudarnos a evitar esas playas rocosas que —como Escila y Caribdis— hacen naufragar nuestros mejores sueños de reforma?

No tengo respuestas fáciles a ese dilema. Pienso únicamente en el seguimiento de Cristo. La tesis 62 del tratado de Lutero sobre las indulgencias decía que el Evangelio es «el verdadero tesoro de la Iglesia»[51]. No el contexto, no la tradición, no el cambio ni la permanencia: el Evangelio.

Si el Señor le dijo al joven rico «Ve y vende todo lo que tienes», desde entonces su llamado se ha hecho todavía más existencial y trascendente. «Vende todo lo que eres», nos dice hoy Jesús: «Vende tus complicaciones intelectualísticas. Tus estructuras mentales. Tus compromisos. Tu sentido común. Tu prudencia. Tus vacilaciones. Tu experiencia. Vende tu cristianismo "prefabricado"»[52]. Solo así encontraremos la perla de gran precio.

Todo esfuerzo de *aggiornamento* o reforma, por urgente o legítimo que sea, no puede nunca perder de vista su objetivo fundamental: ser completamente leales a la cruz de Cristo. Ese es el filtro, la plomada, el horizonte. Sin esa lealtad, por más honorable o emocionante que suene, nuestro cristianismo se convierte en una caricatura de sí mismo.

## EN UNA ÉPOCA DESENCANTADA, ESTÉRIL Y TÉCNICA, LA ESPIRITUALIDAD CRISTIANA DEBE AYUDAR A REENCANTAR EL MUNDO.

Un 29 de mayo de 1453, treinta años antes de que Martín Lutero naciera en un pequeño pueblo alemán llamado Eisleben, los turcos otomanos tomaron Constantinopla, el último bastión del Imperio romano de Oriente. Al año siguiente, un orfebre también alemán llamado Johannes Gutenberg publicó el primer libro a escala masiva, una Biblia, en su flamante invento: la imprenta de tipos móviles. Lutero estaba por cumplir nueve años el día en que un navegante genovés, de nombre Cristóbal Colón, desembarcó en la isla de Guanahani y, sin quererlo, "descubrió" un Nuevo Mundo. Pocos días antes de su cumpleaños número 34, ese monje (que llegaría a ser célebre) publicó una invitación a un debate académico; había escrito noventa y cinco declaraciones breves e incendiarias y los historiadores recordarían ese día como el estallido oficial de la Reforma. Y en 1543, tres años antes de la muerte del reformador, un astrónomo prusiano de nombre Nicolás Copérnico publicó un libro que cambiaría para siempre nuestra comprensión del universo; decía allí que la tierra no es el centro de todo, sino un planeta más que gira junto a otros alrededor del sol.

Esta lista de efemérides notables no es un mero recordatorio. Todos esos eventos famosos —la Caída de Constantinopla, la invención de la imprenta, el descubrimiento de América, la Reforma protestante, la revolución copernicana— marcan el ocaso de la Edad Media y el comienzo de la Edad Moderna. Lutero vivió en esa época de transición y los estudiosos de los siglos siguientes han visto en él, intermitentemente, a la última gran figura de la religión medieval y también a la primera personalidad destacada de la era moderna.

En su afán por derrocar todos los engaños y alcanzar una verdad racional, la filosofía moderna dinamitó muchos puentes que la conectaban no solo con el cristianismo sino, incluso, con la misma vivencia humana. La modernidad «fue más convincente en disipar las viejas certezas que en establecer otras nuevas»[53].

En su *Dialéctica de la Ilustración*, Adorno y Horkheimer reconocieron que el proyecto ilustrado de la modernidad quiso eliminar el miedo a lo desconocido, desarmar las explicaciones mágicas y aniquilar los mitos y fantasías a fuerza de racionalidad. «Nos hemos despertado brutalmente en un mundo desencadenado —el hombre puso sus manos sobre todas las cosas, pues ya nada era sagrado para él. Es entonces que comenzó la gran aventura técnica. De ahí en adelante todo estaba permitido en el mundo»[54].

Se creía que ese experimento sería esperanzador y emancipador, pero el resultado fue, según Max Weber, un desencantamiento del mundo*. Al quitarle toda explicación trascendental y querer reducir el sentido último de las cosas a una serie de observaciones y cálculos, la ciencia y la filosofía modernas no solo abolieron lo mágico: abolieron también a la humanidad misma.

La Reforma adoptó el espíritu moderno casi por ósmosis, sin mucho cuestionamiento. Como una forma de tomar distancia de la cosmovisión medieval, católica y sacramental, el protestantismo abrazó la modernidad como su mayor aliada. Fue esa su carta de presentación y su prestigio ante el mundo nuevo que amanecía. Y fue también, en más de un sentido, su carta de defunción.

Una buena parte del pensamiento protestante se fue volviendo escéptico con el paso de los siglos. El método de la duda —tan productivo en la Reforma que emprendió Lutero— abonó un cinismo que llevaría la reflexión, lentamente, desde la adoración devota, pasando por un teísmo con un Dios cada vez más teórico, hasta el nihilismo radical. No por nada la misma Alemania protestante es patria del místico Lutero y del ateo Nietzsche.

Más allá de la cuestión institucional y dogmática, buena parte del conflicto entre católicos y protestantes en el siglo XVI y posteriormente tenía que ver con el choque de dos mundos: la "encantada" Edad Media y la "desencantada" Edad Moderna.

---

* En alemán: *Entzauberung der Welt*.

Cuando los reformadores explicaban los sacramentos, por ejemplo, querían sacarle cualquier vestigio de magia y quitarle todo misticismo al asunto. Esas explicaciones pertenecían un mundo viejo que deseaban dejar atrás. Por ese motivo, racionalizaron el sacramento y lo convirtieron en un símbolo, nada más que símbolo. No hay allí encantamiento, no hay irrupción de lo divino en la realidad cotidiana, tan solo un rito simbólico que remite a una idea mental sobre Dios.*

Esa fue su forma de denunciar los abusos de la curia y de acercarse a Cristo sin tantos aderezos. Pero hoy, varios siglos después, la situación es sustancialmente otra: «Los modelos de sacralización han caído, y la ciencia no puede proveer un sentido después del desencantamiento»[55]. Como ya no hay encanto en el mundo real, lo buscamos en las narrativas. Novelas, juegos, películas y series como *El señor de los anillos, Juego de tronos* o *Calabozos y dragones* buscan su inspiración en una Edad Media habitada por elfos, orcos, magos, dragones y hadas.

Ese mundo antiguo y encantado es muy ajeno a nosotros, que somos hijos de la técnica, la racionalidad y la eficiencia. Sigue fascinándonos porque nos conecta con algo trascendente que nuestra era de máquinas ha perdido: una verdad realmente valiosa que hemos olvidado en el intento de combatir las mentiras.

En un mundo desengañado y desértico, la presencia de algo trascendente y verdadero es un deseo fundamental (incluso cuando se lo niega). A nosotros nos toca el *sacrificio*, literalmente: *hacer sagradas las cosas***. Si en el siglo XVI la Reforma puso un granito de arena que ayudó a desencantar el mundo, la espiritualidad cristiana del siglo XXI debe transitar el camino contrario: entender toda la realidad como un sacramento que nos conecta con un Dios real, vivo y presente, no con una serie de ideas estériles sobre lo divino. La nueva reforma que la Iglesia y el mundo necesitan debe denunciar los ídolos y las falsas imágenes de Dios, pero no debe perder en el camino la capacidad de acercar con asombro la misteriosa e inagotable presencia de lo sagrado a la vida cotidiana.

---

* Esto no se ve todavía en Lutero, pero en el pensamiento más moderno de Zwinglio y Calvino (formados en la escuela del humanismo) es ya un hecho.
** Del latín: *sacrum-facere*.

**TESIS 19**

**LA CULPA Y LA ANSIEDAD PUEDEN SER ÚTILES A LA INSTITUCIÓN ECLESIAL, PERO TRAICIONAN EL MENSAJE LIBERADOR DEL EVANGELIO AL GENERAR DEPENDENCIA ESPIRITUAL.**

**TESIS 20**

**DEBEMOS EVITAR A TODA COSTA LA FALSA COMPASIÓN CRISTIANA QUE SE EXPRESA EN EL OFRECIMIENTO DE UNA GRACIA BARATA.**

Cuando un habitante del siglo XXI se sumerge en los debates de la época de la Reforma —en medio de notificaciones instantáneas, videos de quince segundos, ruido de motores y efímeros memes—, realmente se siente como si estuviera entrando en otro mundo. El ritmo de vida, los temas y preocupaciones, casi todo el mundo cultural y religioso del siglo XVI resulta para nosotros anacrónico y poco pertinente. La insistencia de los reformadores en polemizar sobre el ascetismo, los monasterios o la misa aparece ante nosotros como una anécdota que no logra transmitir la importancia que tenían esos debates para ellos.

Uno de los puntos neurálgicos de la vida y obra de Lutero fue la discusión sobre la eficacia de los sacramentos; el tema se extiende como una constante en sus folletos, libros, sermones, catecismos y charlas de sobremesa. *Ex opere operato* es una expresión clave para entender la discusión de la época en torno a los sacramentos.

Aunque el concepto venía fraguándose en la teología occidental desde hacía más de un milenio, el sentido que tendría *ex opere operato* para la teología católica fue delineado del todo recién en el Concilio de Trento, un año después de la muerte de Lutero. La expresión refiere a la eficacia del sacramento para comunicarle al creyente la gracia de Dios por el hecho mismo de la acción realizada. ¿Qué significaba eso? Básicamente, que cuando la Iglesia celebraba un sacramento (bautismo, eucaristía, confesión, etc.), la acción misma producía un efecto espiritual, tenía un poder casi mágico.

Ni la santidad del sacerdote que lo celebraba, ni la fe subjetiva del creyente que lo recibía inclinaban la balanza. Lo fundamental era la eficacia objetiva del sacramento mismo, que daba a los creyentes una gracia automática. En Trento se resolvió, contra la teología protestante, que se declararía anatema a quien «dijere que los sacramentos de la Nueva Ley no contienen la gracia que significan»[56]. Un rito realizado era igual a una gracia concedida. «Los sacramentos eran administrados de forma mágica por la jerarquía y solamente por ella. De este modo, todos aquellos que no participan en ellos están perdidos y quienes participan, a pesar de que sean indignos, reciben el sacramento»[57].

La moral de la época dividía a los cristianos en dos grupos: las reglas básicas aplicaban a todos los creyentes, pero los "consejos de perfección" solo aplicaban a algunos. La disciplina, el celibato o la humildad estaban únicamente prescritos para los monjes. Se creía que las masas no podían cargar el yugo de Cristo, que les resultaría demasiado pesado, así que se propusieron dos soluciones. La primera fue evitarle al pueblo la carga ética del seguimiento y arrojarla completa sobre un grupo de profesionales de la fe que podían (técnicamente) vivir bajo una moral superior. La segunda fue utilizar los sacramentos —en especial, la Cena del Señor— para distribuir eficientemente la gracia divina a un pueblo que en su mayoría era analfabeto, estaba mal alimentado y era cristiano solo a nivel superficial.

En un contexto como ese, *ex opere operato* parecía casi un acto de caridad: la forma de traer consuelo a un pueblo oprimido y sumido en la ignorancia. «Como nadie podía estar completamente seguro de su fe, era de vital importancia que la eficacia de los sacramentos no dependiera de ella»[58]. Pero ese eficiente sistema de salvación colectiva tenía su trampa. ¿Qué tenía que hacer ese pueblo formado por creyentes "de segunda categoría" para tener seguridad de salvación? En pocas palabras: no dejar nunca de ir a la Iglesia.

La misa era el punto central a través del cual los fieles saldaban sus cuentas con Dios. Debían correr desesperadamente a participar de la Cena del Señor; era lo único que les podía traer cierta tranquilidad de que permanecían en estado de gracia. En palabras de Lutero, «aun cuando alguien hubiese practicado tal clase de arrepentimiento durante cien años, no obstante, no habría sabido cuándo habría llegado a un arrepentimiento completo. Esto significaba arrepentirse constantemente y nunca llegar al verdadero arrepentimiento»[59]. Ni siquiera en la muerte uno estaba seguro de nada. Los creyentes debían seguir corriendo a los brazos de la Iglesia para pedir no solo por su salvación personal, sino también por los familiares y amigos ya muertos.

La clientela estaba asegurada. El sistema sacramental era una fábrica de producir demanda (la culpa de los fieles), que se suplía luego con su propia oferta (la gracia administrada). La ansiedad religiosa en la que el pueblo vivía a fines de la Edad Media era prácticamente insoportable. Ese fue el contexto en el que apareció Lutero: el más ansioso de los monjes, el más desesperado por salvación de todos los medievales.

La indignación que llevó a Lutero a escribir las noventa y cinco tesis nació al oír sobre los ardientes sermones de Johannes Tetzel, un vendedor de indulgencias que le prometía al pueblo una salvación a la carta mientras vociferaba: «¿Por qué estás parado ahí? ¡Corre por la salvación de tu alma! ¿No escuchas la voz de tus lamentables padres y otros que dicen: "Ten piedad de mí, ten piedad de mí, porque estamos en un castigo severo y dolor"?»[60]. Y remataba con un verso memorable:

> *Sobald das Geld im Kasten klingt,*
> *Die Seele in den Himmel springt.*

«En el momento en que la moneda suena en el cofre, el alma se eleva al cielo». Los oyentes, desesperados y llenos de culpa, corrían a los pies del altar y arrojaban su dinero.

Al toparse con su conciencia de pecado y con la justicia de Dios revelada en su Palabra, Lutero cayó en la cuenta de que ninguno de esos vendajes podía detener la hemorragia de la cristiandad. Solo la fe en la sola gracia divina podía satisfacer no solo la justicia de

Dios, sino también la propia angustia espiritual de la humanidad. Por eso atacaba a la misa, «la mayor y más horrible abominación del papado»[61], porque era una idolatría que «busca ayuda, consuelo y salvación en sus propias obras; pretende obtener de Dios el cielo por la fuerza y calcula cuántas donaciones, cuántos ayunos ha hecho, cuántas misas ha celebrado»[62]. Por eso atacaba las bases teológicas de la sacramentalidad romana y su mágico *ex opere operato*: la administración automática de la gracia, al margen de la experiencia de la fe y el discipulado, es solo una forma de clientelismo que vende ilusiones a muchos para beneficio de unos pocos.

En ese tipo de mecanismos pensaba Dietrich Bonhoeffer cuando escribió *El precio de la gracia*. La Iglesia luterana alemana de sus días, al igual que la Iglesia católica del Medioevo, había intentado hacer tan accesible la gracia de Dios, tan automática, tan eficiente, tan omnipresente, que se había salteado por completo la invitación al seguimiento. La gracia se había vuelto barata: nada más que una mercancía para liquidar por el bien del pueblo. La Iglesia, como un almacén inagotable, debía distribuirla sin límites.

¿Cuál fue el resultado de ese despampanante acto de "compasión" de la iglesia alemana? No otro, sino un fracaso radical y una apostasía que los llevó a pactar con Hitler.*

> El precio que hemos de pagar hoy día, con el hundimiento de las iglesias organizadas, ¿significa otra cosa que la inevitable consecuencia de la gracia conseguida a bajo precio? Se ha predicado, se han administrado los sacramentos a bajo precio, se ha bautizado, confirmado, absuelto a todo un pueblo, sin hacer preguntas ni poner condiciones; por caridad humana se han dado las cosas santas a los que se burlaban y a los incrédulos, se han derramado sin fin torrentes de gracia, pero la llamada al seguimiento se escuchó cada vez menos.[63]

Al igual que el luteranismo bajo el Tercer Reich y el sistema sacramental del Medioevo, muchas iglesias evangélicas de habla hispana están hoy mismo rematando la gracia. La trampa sigue seduciendo. Con el retroceso del catolicismo y la necesidad de refugio espiritual en una era desencantada, las filas del pueblo evangélico crecen con

---

* En mayo de 1933, dos meses después de que Hitler recibiera plenos poderes, un comité de pastores alemanes publicó esta declaración: «Un movimiento nacional poderoso ha cautivado y levantado a nuestro pueblo alemán. Una transformación completa del Reich se está llevando a cabo en nuestra nación alemana recién despierta. A esta coyuntura histórica decimos un agradecido "sí". Dios nos la ha dado. ¡A él sea la gloria!».

números exorbitantes en nuestros países. Se vuelve urgente la búsqueda de un sistema de distribución de gracia que pueda ofrecer consuelo masivo, a la medida del consumidor.

Para que la cruz no se atragante en nuestras gargantas, diluimos el costo del discipulado según el lenguaje de moda hasta convertirlo en una de esas expectativas que nuestra cultura ya satisface: el éxito, la consecución de los sueños, el desahogo espiritual, la prosperidad financiera, el espectáculo. No hay allí necesidad de la alternativa cristiana. Se endulzan los oídos de los fieles, se les promete el aval divino, se remata el título de hijo/a de Dios a cambio de un módico intercambio: no dejar nunca de recurrir a la Iglesia.

Muchos púlpitos se vuelven fábricas de ansiedad y culpa espiritual: dolencias que el pueblo de Dios solo puede satisfacer al correr desesperadamente al altar para hacer un pacto con Dios, tener una efímera experiencia mística o recibir la validación de una autoridad eclesial. La absolución es profundamente emotiva y solemne, arrastra un impacto inmediato en la psicología de los fieles. La catarsis es eficiente, pero dura poco. Debe ser administrada semanalmente, sin cesar, para evitar dos desenlaces: la desesperación de los individuos y el desmoronamiento de la institución.

La otra cara de la moneda de la tesis anterior es la afirmación radical de que nuestra esperanza no puede reposar en una vacua espiritualidad à la carte, ni en una gracia barata que se empaqueta y se arroja sobre nuestras ciudades como un pesticida sobre un campo. Cuando lo sacro está por todos lados, como algo dado o autoevidente, corre el riesgo de no estar ya en ninguna parte; o peor: ser algo tan ambiguo y falto de identidad que quizás ni siquiera convenga encontrarlo.

Lo que andamos buscando no es la palmadita en la espalda ni el placebo psicológico de una religiosidad sin rostro. Aunque nuestra compasión cristiana (forjada en una sensibilidad posmoderna) nos motive a predicar únicamente un mensaje que haga sentir bien a las personas y les resulte reconfortante, esa es una apuesta que a la larga nos deja sin el pan y sin la torta. No motiva a la verdadera transformación de las personas ni logra consolar realmente el pozo insondable de la angustia espiritual.

No nos sirve una gracia que se aplica *ex opere operato* sin una confesión audaz —ante las huestes espirituales de maldad y los vecinos de la cuadra por igual—, sin arrepentimiento, sin Jesucristo como ancla, sin cruz y sin seguimiento. La gracia verdadera, esa que salva, consuela y transforma, se recibe gratis, pero no porque sea barata, sino porque es impagable.

> Es el tesoro oculto en el campo por el que el hombre vende todo lo que tiene; es la perla preciosa por la que el mercader entrega todos sus bienes; es el reino de Cristo por el que el hombre se arranca el ojo que le escandaliza; es la llamada de Jesucristo que hace que el discípulo abandone sus redes y le siga.[64]

Cualquier instrumento religioso que diluya el dilema espiritual humano en un consuelo que no implica el seguimiento de Cristo es un falso amigo, incluso cuando nace de las mejores intenciones de los involucrados (y, quizás, sobre todo en ese caso).

La medicina del Evangelio sabe a menudo demasiado amarga. Mi propia incompetencia espiritual me lo recuerda vívidamente cada día. Aun así, el deseo de endulzar la gracia para evitarle a otros el mal trago, el camino angosto y la cruz, terminará por anular los efectos mismos de ese urgente medicamento.

**TESIS 21**

TODA VERDAD –NO IMPORTA DE QUÉ CAUSA O IDEOLOGÍA PROVENGA– DEBE SER VALORADA Y RECLAMADA EN NOMBRE DEL EVANGELIO.

**TESIS 22**

SI REALMENTE QUIERE SER CRISTIANA, CUALQUIER VERDAD, CAUSA O IDEOLOGÍA –POR VALIOSA O URGENTE QUE SEA– DEBE SER BAUTIZADA POR LA CRUZ.

Lejos de sentirse acobardado por la complejidad del mundo, el cristianismo ha tenido siempre una insólita capacidad para el diálogo. Al tener que cambiar de geografía o contexto cultural, otras religiones, filosofías o ideologías han desaparecido. El Evangelio, sin embargo, ha logrado traducir su mensaje a realidades, épocas, culturas y desafíos tan diversos como la humanidad misma.

Quizás no haya al respecto una escena bíblica más clara que esa visita de Pablo al Areópago de Atenas: «Mientras caminaba observé la gran cantidad de lugares sagrados. Y uno de sus altares tenía la siguiente inscripción: "A un Dios Desconocido". Este Dios, a quien ustedes rinden culto sin conocer, es de quien yo les hablo» (Hch. 17:23). El apóstol no despreció las expectativas previas ni el entorno cultural o religioso de los atenienses. No hizo borrón y cuenta nueva. Más bien, logró construir un puente que podía dirigirlos desde sus expectativas y realidades hasta el Evangelio de Jesús.

En la segunda mitad del siglo XX se produjo un fenómeno fundamental para entender los dilemas de la Iglesia de nuestros días. La crisis ideológica que acompañó el final de la Segunda Guerra Mundial, sumada al revisionismo de la herencia colonial en los países del tercer mundo, el avance de las telecomunicaciones y la globalización sensibilizaron a la Iglesia sobre la situación global. Tomamos conciencia de que el mundo era más grande y complejo de lo que habíamos percibido por mucho tiempo. La teología cristiana, producida mayoritariamente en instituciones europeas, necesitaba escuchar y tomarse en serio las preocupaciones, preguntas y aportes de experiencias ajenas a su realidad de origen.

Ese fue el surgimiento de las teologías contextuales*: reflexiones que buscan extraer la sabiduría del Evangelio para aplicarla a un contexto histórico cada vez más fragmentado y líquido, en el que el cristianismo ya no es la hegemonía cultural que fue hasta hace no mucho tiempo. Las teologías contextuales eligen un tema que les preocupa de su realidad y lo convierten en su objeto de estudio fundamental. Nacieron así todo tipo de teologías: *de la liberación, de las mujeres, de la tierra, del ecofeminismo, del indígena, de las minorías, de los pobres, de la niñez, de la negritud, de la secularización, del pueblo, del Minjung,* etc.

Tan todoterreno es la fe cristiana que puede escuchar, dar valor y reclamar como propias las intuiciones y necesidades de cada uno de esos trasfondos. «Todo lo que de humano y bueno se encuentra en el mundo corrompido, pertenece al lado de Jesucristo»[65]. La plena confianza en la soberanía de Dios y en el poder de la sangre de Jesús nos permite mirar la complejidad del mundo sin entregarnos al pánico. Como Pablo en Atenas: venimos a hablarles de eso que les importa y les preocupa. Para que brille la eterna actualidad del Evangelio, es necesario tender puentes que traduzcan esa esperanza a contextos cambiantes.

Sin embargo, como suele pasar, las cosas no son tan sencillas. Después de algún tiempo de entusiasmo por el despertar de las teologías contextuales, empezaron a surgir también algunas voces de alerta. A mediados de los setenta, Michel De Certeau y Jean-Marie Domenach ya detectaban que, para muchos, el cristianismo terminaba siendo «un lugar cruzado por movimientos de todas clases. Lo utilizan para todos los fines»[66]. El deseo de situar culturalmente el mensaje cristiano y hacerlo relevante para una sociedad cada vez más secular, iba reduciendo el Evangelio a un eco que repetía, sin

---

* También se las conoce como teologías del genitivo.

variaciones, aquello que la cultura abrazaba como bueno o rechazaba como malo.

Clodovis Boff, uno de los referentes fundamentales de la teología de la liberación, se empezó a sentir incómodo ante la pobreza teológica que había en las producciones de algunos de sus compañeros. Le parecía que lo específico y esencial del cristianismo se había convertido para algunos en una nota al pie. A su vez, aquello que algunos sectores creían urgente, relevante, históricamente significativo o "liberador", terminaba dictando la agenda del cristianismo. Escribió entonces que una teología

> que se deja enredar por este juego y que se disfraza de sociología o de política por vergüenza de sí misma, con la intención de recuperarse y de hacerse digna de crédito, no hace más que sacar a plena luz del sol los síntomas de su situación morbosa y, por tanto, de su fin próximo.[67]

Tiempo después, en retrospectiva, Boff sintetizó esa intuición en dos frases complementarias: «Era necesario garantizar la dimensión liberadora de la teología», pero también «hacía falta garantizar la dimensión teológica de la liberación»[68].

Cuando Lutero expuso sus ideas sobre la teología de la cruz en 1518 se armó un revuelo en la orden de los agustinos reunidos en Heidelberg. Los monjes estaban acostumbrados al lenguaje sofisticado de la escolástica y a las demostraciones racionales de la fe. Por eso, se quedaron de una pieza cuando el hermano Martín exclamó en un latín claro y sin vueltas: *In Christo crucifixo est vera Theologia et cognitio Dei*. «En Cristo crucificado está la verdadera teología y el conocimiento de Dios»[69].

En esa misma época, mientras enseñaba sobre los Salmos, Lutero escribió: *Crux sola est nostra theologia*. Mil quinientos años de historia del pensamiento cristiano quedaban resumidos así en una única convicción: «La cruz es nuestra única teología»[70].

Aunque Lutero habló algunas veces de la *teología de la cruz*, en realidad hablaba más a menudo de *los teólogos de la cruz*. Porque para el reformador, la teología no es tanto un discurso sobre Dios, sino una actitud ante Dios que habilita una vida con Dios. La fe no es un discurso teórico ni una confesión: es una experiencia que conmueve toda la existencia.

Lutero creía que solo a los pies de la cruz podemos hablar de Dios, de la Biblia o de cualquier doctrina. En un lenguaje mucho más moderno, pero con la misma convicción luterana, Paul Tillich escribió que «una persona puede ser teólogo siempre que acepte el contenido del círculo teológico como su preocupación última»[71].

Los teólogos de la gloria convierten a Dios en un adjetivo: un elemento pasivo y marginal de sus especulaciones. Ya tienen resueltas de antemano sus conclusiones y suman posteriormente a Dios a su edificio para darle mayor peso e importancia. Los teólogos de la cruz, por el contrario, no se presentan ante Cristo con un mapa de ruta previamente establecido (por su racionalidad, su cultura, su identidad personal o colectiva). Más bien: permiten que Dios sea Dios. Por más enigmática y difícil que les resulte, la revelación de Dios en la cruz de Cristo siempre representa la fuente primordial de sus convicciones.

La cruz es el símbolo supremo de la incomodidad teológica: el vórtice inclasificable donde confluyen la paradoja, el sacrificio y el misterio. La cruz es el aguijón en la carne de la Iglesia, «una cifra epistemológica que desestabiliza todos los discursos teológicos y teóricos, todos los méritos especulativos»[72]. Nietzsche entendió muy bien la inmensa potencia que tenía una fórmula como "Dios en una cruz":

> Nunca, ni en ningún lugar, había existido hasta ese momento una audacia igual en dar la vuelta a las cosas; nunca, ni en ningún lugar, se había dado algo tan terrible, interrogativo y problemático como esa fórmula: ella prometía una transvaloración de todos los valores antiguos.[73]

Cada vez que perdemos el rumbo, nos distraemos con espejismos o acomodamos el Evangelio a nuestro antojo, la cruz de Cristo irrumpe en el horizonte para poner en crisis nuestro cristianismo de medio pelo. En palabras de Lutero, *Crux probat omnia*: la cruz pone todo a prueba.

Toda bondad, belleza y verdad que exista en cualquier causa o ideología podrá ser reclamada para el Evangelio, pero eso sucederá únicamente cuando sea bautizada por la cruz. Parafraseando a Lutero, cuando el cristianismo intenta dialogar con los problemas más urgentes de la agenda cultural, pero lo hace «sin la teología de la cruz, malgasta las cosas mejores en forma pésima»[74]. La fe pierde su tesoro, aquello que la hace especial, lo que podría encenderla con su potencia más creativa.

Con un tono sombrío y a modo de despedida de su aprendiz Timoteo, Pablo escribió unas líneas que vuelven a tomar sentido con cada siglo que empieza y termina. Si en Atenas defendió la importancia de traducir la fe para que sea inteligible a toda cultura, aquí Pablo alerta contra la capitulación del cristianismo: «Llegará el tiempo en que la gente no escuchará más la sólida y sana enseñanza. Seguirán sus propios deseos y buscarán maestros que les digan lo que sus oídos se mueren por oír. Rechazarán la verdad e irán tras los mitos». Y a continuación agrega, con inmensa sencillez y actualidad: «Pero tú debes mantener la mente clara en toda situación. No tengas miedo de sufrir por el Señor. Ocúpate en decirles a otros la Buena Noticia y lleva a cabo todo el ministerio que Dios te dio» (2 T. 4:3-5).

Una teología que se avergüenza del Evangelio ha renunciado a su ancla, a su brújula, a su identidad. El "círculo teológico" ya no es su preocupación última. Sus labios pueden hacer sofisticados discursos sobre una fe que ya no le quema el corazón.

Si realmente quiere ser cristiano y no perderse en los pasillos de la urgencia y la opinión pública, todo diálogo cultural deberá dirigirse a los pies de la cruz para emprender, desde allí, su traducción. Si no logra recordar que Cristo es su prioridad por encima de cualquier otra causa, será tan solo *el eco del eco del eco* de una utopía.

## TESIS 23

**NUNCA HAY QUE CONFIAR DEL TODO EN LO QUE NUESTRO ENTORNO CELEBRA Y LEGITIMA.**

## TESIS 24

**DEBEMOS EXAMINAR CON ATENCIÓN NUESTRAS CONVICCIONES ESPIRITUALES; HASTA LAS MÁS PIADOSAS Y NOBLES PUEDEN SER AGENTES DE VIDA O DE MUERTE.**

Lutero compareció en la Dieta de Worms ante Carlos V, quien poco tiempo antes había sido nombrado emperador del Sacro Imperio Romano Germánico. El monje de Wittenberg no aceptó su autoridad, que lo forzaba a arrepentirse, y puso en evidencia al flamante nuevo emperador muy públicamente. Un anónimo plebeyo se plantaba sin miedo ante el hombre más poderoso de Europa. Desde el 25 de mayo de 1521, día de publicación del Edicto de Worms, Lutero se convirtió en enemigo del Imperio. Carlos le quitó el salvoconducto que le había prometido, lo que abría la posibilidad a cualquier atentado contra su vida.

La ruptura entre el emperador y el reformador tendría consecuencias inmensas para el futuro religioso y político de América Latina. Por cuatro siglos, desde el Edicto de Worms, ese monje enemigo de Carlos y cualquiera de sus secuaces estarían irremisiblemente proscritos de la colonia latinoamericana.

Aunque la historia los ha presentado como dos eventos independientes, «la Reforma protestante y la conquista militar y espiritual de América fueron sucesos paralelos»[75]. La cercanía histórica y la coyuntura política común acercan esos destinos de manera evidente.

Sucede que Carlos no solo era emperador del Sacro Imperio Romano Germánico, sino también, desde 1516, rey de España. Carlos era nieto de los reyes católicos Fernando de Aragón e Isabel de Castilla, los mismos que encomendaron la expedición de Cristóbal Colón.

El mismo Colón escribió en 1503 una frase que describe un fenómeno típico de su época, que tendría enormes consecuencias para el nacimiento de la Reforma. El Almirante anotó en uno de sus *Diarios de viaje:* «El oro es excelentísimo; del oro se hace tesoro, y con él, quien lo tiene, hace cuanto quiere en el mundo, y llega a que *echa las ánimas al Paraíso*»[76]. Catorce años después, un Lutero enfurecido por la impúdica venta de indulgencias de Johann Tetzel publicaría sus noventa y cinco tesis, que decían, entre otras cosas: «Mera doctrina humana predican aquellos que aseveran que tan pronto suena la moneda que se echa en la caja, *el alma sale volando [del purgatorio]*»[77].

Creo que un dato condensa este notable paralelismo: cuatro meses después de que Lutero testificara ante Carlos V en Worms, unos 300 españoles enviados por el emperador al Nuevo mundo conquistaron la capital azteca bajo las órdenes de Hernán Cortés.

La Reforma fue uno de los eventos fundamentales que determinó la estrategia católica en América por los siglos siguientes. El modelo colonial fue implantado «como reacción a la Reforma protestante, en la medida en que se le evoca como la mayor amenaza para el curso de la Iglesia en general y principalmente para el tipo de sociedad que se imaginaba implantar en las colonias ibéricas»[78].

El catolicismo interpretó la conquista de América como un acto providencial de Dios. Se creía que Europa había caído bajo la herejía luterana; como Satanás en Génesis, la nueva doctrina había engañado a toda la cristiandad. El mismo Lutero era representado en muchas pinturas como una serpiente. Desde esa perspectiva, se veía a América como el paraíso recuperado: un terreno virgen en el que se podía edificar un Nuevo mundo desde cero y sin herejías. Aunque la vieja Europa naufragara en crisis religiosas, la joven e incontaminada América podía hacer real el sueño de la cristiandad.

En su *Historia Eclesiástica Indígena* (1562-1592), el historiador Jerónimo de Mendieta escribió que el conquistador Hernán Cortés era una especie de anti-Lutero. Afirmaba que Cortés era un instrumento elegido por Dios para recompensar a la Iglesia católica económicamente y con la "cosecha de almas" por «la pérdida y daño grande que el maldito Lutero había de causar en la misma sazón y tiempo en la antigua cristiandad. De suerte que lo que por una parte se perdía, se cobrase por otra»[79].

Antes de partir para sitiar Tenochtitlan, Cortés dictó las siguientes Ordenanzas militares y civiles, que explican el motivo de su sangrienta conquista:

> Cuánta solicitud y vigilancia los naturales de esta parte tienen en la cultura y veneración de sus ídolos, de que a Dios Nuestro Señor se hace gran deservicio y el demonio, por la ceguedad y engaño en que los trae es de ellos muy venerado. [...]
>
> Exhorto y ruego a todos los españoles que en mi compañía fueren a esta guerra [...] que su principal motivo e intención sea apartar y desarraigar de las dichas idolatrías a todos los naturales destas partes [...] y que sean reducidos al conocimiento de Dios y de su santa fe católica [...] porque si con otra intención se hiciese la dicha guerra, sería injusta.[80]

¿Por qué traigo a colación este paralelismo histórico? ¿Qué tiene que ver la intención de Cortés con nosotros? Pienso en dos aprendizajes fundamentales.

Primero. Sería fácil considerar a Cortés como un monstruo sanguinario y perverso. Sin embargo, eso no condice con muchos testimonios históricos que insisten en su celo misionero y evangelizador, en su devoción espiritual y su dedicación a la causa de su iglesia. Antes de ir a la guerra, Cortés convocaba a todos sus soldados, celebraba una misa y los animaba diciéndoles «que mirasen, que teníamos a Dios de nuestra parte, y que a él ninguna cosa es imposible»[81]. El estandarte de Cortés tenía una cruz en primer plano, acompañada por una inscripción (similar a la de la visión de Constantino), que decía: «Amigos, sigamos la cruz; y nos, si fe tuviéremos en esta señal, venceremos»[82].

Nada nos garantiza que aquello que nuestra cultura, nuestra época, nuestra conciencia o la misma Iglesia den por bueno en un momento determinado resistirá dignamente el paso del tiempo. Las palabras de Cortés sonaban, para sus piadosos contemporáneos y para sí mismo, totalmente correctas, cristianas y justas.

Nadie está libre de la sombra de su época, que se extiende por nuestra conciencia e inconciencia como un ejército eficiente. En palabras de Vinicius de Moraes, «nadie es universal fuera de su quinta»[83]. Somos seres híbridos, forjados en tiempo y espacio, en redención y pecado; nada de lo que hagamos escapará de esa dinámica ambigua. Lutero diría que el creyente es *simul iustus et peccator*: justo y pecador al mismo tiempo.

No hay vacunas para esta parcialidad y finitud, pero sí un paño frío. La humildad cristiana recuerda siempre que cualquier idea o convicción «no agota la presencia de Cristo, la cual sigue siendo siempre desconcertante, como la de un ladrón»[84]. Una espiritualidad centrada en Jesús mantiene siempre una actitud iconoclasta, revisionista, dócil ante el dilema de la existencia, alérgica a todo esfuerzo —por válido que sea— que quiera convertirse en Absoluto.

Y segundo. Que alguien pronuncie mucho el nombre de Dios, invoque su voluntad o repita versículos y doctrinas no es garantía de nada. Como dijo Jesús, ni siquiera las señales aparentemente más convincentes de la aprobación divina son un sinónimo del aval de Dios: «El día del juicio, muchos me dirán: "¡Señor, Señor! Profetizamos en tu nombre, expulsamos demonios en tu nombre e hicimos muchos milagros en tu nombre". Pero yo les responderé: "Nunca los conocí. Aléjense de mí, ustedes, que violan las leyes de Dios"» (Mt. 7:22,23).

¡Qué fácil resulta perderse en las propias intenciones! Las convicciones religiosas más profundas y piadosas pueden ser nuestra gran fortaleza, pero también la debilidad más despreciable. Romanos 10:2 lo dice en pocas palabras y con toda claridad: «Yo sé que ellos tienen un gran entusiasmo por Dios, pero es un fervor mal encauzado». Fueron decididamente teológicas las convicciones que guiaron a Lutero a honrar la Palabra de Dios y plantarse inamovible frente al emperador. Y fueron también teológicas las convicciones que tenía Cortés al pasar a los aztecas por la espada.

Arrio, el hereje más famoso de la historia, estaba tan preocupado por no faltarle el respeto a Dios, por defender su dignidad inconmensurable, que terminó afirmando que Jesús no podía ser divino. El celo santo también puede ser un camino a la herejía, la miseria y la confusión. Perseguir apasionadamente lo que entendemos como voluntad de Dios, como objetivos nobles o como sana doctrina es un arma de doble filo, un artefacto de vida y de muerte. Nunca está de más experimentar esas convicciones con cautela teológica, con mucha humildad y a la luz de dos preguntas punzantes.

Primero: ¿expresa el carácter de Dios?

Y segundo: ¿perjudica a mi prójimo?

## TESIS 25

### PARA CRITICAR ALGO,
### PRIMERO ES NECESARIO ENTENDERLO.

L o que sucedió con Lutero durante la época colonial es, al mismo tiempo, tristísimo e hilarante. Las obras del reformador estuvieron proscritas durante siglos en América Latina. Ya desde el 7 de abril de 1521 —una semana antes de su aparición en la Dieta de Worms—, sus libros tuvieron vedado el acceso a España, que era la puerta de entrada a la colonia. En otras palabras: hasta entrado el siglo XIX, en toda América Latina casi nadie tuvo en sus manos un libro de Lutero.

Sin embargo, la reforma de la Iglesia católica orquestada por el Concilio de Trento logró convertir el nombre de Lutero y todo lo asociado con su persona en una metáfora del mal. La "herejía luterana" se volvió un significante vacío, un nombre difuso con el que se asociaba todo lo despreciable. «El reformador fue hecho un modelo narrativo para engendrar sentimientos de odio y originar en los receptores del mensaje un estado de conmoción»[85]. Cualquier rasgo biográfico se perdió. Lutero dejó de ser una persona y se convirtió en un arquetipo.

"Protestante" o "luterano" eran los insultos aplicados a cualquier persona o grupo que se debía condenar. Los judíos, los idólatras, los disidentes políticos, los pecadores públicos, todos eran rotulados como "luteranos". En los autos de fe, por ejemplo, se gritaba a los condenados: «¡Mueran esos perros luteranos!». Por supuesto, ¡ninguno de los acusados tenía nada que ver con la Reforma! El mismo Bartolomé de las Casas —contemporáneo de Lutero y defensor de los pueblos originarios latinoamericanos—, en un intento de denunciar las calamidades de la Conquista, acusó de luteranos ¡a los conquistadores!

Qué mecanismo tan increíble: el estereotipo negativo, la condena de antemano, el rechazo a flor de piel nada tenía que ver con Lutero, ni con sus ideas, ni con su historia.

¡Cuántas veces hemos sido nosotros los que orquestamos condenas como esta! ¡Cuántas veces hemos usado a Dios como asilo de la ignorancia! Por nuestra incapacidad para dialogar con la cultura, por lo difícil que es encontrar buenas respuestas, por el miedo a lo desconocido y la sombra de lo diferente, hemos rotulado la experiencia humana en categorías absurdas y rígidas.

La psicología sugiere que oímos solo aquellas cosas que podemos comprender. El resto se convierte, para nosotros, en una nebulosa. Nuestros prejuicios históricos, mentales y de grupo se vuelven una inclinación casi invisible que nos acerca, como si fuera por la fuerza de la gravedad, a celebrar o denigrar las cosas según nuestra imagen y semejanza. «La costumbre nos teje, diariamente, una telaraña en las pupilas»[86].

Al interior de la Iglesia, las barreras no solo nos separan de la sociedad a la que se dirige nuestra misión, sino incluso de buena parte del Cuerpo de Cristo. El enemigo se vuelve un fantasma que se filtra por todos lados, un espía peligroso, una serpiente que amenaza nuestra pureza. No importan los detalles, las intenciones, los hechos, los contextos. La respuesta al final del día es la misma para todos: ¡Mueran esos perros luteranos!

Las sociedades tradicionales, como las de los tiempos de Jesús, funcionaban a partir de valores fijos. El honor y la vergüenza ordenaban los comportamientos de manera bastante definida; los límites eran claros y su violación se castigaba sin ambigüedad. Los pobres caídos en desgracia, los leprosos, las prostitutas, los publicanos o los delincuentes recibían un rechazo unánime y en bloque. Eran personas sin honra y el resto de la sociedad los trataba como tales. "Los sanos", por el contrario, también eran legitimados en bloque; atentar contra su honor era una ofensa contra el funcionamiento de toda la estructura social.

De más está decir que el ministerio de Jesús puso todos esos rótulos patas para arriba. Más allá de eso, lo que me interesa puntualizar acá es otra cosa: las sociedades actuales no juzgan a las personas tal como se hacía en los tiempos de la Biblia. La subjetividad y la fragmentación han moldeado un mundo de categorías nómades. ¿Qué significa eso? Que prácticamente ya no hay personas o grupos esencialmente honorables o despreciables.

En sociedades plurales y complejas como las nuestras, todos podemos ser alternativamente héroes o villanos. Cada mirada juzgará, para bien o para mal, según su propia posición en el mundo, los límites de nuestro honor y nuestra desgracia. Y nosotros mismos, si no revisamos nuestros prejuicios, vamos a multiplicar hasta el infinito los rótulos y las categorías.

Antes de criticar, necesitamos poner paños fríos sobre nuestro instinto e intentar comprender. ¿Quién es el otro? ¿Por qué hace lo que hace? ¿Cómo llegó hasta ahí? ¿Qué teme y qué desea? La ira es la mejor amiga de la ignorancia: la sangre hierve, la mente se nubla y los prejuicios se refuerzan. Parece un acto de divina ironía: aquel que quiere ponerle etiquetas a todo el mundo acaba por convertirse cada vez más en una caricatura de sí mismo.

Afortunadamente, aunque la idea no nos guste demasiado, nuestro buen Dios nos sigue gambeteando incómodamente con el sabio propósito de trastocar nuestros rótulos más arraigados. Yo necesito que Jesús vuelva a operar el milagro que hizo hace dos mil años: el de poner patas para arriba mis cajitas de rótulos, mi pobre y limitada visión de las cosas. Que me ayude a entender primero y a abrir la boca después. Que trastoque, una vez más, las etiquetas de mi comodidad para ayudarme a ver, con ojos nuevos, a ese prójimo tan necesitado de su perdón y su ternura como yo mismo.

## TESIS 26

**AL DIALOGAR CON UNA CULTURA EXTRAÑA, SE DEBEN EVITAR TRES POSICIONES PELIGROSAS: LA RETIRADA, LA TRINCHERA Y LA RENDICIÓN.**

## TESIS 27

**EL DIÁLOGO DE JESÚS CON SUS CONTEMPORÁNEOS TENÍA TRES INGREDIENTES FUNDAMENTALES: ALTERNATIVA, GRACIA Y RECONCILIACIÓN.**

La cristiandad fue un sistema religioso, moral y político que dominó Occidente desde Constantino en adelante. Ese sistema entró en crisis hace un tiempo; desde entonces, hemos vuelto a habitar un escenario cultural bastante parecido al de los primeros siglos de la Iglesia. Ya no vivimos en "países cristianos", aunque todavía sobrevivan algunos ritos y prácticas en el imaginario colectivo. Ya no compartimos el trasfondo de una "ética cristiana" que pueda funcionar como una especie de terreno común, con acuerdos implícitos sobre el bien, el mal y el sentido de la vida.

Como los creyentes de los siglos II y III, a nosotros también nos toca habitar en ciudades con un panteón de dioses multiétnicos, entre múltiples acusaciones elevadas por nuestros contemporáneos de que cometemos todo tipo de barbaridades y bajo la sospecha del César de que somos un grupo sedicioso que quiere trastornar el mundo.

La experiencia cristiana está, por primera vez en muchos siglos, ante el desafío de tener que dialogar con una cultura a la que percibe como ajena. Una cosmovisión *extraña* y *extranjera*, de la que se siente *alienada* y por la que es vista como *alienígena*. La Iglesia tiene la sensación de estar hundiéndose. El bien, el mal y el sentido de la vida y la muerte se debaten hoy entre arenas movedizas.

El ejemplo más famoso (e infame) de la relación de Lutero con una cultura extraña es el que refiere a los judíos. Sus escritos sobre el tema ocupan algunas de las páginas más lamentables de toda la teología cristiana.

En los primeros años de la Reforma, escribió un tratado que, para los estándares de la época, era un aporte valioso. Allí alentaba a los cristianos a tratar respetuosamente a los judíos con el fin de transmitirles mejor el Evangelio. Pero los años de amargas polémicas fueron endureciendo al reformador. Dos décadas después, en 1543, publicaría un tratado tristemente célebre: *Sobre los judíos y sus mentiras*. En él recomendaba destruir sus casas, confiscar sus libros sagrados, limitar sus derechos fundamentales, prohibir sus oraciones y la enseñanza de sus rabinos, hacerlos cumplir trabajos manuales y quemar sus sinagogas.

Nos sentimos tentados a repetir las palabras que en una ocasión dedicó Melanchthón a su compañero de Reforma: *Utinam, Lutherus etiam taceret*. «Ay, Lutero; si tan solo pudiera callarse»[87]. Es casi inexplicable que la misma persona que celebró la libertad cristiana, que afirmó que todo creyente debe ser un Cristo para su prójimo y que fue bajado del caballo de su desesperación por la gracia de Dios haya podido escribir esas cosas. Nunca se deben menospreciar los peligros del resentimiento y la ira acumulada por tanto tiempo.

Lo interesante del caso es que Lutero nunca tuvo compañeros ni amigos judíos. No los conocía de primera mano. No los entendía. Su comprensión del judaísmo se derivaba de la lectura de tratados explícitamente antisemitas, escritos por cristianos o judíos conversos. Algo similar se puede decir de su pobre comprensión de la teología y las motivaciones que convocaban al movimiento anabautista, o de la realidad económica que originaba los reclamos de los campesinos alemanes.

Su sesgo cultural, operando en lo profundo de su ignorancia, creó un monstruo imaginario del otro lado de la frontera. Para combatirlo, terminó convirtiéndose él mismo en un monstruo mucho peor.

Es más fácil ser violento con alguien "de afuera" que con alguien "de adentro". Es el mecanismo que operaba en el circo romano: los gladiadores no vestían la panoplia típica de los soldados romanos, sino salían a la arena ataviados como extranjeros. Al creer que no pertenecían a su propio grupo cultural, el sufrimiento y la muerte de los gladiadores tenía un peso diferente para los espectadores. Había un distanciamiento simbólico que les permitía aceptar más fácilmente la irracionalidad de la muerte. Es el tipo de mecanismos que sigue operando en las películas de acción actuales: es más intolerable a nivel emocional la muerte de uno solo de "los nuestros" que la matanza de incontables "extranjeros" —sean extraterrestres, zombis o simplemente personas de otras etnias—.

Creo que, en nuestros días, los cristianos estamos reaccionando de tres grandes maneras frente a este mundo que percibimos como una cultura ajena, incomprensible y hostil.

La primera es la retirada. Es lo que pasa cuando cerramos los oídos a lo que pasa "ahí afuera". Emprendemos entonces una *fuga mundi*: un escape de la realidad. Nos replegamos en una fe del corazón, en la interioridad privada de la experiencia cristiana para evitar la contaminación y dedicarnos así a "cosas más espirituales". Si tan solo pudiéramos vivir en un culto interminable —24/7, como dicen por ahí—, entonces no tendríamos que lidiar con el ruido que nos rodea.

Albert van den Heuvel dijo que, cuando emprendemos la retirada, estamos convirtiendo a Cristo en Señor de la Iglesia y a Satanás en señor del mundo.[88] Es el fatídico intento de retener a Dios en los templos —como si eso fuera posible— y abandonar el mundo en manos del enemigo —como si Cristo no fuese también Señor de las esferas seculares—.

La segunda es escondernos en la trinchera. Es lo que hacemos cuando nuestro diálogo con la cultura se basa casi exclusivamente en criticar todo lo que pasa. Desde la imperturbable seguridad de nuestras opiniones, nos volvemos apocalípticos y tiramos piedras a todo lo nuevo, a lo que rotulamos directamente como "sistema de este mundo". Con el fin de disputar las batallas culturales por el sentido y para cerrar filas, nos identificamos con las posiciones más conservadoras de la sociedad. Hacemos alianzas carnales con esas posiciones y terminamos por ensalzar como "cristiana" a la sociedad de hace veinte, cincuenta o cien años.

Todo lo que, a vuelo de pájaro, se pueda rotular como "progresista" se vuelve enemigo absoluto del verdadero cristianismo. Es fácil exponer una radiografía de la miseria ajena desde un escondite seguro, pero no hacemos mucho por remediar esa miseria. La medicina está, al igual que nosotros, bien protegida detrás de la trinchera.

La tercera es la rendición. Es lo que sucede cuando, ya sin fuerzas para permanecer junto al Señor, bajamos los brazos y capitulamos ante la hegemonía de turno. Es un cristianismo con complejo de inferioridad que tiembla ante la idea de romper con el espíritu de la época y quedar en ridículo. No negamos que el Evangelio tenga valiosas enseñanzas, pero pareciera que ya no podemos seguir creyendo con convicción en esos antiguos credos.

«Cuando uno se entrega a vivir sin rumbo, sin ofrecer resistencia, sin rezar, accediendo a cualquier requerimiento semiconsciente del deseo, se llega a un punto en el que se pierde la fe»[89]. Entonces hacemos alianzas carnales con los movimientos progresistas, con todo lo nuevo, con aquellas ideas que las élites culturales ponderan como prestigioso y *cool*. Los grupos conservadores se convierten en la causa de todos los males del mundo; por eso hay que combatirlos: para que el mundo alcance finalmente la liberación.

Este rápido paseo por nuestras estrategias ante la complejidad de nuestro tiempo no debe confundirse con un juicio desalmado. En diferentes momentos, yo mismo, como una brújula indecisa, siento que me inclino por el escapismo escatológico, el ataque desde la trinchera o la rendición más cobarde.

En la forma en la que Jesús interactuaba con los grupos y culturas a su alrededor encuentro algunas claves para nuestro propio desafío de habitar una cultura que nos suena extraña y hostil.

Primero, no vemos en los evangelios que Jesús capitule ante las hegemonías de su contexto: los saduceos en el ámbito religioso, la cultura grecorromana en general. Al contrario: podía afirmar sin complejos de inferioridad que su misión no era abolir las viejas leyes, sino llevarlas a su plenitud; podía distinguir también, con astucia y mucho tacto, entre la esfera del César y la de Dios.

Su ministerio era una alternativa, una propuesta claramente diferente de las demás. Una y otra vez la gente, al verlo pasar, se preguntaba: «¿Quién es este?» (Mt. 21:10), «¿Quién es este hombre?» (Mc. 4:41), «¿Quién es este hombre que anda perdonando pecados?» (Lc. 7:49), «¿Quién es este hombre de quien oigo tantas historias?» (Lc. 9:9). No se podía meter a Jesús adentro de una cajita cualquiera ni asimilarlo a alguno de los grupos hegemónicos.

En segundo lugar, Jesús no emprendió la retirada. El Señor fue contemporáneo de los esenios, una secta judía que vivía en el desierto para evitar la contaminación religiosa. A diferencia de ellos, el ministerio de Cristo se desarrolló en los caminos y las calles de Galilea, en la inmediatez de las aldeas, los campos y las ciudades, allí donde se lo necesitaba. Si Jesús decidía entrar a la casa de un famoso ladrón, las cosas no quedaban como antes; cuando se iba, la gente miraba y decía: «La salvación ha venido hoy a esta casa» (Lc. 19:9). Incluso aquellos que lo mataron no permanecieron iguales después de estar con Cristo; uno de los soldados romanos que lo había clavado en la cruz reconoció, al verlo entregar su último suspiro: «Este hombre era verdaderamente el Hijo de Dios» (Mc. 15:39).

Jesús fue un agente de la misericordia de Dios. Por donde Él pasaba, la gracia pasaba también. No importaba si la persona pertenecía o no a su grupo cultural. No importaba si era un ladrón o un soldado impío, si era la prostituta más famosa del pueblo o un fariseo intransigente. Cristo ofrecía gracia a todos por igual.

Y finalmente, Jesús no se atrincheró en una especie de partidismo mesiánico opuesto a las otras facciones de su tiempo. Fariseos, sacerdotes, romanos y zelotes afirmaban ser el futuro; cada grupo prometía que, al derrotar a los demás partidos, todo el pueblo viviría mejor. El triunfo de cada uno de esos proyectos —una victoria legalista, ritualista, militarista o terrorista, respectivamente— pondría las bases de una nueva sociedad. Sin embargo, el resultado era, más bien, la fragmentación: cada grupo se atrincheraba detrás de barreras imposibles de franquear.

Insólitamente, el ministerio de Jesús consiguió lo que ninguno de esos proyectos había logrado. El Señor tenía una costumbre sorprendente: cuando lo invitaban a comer a la casa de un fariseo, llevaba de paso a un amigo publicano, y mientras estaban ahí, invitaba a conversar al zelote y al sacerdote. La habilidad de Jesús para manifestar gracia, compartir la mesa con todo tipo de personas y dialogar con las preocupaciones reales de sus contemporáneos le permitió trascender el partidismo.

Sentarnos a la mesa con Jesús nos pone en las mismas condiciones, nos dignifica. Y nos invita, acto seguido, a emprender un camino de discipulado que transforma vidas, grupos y sociedades según el parámetro de justicia del Reino de Dios. El fruto de ese maravilloso experimento multicultural fue la Iglesia: un lugar donde judíos y griegos, hombres y mujeres, esclavos y libres, ricos y pobres, todos podían mirarse por primera vez a los ojos para emprender, en comunidad, el seguimiento del Maestro.

El ejemplo de Jesús no es un detallado manual de instrucciones, pero es una receta poderosa contra la indiferencia, el resentimiento y el sectarismo.

## TESIS 28

### EN EL NÚCLEO DE LA TEOLOGÍA CRISTIANA DESCUBRIMOS LA PARADOJA: UNA PODEROSA ESTRATEGIA PARA DESARMAR LA POLARIZACIÓN Y EL FANATISMO.

L os imperios digitales de nuestra era han descubierto que la mejor forma de hacer dinero no es vender productos y servicios a los usuarios, sino vender a los mismos usuarios al mejor postor. El escándalo que involucró a Cambridge Analytica expuso el complejo entramado que utiliza las redes sociales para segmentar a la población con el fin de manipular mejor su comportamiento. Las redes ofrecen un mapa bastante fiel hacia la psicología de sus usuarios, las cuestiones que los definen y los prejuicios que los ciegan. La ingeniería social de la *Big Data* convierte toda esa información en un arma.

Al segmentar individualmente los datos, las redes sociales generan infinitos mundos paralelos; como nunca antes, cada persona percibe la realidad a su imagen y semejanza. Las redes nos han conducido a las entrañas de la *Matrix*: un infierno colectivo en el que cada uno se jacta de su libertad, mientras alimenta de manera inconsciente y maquiavélica el algoritmo de la máquina.

Una de las consecuencias más evidentes de la *Big Data* en nuestra cotidianidad es la sensación —cada vez más asfixiante— de vivir en una grieta: un mundo organizado en dos bandos fijos, omnipresentes, irreconciliables. Donde sea que uno mire: la grieta. Toda posición crítica, toda instancia de mediación, toda búsqueda de desmarcarse de las posiciones termina siendo chupada, como un imán gigantesco, a uno de los extremos.

Al mostrar a un usuario aquello que refuerza ciertas ideas y, al mismo tiempo, lo contrario a otro usuario, el algoritmo ha fogueado una polarización de dimensiones incalculables. Proliferan a nuestro alrededor todo tipo de fundamentalismos de izquierda y de derecha que no dejan de construir un catálogo de aliados y enemigos en antagónica batalla.

En el centro de la experiencia espiritual de Lutero se encuentra la paradoja. El reformador era, según la expresión de uno de sus mejores biógrafos, un hombre entre Dios y el diablo. Mientras más nos adentramos en el castillo teológico de Lutero, más descubrimos la paradoja en cada uno de sus rincones. Uno puede llegar a sentirse abrumado con los fuertes contrastes que coexistían en ese testarudo monje alemán.

Su figura esconde, según quien la analice, la esencia de la Edad Media o, en su defecto, la raíz de la modernidad. Fue el primero y el más famoso de los protestantes, pero era más católico que muchos de sus seguidores y oponentes. En ocasiones se nos aparece como un rebelde iconoclasta y en otras, como un tradicionalista acérrimo. Comenzó su Reforma impulsado por un intransigente deseo de santidad; sin embargo, recomendaba a su apocado amigo Melanchtón que, si pecaba, lo hiciera con ganas.* Para Lutero, el cristiano es a la vez santo y pecador, la gloria de Dios se conoce únicamente en la vergüenza de la cruz y la razón podía ser, alternativamente, la prostituta del demonio o un instrumento muy útil.

Un pasaje de su comentario a Romanos dice así:

> Pues lo que para nosotros es "el bien", yace oculto, y a tanta profundidad que viene a quedar justamente debajo de lo que es lo contrario del "bien". Así, nuestra vida está escondida bajo la muerte, el amor hacia nosotros bajo el odio hacia nosotros, la gloria bajo la ignominia, la salvación bajo la perdición, el reino bajo el destierro, el cielo bajo el infierno, la sabiduría bajo la insensatez, la justicia bajo el pecado, el vigor bajo la debilidad.[90]

El Dios que abrazó Lutero está *absconditus sub contrario:* se oculta bajo aquello que parece contradictorio y, al hacerlo, escandaliza nuestras categorías, expectativas y prejuicios. En pocas palabras: la forma en la que Dios decide revelarse desarma toda maniobra religiosa que quisiera meterlo, a presión, dentro de un ídolo a nuestra imagen.

En el corazón de la teología de Lutero y del mensaje del cristianismo yace la hibridez, la polifonía, el escándalo de un Dios hecho humano. Cristo revela la redención en la cruz: el símbolo de la discordia,

---

* *Pecca fortiter,* le decía en latín.

donde lo horizontal y lo vertical, lo eterno y lo temporal, el horror y la belleza se vuelven inseparables.

Cuatro siglos después de Lutero, Chesterton escribió que el cristianismo no solo sabe descubrir las verdades lógicas, sino que «cuando repentinamente se vuelve ilógico, es que ha encontrado una, diremos, ilógica verdad. No solo va derecho con las cosas que van derecho, sino que se desvía cuando las cosas se tuercen. Su plan se adapta a las irregularidades secretas y prevé lo imprevisible»[91]. Si algo hay de incómodo o difícil de soportar en el cristianismo, si alguna de sus afirmaciones nos descoloca y confunde, esto no se debe al absurdo o la incompatibilidad entre Cristo y la razón. Es probable que simplemente nos hayamos topado con un borde extraño de la verdad misma.

En una era en la que la sensatez ha sido secuestrada por la *Big Data*, necesitamos urgentemente el auxilio de la paradoja. La tensión sin resolver que encontramos en el corazón de la fe cristiana es mucho más que una mera curiosidad intelectual o un cúmulo de frases enigmáticas. Es un mecanismo creativo que nos permite comprender las irregularidades de la realidad misma y nos desmarca de las ideologías que se vuelven sordas a las verdades de la otra vereda.

Al mantenernos en búsqueda y tirar por tierra nuestros más convincentes castillos de naipes, la paradoja nos hace tomar conciencia de la cámara de ruido a la que nos ha confinado el algoritmo. Es un antídoto contra la polarización que nace de la ira, contra los reduccionismos que convierten a la verdad en una caricatura de sí misma y contra los fanatismos que encogen el mundo hasta hacerlo desaparecer.

# TESIS 29

## EL DIÁLOGO DEL CRISTIANISMO CON LA CULTURA DEBE MOVERSE SIEMPRE, EN TENSIÓN PARADÓJICA, ENTRE LA RESISTENCIA Y LA SUMISIÓN.

De la sorprendentemente fecunda producción literaria de Martín Lutero\*, pocos textos han tenido mayor impacto en la historia que *Sobre la autoridad secular: hasta dónde se le debe obediencia*. Ese tratado de 1523 puso las bases de la doctrina protestante de los dos reinos, una idea que no solo definió la teología de la Reforma, sino también la filosofía y teoría política moderna. La influencia de este texto se observa claramente en figuras de la talla de John Locke, Max Weber, Thomas Hobbes, John Milton o James Madison.

Lutero no desarrolló la doctrina de los dos reinos con la sistematicidad de un politólogo, sino con la pasión y devoción de un monje. No hallamos en su producción un sistema completamente coherente y claro. Más bien, «en sus escritos se encuentran las más diversas afirmaciones sobre esos reinos y gobiernos. A veces habla de dos reinos, otras veces de tres y de vez en cuando habla incluso de la existencia de cuatro reinos»[92]. Incluso menciona también a "regímenes" y "espadas", sin aclarar cómo se relacionan esos elementos con el resto de su edificio teórico.

Como Lutero no sistematizó su teoría política, sus ideas se prestaron a todo tipo de relecturas. Después del infame rol de la Alemania nazi durante la Segunda Guerra Mundial, algunos identificaron la doctrina de los dos reinos como la raíz del servilismo alemán a las autoridades, ese que habilitó la obediencia al *Führer* hasta el genocidio y la depravación inenarrable.

---

\* Para 1520, circulaban en Alemania treinta y dos tratados de Lutero en más de quinientas ediciones. Se calcula que, durante su vida, circularon al menos tres millones de ejemplares impresos de sus textos. La edición crítica de sus Obras completas —*D. Martin Luthers Werke: kritische Gesammtausgabe*, conocida como *Weimarer Ausgabe* (WA)— cuenta con unas 80 mil páginas, repartidas en 121 volúmenes.

Es cierto que Lutero —mediante pasajes como Romanos 13:1-2 y 1 Pedro 2:13-14— insiste una y otra vez en la actitud de obediencia que el cristiano debe tener ante los poderes temporales. Pero hay que recordar que el interés detrás de la reflexión de Lutero era limitar la injerencia del papado y lograr la expansión de su Reforma; esa era su motivación principal.

Cuando vamos más allá de la lectura anacrónica descubrimos, en el centro de su teología política, una paradoja: Lutero acompaña su llamado a la obediencia con una reflexión sobre la necesidad que el cristiano tendrá, en algunas ocasiones, de ejercer también la desobediencia civil.

Fue Dietrich Bonhoeffer —alemán, teólogo y luterano— quien logró sintetizar esa tensión paradójica entre obediencia y desobediencia que encontramos ya en la obra de Lutero. Bonhoeffer vivió cuatrocientos años después del reformador y experimentó en carne propia (hasta el martirio) las consecuencias que trae la obediencia ciega de una "nación cristiana" a un líder político. En su teología, esa tensión paradójica se resume en *Widerstand* y *Ergebung*: resistencia y sumisión.

El futuro de la fe cristiana se juega entre esos dos factores. Primero, la famosa *sumisión* de Romanos 13: «Toda persona debe someterse a las autoridades de gobierno, pues toda autoridad proviene de Dios» (vs. 1). Y segundo, la no tan célebre *resistencia* de Apocalipsis 13: «El pueblo de Dios tiene que soportar la persecución con paciencia y permanecer fiel» (vs. 10). Es el amor de Dios en nosotros el que nos convierte en seres libres de todo condicionamiento, pero es también ese amor el que nos envía de nuevo al prójimo para que nos entreguemos libremente en su servicio.

La paradoja entre obediencia y desobediencia o resistencia y sumisión no aplica únicamente a la autoridad secular, los poderes temporales o la relación Iglesia/Estado. Es también una proclama teológica sobre el diálogo cultural. Quizás el asunto se vuelva más claro si pensamos en dos peligros latentes.

El primero atañe al sector liberal clásico del cristianismo. Durante la modernidad, el liberalismo mostró su completa sumisión a la cultura dominante: se esforzó por sintonizar plenamente con la agenda y las verdades de su tiempo, incluso hasta el punto de hacer cambios significativos a la propia fe. Todo estaba permitido, con tal de evitar que el puente con la cultura circundante se cortara. Ese cristianismo se convirtió, en palabras del teólogo alemán Erik Peterson, en nada más que el aroma de una botella vacía.

El segundo peligro se encuentra del otro lado del péndulo. Fue la tendencia del protestantismo más ortodoxo y tradicional. A menos que su doctrina se convirtiera en la cultura socialmente dominante, la ortodoxia adoptó una actitud de absoluta resistencia a casi todos los avances científicos, procesos políticos o demandas culturales. Hegel decía algo al respecto: cuando esos creyentes se zambulleron en lo profundo de su piedad individual, el mundo perdió a Dios y Dios perdió al mundo.

El sociólogo de la religión Rodney Stark estudió los motivos por los que triunfan o fracasan los movimientos religiosos.[93] Según su investigación, para ser exitoso un movimiento debe mantener cierto grado de continuidad con su entorno cultural, pero, al mismo tiempo, generar cierto nivel de tensión con ese mismo entorno. Stark también señala un dato que le cuesta procesar a nuestra sensibilidad posmoderna: las exigencias de conducta impuestas a los nuevos convertidos son un elemento clave en el éxito de un movimiento religioso. La diferenciación clara entre los que forman y los que no forman parte del grupo de creyentes es un punto fundamental en la ecuación que explica la prosperidad de un movimiento en cantidad y calidad.

Si no existe continuidad —o sea: si tan solo ofrecemos resistencia—, el movimiento será visto como ajeno, incomprensible, absurdo. A la larga, se convertirá en algo irrelevante. Paradójicamente, si no hay diferencias, si el movimiento no tiene rasgos que lo distingan de su contexto —o sea: si es pura sumisión—, también será percibido como irrelevante.

Paul Tillich escribió que la experiencia cristiana debe siempre satisfacer dos necesidades fundamentales: «La afirmación de la verdad del mensaje cristiano y la interpretación de esta verdad para cada nueva generación»[94]. Aunque categorías como "liberal" y "ortodoxo" han cambiado según las modas y los tiempos, los excesos de sumisión y resistencia siguen apareciendo en nuestra sociedad con ropajes muy similares. Para que el cristianismo no pierda en el camino algo fundamental de su Buena Noticia, nuestro diálogo cultural debe aferrarse, con convicción y paciencia, a la verdad en paradoja.

## TESIS 30

**LA IGLESIA MUESTRA SU FIDELIDAD A LA PALABRA DE DIOS CUANDO BRILLA COMO UN AGENTE DE JUSTICIA, PAZ Y RECONCILIACIÓN EN LA SOCIEDAD.**

## TESIS 31

**EL DIÁLOGO DE JESÚS CON SUS CONTEMPORÁNEOS TENÍA TRES INGREDIENTES FUNDAMENTALES: LUCHAR CONTRA LA INJUSTICIA SIN LAS ARMAS DEL EVANGELIO ES UNA BATALLA PERDIDA.**

Una serie de levantamientos y protestas han puesto a tambalear la frágil estabilidad política, económica y social de muchos países latinoamericanos. En el lapso de algunos años, las calles y las redes se han llenado de subjetividades en puja, consignas múltiples y fervorosas manifestaciones. Algunas son pacíficas, otras no tanto. Buena parte de la juventud ha abrazado de manera especial esos esfuerzos; han encontrado allí una utopía compartida, una identidad por construir, un futuro por el que luchar.

Las iglesias han reaccionado frecuentemente a esos clamores por la justicia con una buena cuota de distancia y desconfianza. En ocasiones, la reacción ha sido un explícito rechazo y una condena en bloque a esas reivindicaciones. No son pocos los creyentes que creen con convicción que la justicia de Dios no tiene mucho para decir al respecto de la justicia social. Más de un protestante cita incluso la doctrina de la justificación por la fe y la gracia de Dios como dos factores que eximen a los cristianos de los imperativos éticos del Nuevo Testamento.* A fin de cuentas, dicen, "no somos de este mundo" y

---

* Una lectura rápida de *Las buenas obras*, el tratado de Lutero de 1520, aclararía convincentemente ese malentendido. Un pasaje clave de los *Artículos de Esmalcalda*, de 1537, lo dice con toda lucidez: «Si la fe no tiene como consecuencia buenas obras, es falsa y en ningún caso verdadera» (*Obras* V, p. 199).

debemos poner la mirada "en las cosas de arriba", no en las consecuencias del pecado en nuestras sociedades.

El reverendo Michael King viajó a Alemania en 1934. Tan inspirado y desafiado quedó tras aquella experiencia en la tierra de Lutero que decidió apropiarse directamente de su nombre. Desde entonces, dejó de ser conocido como *Michael King* y pasó a llamarse *Martin Luther King*. Su hijo heredó su nombre y sus convicciones espirituales y de reforma. Un 16 de abril de 1963, Martin Luther King Jr. escribió su famosa carta desde la cárcel de Birmingham. Perseguido —pero no desamparado— advertía con toda claridad una verdad difícil de procesar: los *statu quo* social y religioso se rascan mutuamente las espaldas.

> La Iglesia contemporánea es a menudo una voz débil y sin timbre, de sonido incierto. Es que a menudo es defensora a todo trance del *statu quo*. En vez de sentirse perturbada por la presencia de la Iglesia, la estructura del poder de la comunidad se beneficia del espaldarazo tácito y aún, a veces, verbal, de la Iglesia a la situación imperante.[95]

Para muchos jóvenes, el deseo de mantener el estado de las cosas —que se oye tácita o explícitamente en un sinfín de púlpitos— habla más fuerte y más claro que nuestros mejores eufemismos cristianos de piedad, misericordia y compromiso con el prójimo. El presentimiento del reverendo King tiene más de medio siglo, pero sigue hablándonos con toda certeza: «Si la Iglesia de hoy no recobra el espíritu de sacrificio de la Iglesia primitiva perderá su autenticidad, echará a perder la lealtad de millones de personas y acabará desacreditada como si se tratara de algún club social irrelevante»[96].

La disociación entre justicia divina y justicia humana no transmite la coherencia del carácter de Dios ni la enseñanza del Evangelio. A lo largo de toda la Biblia, «la idolatría y la injusticia se hallan intrínsecamente unidas»[97] porque «una comunidad que practica la injusticia no puede ser adoradora del verdadero Dios»[98]. El hecho de haber sido justificados por la fe —para retomar el lenguaje de la Reforma— no nos exime de «cumplir toda justicia» (Mt. 3:15). Más bien, esa justificación es precisamente la que nos abre la posibilidad de caminar por esta tierra de una manera justa.

La teología de la Misión Integral viene repitiendo desde hace décadas que «la preocupación por la reconciliación del hombre con

Dios no puede separarse de la preocupación por la justicia social»[99]. La Biblia es consistente al afirmar que la verdadera justicia no solo es espiritual —delante de Dios—, sino también social —delante del prójimo—. Esa cualidad no debería ser una rara excepción entre los creyentes, sino un fruto natural del pueblo de Dios.

«Debemos fregarles bien el pellejo. Debemos abrir la boca y decir francamente lo que no les gusta oír, sin cuidarnos de su cólera o sus espadas desenvainadas. Pues el Evangelio no debe eximir a nadie, sino condenar la injusticia de todos»[100]. Así hablaba Lutero, con su característica desfachatez, de algunos príncipes injustos que no cumplían cabalmente su misión espiritual: «Que podamos tener una vida pacífica y tranquila, caracterizada por la devoción a Dios y la dignidad» (1 T. 2:2). Los cristianos, según Lutero, deben poder vivir en un difícil equilibrio: el reconocimiento de las autoridades y, al mismo tiempo, la denuncia de sus injusticias y corrupción.

Desde el Credo de Nicea, la teología cristiana ha reconocido cuatro marcas que definen a la verdadera Iglesia: es una, santa, católica y apostólica. Lutero agregó a esas cuatro marcas una más: la cruz. Una Iglesia que se inclina por defender sus privilegios o bienestar antes que entregarse por los que más lo necesitan, no muestra las señales características del Mesías crucificado.

Nuestra fidelidad a la Palabra de Dios no está completa si no nos despierta, en medio de los quejidos que nos rodean, para servir a nuestras sociedades como agentes de justicia, paz y reconciliación. Actuando así, imitamos a nuestro Maestro, que no solo llenó las calles de Palestina con las palabras del Reino de Dios, sino que encarnó ese mensaje en pan, liberación, sanidad y consuelo:

El Espíritu del Señor está sobre mí, porque me ha ungido para llevar la Buena Noticia a los pobres. Me ha enviado a proclamar que los cautivos serán liberados, que los ciegos verán, que los oprimidos serán puestos en libertad, y que ha llegado el tiempo del favor del Señor (Lc. 4:18,19).

Como reacción a la indiferencia de muchas comunidades cristianas ante los problemas temporales, toda una generación joven ha comenzado a enfatizar con convicción la proyección social del Evangelio. ¡Celebramos esos brotes de coherencia cristiana entre nosotros! No obstante, notamos también un peligro al acecho.

Muchos creyentes *desiglesiados*\*, en proceso de deconstrucción, críticos hacia cualquier tradicionalismo abrazarían con gusto un cristianismo que no tuviera nada que ver con oraciones, sacramentos, devociones o evangelización. Serían felices si el Evangelio consistiera únicamente en luchar contra toda forma de injusticia y denunciar los pecados sociales.

En uno de los consejos a su sobrino Orugario, el mañoso diablo Escrutopo daba en el clavo con esa estrategia: «Lo que hay que hacer es conseguir que un hombre valore, al principio, la justicia social como algo que el Enemigo [Dios] exige, y luego conducirle a una etapa en la que valore el cristianismo porque puede dar lugar a la justicia social»[101]. Desligada del entramado de la revelación, esa espiritualidad puede seguir existiendo sin afirmar ninguno de los elementos específicos del Evangelio.

Ya no necesita de la vida que emana del Padre, de la redención ofrecida por el Hijo ni de la compañía del Espíritu Santo. Ya no le hacen falta el testimonio confiable de las Escrituras, la experiencia transformadora del nuevo nacimiento, el discipulado, el perdón de los pecados o la Iglesia. Ya no ve a las obras de justicia como un fruto del Espíritu, sino como una victoria lenta del espíritu humano sobre sus propios demonios internos. Así, de a poco y casi sin notarlo, muchos pierden la fe. «¡Les hubiera sido mejor nunca haber conocido el camino a la justicia, en lugar de conocerlo y luego rechazar el mandato que se les dio de vivir una vida santa!» (2 P. 2:21).

El Evangelio de Jesús incluye la justicia social. No hay dudas al respecto. Sin embargo, buscar la justicia social no implica necesariamente buscar el Evangelio. Un cristianismo que únicamente ofrece un mensaje de justicia social es un cristianismo amputado. Aunque el fervor por construir sociedades más solidarias y justas transmita parte de la imagen de Dios y apunte a la liberación escatológica del Reino de Dios, no podemos olvidar jamás algo que dijo Thomas Merton: «Reconciliar al hombre con el hombre y no con Dios es no reconciliar a nadie en absoluto»[102].

Debemos confrontar la injusticia del presente con las armas del Evangelio. Si no incluyen la cruz y el seguimiento, los otros reme-

---

\* Es mi traducción de un neologismo acuñado por el sociólogo de la religión belga Karel Dobbelaere (*unchurched*).

dios no serán la liberación que imaginamos, intuimos y necesitamos (aunque puedan aliviar momentáneamente algunos dolores).

Jesús le dijo a Pedro que «las puertas del Hades no prevalecerán contra» la Iglesia. Por alguna extraña razón de mi psicología profunda, al leer semejante promesa imaginé por muchos años que las puertas de la Iglesia resistirían todos los ataques del infierno y las artimañas del mal. Estaba equivocado. Jesús no presenta una maniobra defensiva: puertas adentro, al resguardo del mundo, con miedo a que en algún momento se rompa el último cerrojo. Está hablando de una metáfora ofensiva: es la Iglesia la que ataca y la que penetra en el territorio de las tinieblas. Son las puertas del Hades las que no pueden resistir el avance del Reino de Dios y su justicia.

*A René Padilla* in memoriam

## TESIS 32

## CUANDO NO SABEMOS QUÉ HACER, LLORAR CON LOS QUE LLORAN ES UNA MUY BUENA OPCIÓN.

Encontrar la concentración y la gracia de las palabras no me ha resultado particularmente fácil en estas últimas semanas. La pandemia se sigue reinventando. Es *una ola que no para de crecer* con consecuencias que se sienten cada vez más cerca. El aire se ha vuelto pesado. A cada rato me invaden el teléfono las noticias de familiares y amigos que batallan por su vida entre múltiples fragilidades: la de sus cuerpos, la del sistema de salud, la de la economía. La tarea de escribir y meditar en el Evangelio se siente extraña por momentos, casi banal incluso. ¿Tiene sentido encerrarme durante semanas enteras a escribir estas páginas cuando parece omnipresente la tragedia incalculable de todo un planeta, de mi ciudad, de mi prójimo?

Martín tuvo seis hijos con Katharina: tres mujeres —Isabel, Magdalena y Margarita— y tres varones —Hans, Martín y Pablo—. La muerte tocó a la puerta de los Lutero dos veces. Tres años después de su casamiento, murió Isabel, su segunda hija, con tan solo ocho meses. Y en 1542 murió también Magdalena, con trece años, en los brazos de su padre.

Lutero agradecía a Dios por la vida de Magdalena, pero estaba inconsolable. En una carta a su amigo Justus Jonas, le confesó que ni él ni Katharina eran

> capaces de resolverlo sin llantos y gemidos y sin el mayor dolor del corazón, pues cada rasgo, cada palabra, cada movimiento de nuestra querida hijita en vida o moribunda, de esta hijita obediente y adorable, nos eran tan queridos que ni la muerte de Cristo (con la que ninguna muerte puede ser comparada), puede apartar como debiera esta pena del todo.[103]

Todos somos iguales ante la enfermedad, el dolor y la impotencia de la última bocanada de aire. Nacimos en multitudinaria soledad y solos también enfrentamos el final. *La muerte es un rapto tan violento* que no deja mucho margen para ideologías mezquinas ni grandes racionalizaciones. Leopardi lo dijo de una forma bellísima: «En ti, muerte, reposa nuestra naturaleza desnuda»[104].

El frío de la tragedia nos atrae al mismo fuego: allí donde la fragilidad se encuentra con la misericordia y el silencio. Es el lugar donde se desdibujan los rasgos de identidad que podrían distinguirnos. Los ricos y los pobres, los delincuentes en prisión y sus víctimas, los futbolistas millonarios de Europa y los niños anónimos de Etiopía que quieren parecerse a ellos, todos exclamamos junto al judío de Venecia: si nos hieren, ¿no sangramos?

La pandemia dejará un mundo con desafíos nuevos y viejas estructuras en crisis. Y quizás, ante semejante escenario, no haya gesto más intrínsecamente cristiano que llorar con los que lloran. No hablar, no explicar, no sermonear, no denunciar, no señalar; todas esas cosas ya las hicieron los amigos de Job. El «llanto patético» no es un gesto vano, sino, más bien, «la forma extrema de crítica»[105] a un sistema deficiente y provisional. La compasión que se inclina y comparte el llanto con otro es también una forma de bienaventuranza.

La Iglesia participa del viaje de sufrimientos y miserias que también experimenta el resto de la humanidad. Cuando compartimos la angustia con nuestro prójimo, no solo lo abrazamos en la oscuridad de su abismo insondable. Nuestra presencia es también un testimonio, ahí donde más lo necesita, de que todas estas cosas pasarán, pero un día llegará aquello que esperamos ansiosos: «Los cielos nuevos y la tierra nueva que Él prometió, un mundo lleno de la justicia de Dios» (2 P. 3:13).

**TESIS 33**

**DEBEMOS ATESORAR LA NOCIÓN DE *PECADO*
COMO UNA CATEGORÍA CLAVE DE LA
ANTROPOLOGÍA CRISTIANA.**

**TESIS 34**

**EL ASPECTO TEOLÓGICO DEL PECADO PERSONAL
NO DEBE HACERNOS PERDER DE VISTA LA DIMENSIÓN
SOCIAL Y ESTRUCTURAL DEL MAL.**

Lutero fue un pesimista. Leer sus patéticas opiniones sobre la condición humana resulta a veces un poco incómodo. Para entender el pesimismo antropológico del reformador es necesario comprender antes la experiencia devastadora que había atravesado al toparse con su miseria personal. La conciencia de su pecado, de la inevitabilidad de la muerte y del juicio divino condujeron a Lutero a una espiral de desesperación.

Su propia incapacidad para escapar de la maldad, a pesar de sus titánicos esfuerzos, le hizo escuchar "el no de Dios": una irremediable conciencia de perversión e insuficiencia. Eso es lo que Lutero entiende por *Ley*. El reformador hubiera naufragado en esa desesperación de no haber escuchado también "el sí de Dios": la esperanza ofrecida por Jesucristo y abrazada por la fe. Eso es lo que Lutero entiende por *Evangelio*.

La insuficiencia y la esperanza, el no y el sí, la Ley y el Evangelio son palabras que Dios pronuncia al unísono. Son también las que nos libran de dos destinos igualmente demoníacos: la desesperación —de los que, aturdidos por la Ley, no escuchan el Evangelio— y la arrogancia —de los que, confiados en sí mismos, nunca escuchan "el no" de Dios—.

Lutero no creía que la salvación fuera una especie de pócima espiritual para suplir las carencias y debilidades del ser humano. Por el contrario: ni las pasiones más bajas ni los atributos más sublimes de la humanidad están a la altura de Dios. Delante del Santo, todo el ser humano entero es carne[*]. La carne no puede evolucionar, sanarse ni ser perfeccionada; su único destino es la muerte ("el no" de Dios). Sin embargo, gracias a la misericordia divina, esa muerte puede ser la antesala de la resurrección ("el sí" de Dios). Para Lutero, el problema de la condición humana no son los instintos más perversos, sino también «el alma, el cuerpo, la mente, la razón, la discreción y todo lo que se pueda mencionar o hallar de excelente en el hombre»[106]. Y va más allá:

> Si lo impío y perdido y condenado en el hombre no es esa parte más noble que hay en él, sino solamente la carne, esto es, los afectos más bien groseros e inferiores, ¿qué clase de redentor, pregunto, hacemos entonces de Cristo? ¿Estimaremos que el precio de su sangre es tan bajo que solo alcanzó para redimir lo de menos valor en el hombre, y que en cambio, lo más excelente en el hombre tiene de por sí el valor suficiente para poder prescindir de Cristo, de modo que en lo sucesivo predicaremos a un Cristo que es el redentor no del hombre entero, sino de su parte de menor valor, a saber, de la carne, mientras que el hombre mismo es su propio redentor en lo que respecta a su parte más noble?[107]

El crudo pesimismo de Lutero choca de lleno con nuestro optimismo de época sobre la innata bondad de los individuos, embarrada únicamente por corrompidas estructuras sociales. Esta antropología, derivada en buena medida del mito del buen salvaje de Rousseau, se asienta sobre la noción (a veces inconsciente) de que los condicionamientos externos son los responsables de enturbiar la naturaleza inherentemente buena de las personas.

Aunque las iglesias evangélicas de nuestros días son herederas de la Reforma, sus rasgos esenciales no se parecen mucho al protestantismo de Lutero o Calvino. Por el contrario, se asemejan más a ese movimiento de renovación dentro de la Iglesia anglicana que conocemos con el nombre de puritanismo. Uno de los aspectos donde esa herencia se ve más claramente es en lo que podríamos denominar *micromanagement del pecado*: el control meticuloso e implacable sobre el alma propia y ajena para encontrar allí el pecado oculto.

---

[*] En el sentido moral que Pablo utiliza en 2 Corintios 10, Romanos 7 o Gálatas 5.

El objetivo de este control es —al menos en teoría— la búsqueda de la santidad y la pureza. Sin embargo, semejante concentración en la interioridad humana a menudo hace la vista gorda ante los problemas estructurales. Es un árbol que impide ver el bosque porque «el pecado no es simplemente una condición humana abstracta, sino que se materializa en las condiciones sociales concretas»[108]. La indignación moral y la preocupación eclesial se aglutinan en torno a los pecados individuales, a veces hasta el punto de la obsesión. Mientras tanto, la maldad sistémica y la injusticia estructural habitan a sus anchas en la sociedad y, muchas veces, también en el interior de las comunidades de fe.

Esta miopía teológica de las iglesias es uno de los asuntos que más conflictos acarrea para las nuevas generaciones, que tienden a dar más atención a las demandas sociales y las reivindicaciones colectivas. Con mucha tristeza debo admitir que conozco demasiados ejemplos de creyentes hostigados por sus líderes, disciplinados en su servicio e incluso expulsados de sus comunidades por señalar que existe una dimensión estructural del pecado y querer trabajar para remediar sus consecuencias.

En su clásico tratado *Cristianos ricos en la era del hambre*, Ronald Sider escribió que la maldad «es mucho más compleja que las decisiones equivocadas de los individuos. La maldad también está fuera de nosotros, en los sistemas sociales opresivos y en los poderes demoníacos que se deleitan en desafiar a Dios corrompiendo los sistemas sociales»[109]. Para tomar distancia de las concepciones excesivamente subjetivistas del pecado que tienen muchas iglesias, muchos jóvenes abrazan de lleno las herramientas que la sociología y el análisis materialista de la historia ponen a su disposición. El asunto se resuelve entonces entre conceptos como marginalidad, condicionamiento, fundamentalismo, normatividad, doxa, opresión o patriarcado.

Todas esas herramientas intentan comprender la interseccionalidad de las estructuras sociales —en relación con la raza, el género, la clase social, etc.—, pero irónicamente acaban en más de una ocasión en otra forma de miopía. Entienden que hay muchos árboles juntos, pero no logran reconocer en ellos la existencia de un bosque. El pecado deja de ser visto como una realidad ontológica, una raíz común a la experiencia humana. Más bien, la doctrina de la Caída es desmitologizada y diseccionada en un sinfín de injusticias estrictamente sociales. La estrategia suele ir de la mano con un desinterés creciente por el arrepentimiento honesto y la conversión de las personas al Evangelio de Jesús.

El dilema del mal va quedando así sepultado bajo capas y capas de causas y efectos inconmensurables, bajo colosales escombros y condicionamientos tan arraigados en la condición humana que toda esperanza se vuelve utópica. La culpa individual —a la que se denuncia como un concepto molesto heredado de la tradición cristiana— se diluye en sentidas denuncias que responsabilizan a un culpable sin rostro: la sociedad.

Arturo Piedra ha reconocido un vicio común a muchos creyentes acostumbrados a estos análisis: el de subestimar la dimensión "espiritual" del Evangelio y reducirla a una jerga sociológica asociada a una agenda política. Esa impronta aleja a muchas comunidades de fe «no tanto por el conservadurismo de estas, sino porque la reducción política del mensaje cristiano se queda corto frente a la gran variedad de necesidades y anhelos que presentan las personas que llegan a ser parte de la Iglesia»[110].

En un contexto muy diferente, también Lutero denunciaba a algunos teólogos de la universidad de Lovaina, en Bélgica, porque «niegan el pecado, como si ellos lo supieran mejor, y a veces denominan al pecado con los nombres de imperfección, castigo o falta, debilitando así y burlándose de la Palabra de Dios, pues las Sagradas Escrituras no han dicho nunca semejantes cosas»[111].

Con enigmática y ancestral sabiduría, el texto bíblico insiste a lo largo de sus páginas en una potente declaración antropológica: la suma de los errores de cada una de las personas del pasado y del presente ilumina parte del dilema humano, pero no alcanza para explicar la intrincada realidad de dolor y entropía en la que vivimos. Las estructuras sociales opresivas son en la Biblia una dimensión muy palpable y con consecuencias terribles; los libros proféticos ilustran esa verdad con mucha elocuencia. No obstante, detrás de todos esos hechos e instituciones existe una entidad subterránea y misteriosa. Al hablar de ese bosque, que excede los atributos de cada uno de sus árboles, los escritores sagrados acuñaron la noción de pecado.

La doctrina de la Caída nombra esa evasiva presencia serpenteante que se cuela, sin permiso de nadie, en las ideas y emociones, en los planes y recuerdos, en las intenciones íntimas, las burocracias locales y las industrias multinacionales. Cada vez que nos topamos con la irremediable frustración de patrones enfermizos, horrores cotidianos y tendencias inexplicables, el eco de la sabiduría bíblica hace tambalear cualquier optimismo de época: «En mí, esto es, en mi carne, no mora el bien; porque el querer el bien está en mí, pero no el hacerlo. Porque no hago el bien que quiero, sino el mal que no quiero, eso hago. Y si hago lo que no quiero, ya no lo hago yo, sino el pecado que mora en mí» (Ro. 7:18-20; RVR1960).

C. S. Lewis escribió que, «cuando los hombres intentan ser cristianos sin esta conciencia preliminar del pecado, el efecto casi seguro es un resentimiento contra Dios»[112]. A coro, Lutero quizás podría decir que "el no" y "el sí" de Dios siempre van juntos: si ignoramos "el no" de la Ley que acusa, no podremos escuchar "el sí" del Evangelio que consuela.

Nos toca afirmar, con idéntica convicción y sin vergüenzas, que la Caída se manifiesta en individuos y sociedades, en la interioridad y las estructuras, en invisibles fuerzas espirituales y también en arraigadas estructuras materiales. Nos quedamos cortos si al mirar la realidad no logramos reconocer nada más que la intersección de factores de género, raza o clase social. De igual manera, hacemos agua si limitamos el poder del Evangelio al pecado individual y le quitamos su capacidad de transformar no solo corazones, sino también sociedades.

Debemos reconciliar, con creativa paciencia, esos dos esfuerzos paradójicos. Por un lado, la dedicación teórica y práctica a los problemas estructurales, esos que los análisis sociológicos describen con tanto detalle. Y por el otro, la conciencia teológica que explica la condición humana a la luz de la Caída, el arrepentimiento y la redención que ofrece Cristo. En pocas palabras: incorporar la dimensión social del pecado —para que nuestro Evangelio no sea un placebo para la conciencia—, pero también trascenderla —algo que, si no hacemos los cristianos, nadie más puede hacer por nosotros—.

**TESIS 35**

# NI LO NUEVO NI LO VIEJO SON, EN SÍ MISMOS, EL CAMINO.

Por mucho tiempo, la polémica entre católicos y protestantes sobre el sentido histórico de la Reforma exacerbó las ideas de los mismos reformadores. Los analistas católicos veían en Lutero al *capitán de los apóstatas* *: el prototipo de hereje irrespetuoso, el hijo pródigo que dilapidó el tesoro de la tradición de la Iglesia y nunca volvió a casa. Los historiadores protestantes, por su parte, defendían al monje como el gran disidente de un sistema religioso opresor, el abanderado de la liberación de la conciencia occidental.

En algo estaban de acuerdo, a pesar de todo, ambos bandos del conflicto: que la Reforma significaba una ruptura radical y sin matices, la negación de todo lo viejo y la afirmación de todo lo nuevo.

Esto se vio muy claro en América Latina con el desembarco de inmigrantes a lo largo del siglo XIX y la primera parte del XX. Los protestantes, recién llegados, acusaban a los católicos de supersticiosos, retrógrados y medievales. El catolicismo devolvía el ataque etiquetándolos a su vez de modernizadores, secularizadores y punta de lanza del liberalismo económico y político. El protestantismo aparecía «como una alternativa religiosa reformista frente al conservadurismo del catolicismo del momento, pues promovía la vigencia de nociones tales como la democracia, la justicia social, la libertad»[113].

Los años han moderado las pasiones de los polemistas. La historia suele ser más compleja que nuestras herméticas clasificaciones. La hipótesis de la absoluta novedad modernizadora de la Reforma protestante, en oposición al incondicional tradicionalismo de la Iglesia católica medieval, empezó a resquebrajarse desde dos frentes.

---

* La expresión es de la obra *Ley de Amor*, de fray Francisco de Osuna, publicada en 1530.

Primero, en relación con el pasado. Al hilar fino en las demandas, críticas e ideas de los reformadores, uno se encuentra con una verdad radiante como la mañana: nunca negaron toda la tradición, ni vieron el pasado como un residuo aberrante, ni rompieron con los autores, expectativas, preguntas y respuestas de los siglos precedentes. Basta simplemente con pensar en la cantidad de herramientas que le dio la escolástica medieval a la teología reformada o en las citas frecuentes que Calvino recuperaba de Pedro Lombardo —el referente indiscutible de la teología "del antiguo régimen"—. Recordemos también el cariño que Lutero tenía por algunos de los grandes teólogos de los siglos precedentes; según Melanchtón, el reformador se sabía casi de memoria los libros de Gabriel Biel, "el último de los escolásticos".

Y segundo, en relación con el futuro. No hay que ser muy despiertos para notar que los reformadores nunca abrazaron las innovaciones del momento de manera acrítica o pasiva, como si la verdad estuviera a bordo de un tren inalterable que siempre puja hacia la novedad. Basta solo con recordar que el puntapié que inició la Reforma fue un documento que criticaba una perversa colecta de fondos para construir la basílica de San Pedro, el edificio insignia del arte y la cultura más vanguardista de su época: el del Renacimiento. Pensemos también en la amarga polémica de Lutero contra Erasmo, el gran intelectual de los nuevos tiempos de racionalidad moderna.

Jacques Ellul escribió que si los reformadores recuperaron algunos elementos tradicionales y rechazaron otros aspectos novedosos no fue por «pereza o incoherencia», «por tradicionalismo ni por mantenerse en la línea del pasado o por falta de audacia»[114]. Más bien, lo que encontramos en la teología de la Reforma es un esfuerzo enorme por intentar descifrar la verdad, sin importar si esta provenía de voces antiguas o modernas, tradicionalistas o renovadoras.

Ante lo viejo y lo nuevo, lo que representaba tradicionalismo o progresismo, los reformadores aplicaron una misma voluntad de discernimiento. «Fueron sin cesar llevados a pronunciar un *sí*, pero también un *no* frente a la nueva verdad de las iniciativas» de su tiempo, al igual que «un *no* pero también un *sí* con respecto de la sociedad tradicional en vías de desaparición»[115].

Su posición no representaba una defensa inquebrantable de la tradición cristiana (con la seguridad que esa defensa del *statu quo* pudiera significar). Tampoco era un apoyo intransigente a las utopías de una nueva sociedad (con el prestigio que eso hubiera representado). No firmaron un cheque en blanco hacia el pasado ni apostaron todas sus fichas al futuro. «Todo escriba docto en el reino de los cielos es semejante a un padre de familia, que saca de su tesoro cosas nuevas y cosas viejas» (Mt. 13:52; RVR1960).

Jesús «es la única figura de la historia que ninguna sociedad humana organizada hubiera podido tolerar»[116]. Jesús es incómodo, desafiante, problemático para las tradiciones de ayer y las utopías de mañana por igual. El seguimiento de Cristo nos desmarca de las posiciones fijas que tendemos a abrazar por nuestros propios prejuicios internos o por intereses y condicionamientos externos. Una Iglesia atornillada a una posición social definida de antemano es una Iglesia que ha sucumbido a la parcialidad. Su experiencia territorial de la revelación ha adormecido su capacidad de ser alternativa.

Por eso nos conviene tener la mente y el corazón cerca de Cristo. Es una cercanía que nos vuelve personas con humildad para admitir las carencias, con valentía para atesorar las convicciones, con discernimiento para distinguir entre ambas y dominio propio para escapar de la polémica enceguecedora.

## LA IGLESIA DEBE HABITAR EN UNA PARADÓJICA TENSIÓN: LA DE SER UN ORGANISMO ORGANIZADO.

Paul Tillich afirmó que la eclesiología fue el punto más débil de la teología luterana y que «el problema de la Iglesia fue el menos resuelto de todos los que dejó la Reforma a las generaciones posteriores»[117]. El motivo de esa carencia fue que el protestantismo nunca remplazó del todo los planos heredados de la arquitectura institucional católica. Los reformadores se rebelaron contra la autoridad del papado, pero su revuelta no se tomó el tiempo para revisar el concepto institucional que tenía Roma.

Esto no significa que la Reforma haya copiado al detalle las ideas del magisterio católico sobre la Iglesia. Existen poderosas intuiciones eclesiológicas en la Reforma en general y en los primeros años de Lutero en particular. Pero, como suele suceder en todo proyecto humano, las promesas hechas con entusiasmo no siempre logran mantener la compostura cuando la rutina y la entropía empiezan a hacer mella.

En su clásico estudio sobre los modelos de la Iglesia [118], Avery Dulles afirmó que, en cada época de la historia, la Iglesia ha sabido ajustar sus estructuras para volverlas más eficaces a su entorno social. En una sociedad clasista, la Iglesia se inclina naturalmente hacia una organización más jerárquica. En el entorno protoburgués en el que nació la Reforma, la conducción se confió a príncipes y magistrados. En las sociedades con valores democráticos, la estructura suele favorecer el liderazgo espontáneo y personal; el valor de los referentes surge de su habilidad para conectarse con sectores sociales amplios.

No es sorpresa entonces que hoy, en plena transición de paradigmas históricos, surjan muchas disputas sobre cuál es la mejor estructura que puede asumir la Iglesia. Nos encontramos a caballo entre una modernidad —que pervive de múltiples maneras— y una

posmodernidad —que puja por convertirse en hegemonía cultural—. La inmensa transformación social a la que estamos subidos
pone en tensión los modelos de Iglesia viejos y nuevos, conocidos y
por conocer.

De este lado del mundo, la mayoría de las comunidades cristianas
sigue manteniendo (al menos por ahora) una estructura típicamente moderna. Se reproduce casi por inercia el modelo aprendido:
institucionalizado, vertical, fijo, sin mucho margen de maniobra.
Mientras tanto vemos que despunta tímidamente una Iglesia soña-
da por las nuevas generaciones: menos estructurada y menos rígi-
da, más comunitaria, más horizontal.

Sabemos que la dimensión institucional de la Iglesia no es el centro
del asunto. «En su nivel más básico la Iglesia es una comunidad, no
una jerarquía; es un organismo, no una institución»[119]. Somos conscientes de que la institucionalización arrastra todo tipo de problemas y que es uno de los motivos principales por los que las nuevas
generaciones entran en crisis con la fe cristiana.

Sin embargo, una buena parte de esa Iglesia anclada en el ayer sigue
poniendo su plena confianza en los recursos, soluciones y rutinas
de la institución. A pesar de todas las advertencias, siguen creyendo
que ese modelo soportará todos los vendavales para continuar ofre-
ciendo a las personas lo necesario para ser el Cuerpo de Cristo en
pleno siglo XXI.

Sabemos también que fomentar la amistad de los santos no es, en
sí misma, una garantía de una mejor experiencia espiritual. En más
de una ocasión, nuestros mejores esfuerzos por vivir una comunión cristiana perfecta nos han llevado a las mayores frustraciones
(e incluso, a más de uno, a abandonar la fe). Bonhoeffer decía que
uno de los peores enemigos de la comunidad cristiana es un amor
psíquico, formado por el puro deseo: la utopía de habitar en una
comunidad a medida.

Pero, aunque conocemos esos peligros, pareciera que un sector
de esa Iglesia joven, arrojada al mañana, no termina de extraer las
conclusiones del asunto. Seguimos soñando con una comunidad
que se disuelve en la utopía: un lugar sin instituciones, donde los
creyentes se encuentran de manera espontánea, amistosa, fresca y

sin los obstáculos habituales que nuestra maldad pone en el camino. Anhelamos habitar en un espacio donde el amor comunitario pueda ser todo en todos y cubra multitud de pecados.

Creo que la tradición reformada puede ayudarnos a desenrollar este ovillo. Abraham Kuyper propuso una valiosa distinción entre la *Iglesia organizada* y la *Iglesia orgánica*. La primera se refiere a la amplitud del Cuerpo de Cristo, a la cuestión institucional y la misión que compartimos todos los creyentes: lugares, personas, ideas, momentos y prácticas que la Iglesia visible fija de manera más o menos estática. La segunda, por su parte, tiene un sentido más humano e interpersonal; es el movimiento voluntario de la Iglesia invisible: personas que deciden compartir con otros el camino de su experiencia espiritual y sus vocaciones particulares. Esas dimensiones —lo organizado y lo orgánico, la institución y el movimiento— son para Kuyper absolutamente inseparables.

Para remediar las carencias de ayer y de mañana, la Iglesia debe aprender a habitar en una paradójica tensión: la de ser un organismo organizado. El libro de Hechos sugiere una y otra vez que el fenómeno de la Iglesia se manifiesta en las casas, pero también en el Camino. Descubrimos la identidad del Cuerpo de Cristo entre el misterio del refugio, el orden y lo conocido, y el misterio del riesgo, el caos y la aventura. Somos un tabernáculo móvil que es también, de alguna manera, una catedral inamovible. Bonhoeffer podría agregar a todo esto que la responsabilidad cristiana es eso que descubrimos cuando logramos reconciliar la obediencia y la libertad.

Si no aprendemos a habitar en esa paradoja, la Iglesia de hoy —tironeada entre el pasado y el futuro— no logrará resistir a esos dos monstruos insaciables: el institucionalismo y el narcicismo.

# TESIS 37

**LA EXPERIENCIA PERSONAL CON DIOS NO ES AUTÓNOMA; SIEMPRE DEBE REMITIR A LA REVELACIÓN Y DEJARSE INTERPELAR POR ELLA.**

# TESIS 38

**UNA TEOLOGÍA FALSA ES LA QUE PROMETE AQUELLO QUE DIOS NO HA QUERIDO REVELAR.**

El sociólogo Robert Bellah encuestó en una ocasión a una enfermera llamada Sheila Larson y le preguntó cuál era su religión. La respuesta de la mujer lo dejó de una pieza: «No soy una fanática religiosa, pero mi fe me ha acompañado siempre. Es el sheilaismo: mi propia vocecita interior»[120]. Bellah utilizó desde entonces la categoría de *sheilaismo* para describir a la religión norteamericana e incluso, en buena medida, a la experiencia religiosa de Occidente. Sin animarse a hacer afirmaciones rotundas o dogmáticas —«no soy una fanática religiosa», decía Sheila—, esta fe de la vocecita interior entiende que la religión es un asunto privado, desligado de toda referencia o parámetro externo.

Para Bellah, esta definición no solo describe a agnósticos o practicantes de la Nueva Era, sino también a muchos cristianos. ¿Cómo llegó a este punto el cristianismo, "la religión del libro"? Se lo debemos, en buena medida, al impacto de la religiosidad estadounidense.* La *American Religion* es, según la definición de William James, una religión en la que el corazón se encuentra a solas con Dios. Son «los sentimientos, acciones y experiencias de los individuos en so-

---

\* *La sombra religiosa americana: Cómo el protestantismo de los EE. UU. impacta el rostro de la iglesia latinoamericana,* de José Luis Avendaño, es un libro de cabecera para entender la influencia de la *American Religion* en la iglesia evangélica de América Latina.

ledad, en la medida en que aprenden a relacionarse con lo que sea que cada uno considere divino»[121].

Aunque las Escrituras, el Credo, la tradición, las confesiones de fe, la historia, las figuras de autoridad o los dogmas puedan servir como referencias externas, cada individuo retiene el derecho para aplicar —en su propia vida y bajo la luz de su vocecita interior— lo que considere mejor.

Los puritanos eran disidentes de la Iglesia anglicana, la religión oficial de Inglaterra. Cuando emigraron a Estados Unidos en el siglo XVII, decidieron fundar una forma de cristianismo totalmente diferente de la que los había expulsado de su patria. La fe del Nuevo Mundo era crítica con todo lo "oficial" y tradicional, desconfiaba de la intelectualidad y se enfocaba en la espiritualidad individual y espontánea. Todos esos énfasis habían caracterizado, mucho tiempo antes, a otro grupo de disidentes: los anabautistas que, a principios del siglo XVI, se habían distanciado tanto del catolicismo romano como de la Reforma de Lutero.

La filosofía y la espiritualidad norteamericanas recuperaron una distinción de los primeros anabautistas. No querían confundir la *letra* que mata —entendida no solo como la Biblia, sino como cualquier autoridad externa— y el *espíritu* que vivifica —que no se refiere al Espíritu Santo, sino a nuestro propio espíritu, nuestra luz interior—.

La mayor parte de las iglesias protestantes de nuestros días ha comprendido el cristianismo a la luz del magisterio de la *American Religion*. Por eso, «tienen una eclesiología, una soteriología y una pneumatología mucho más parecida a los anabautistas que a los reformadores clásicos»[122]. Cuando entendemos esa historia, resulta más sencillo explicar algunos fenómenos que conocemos muy de cerca: la lectura bíblica centrada en "lo que Dios me dice a mí", la experiencia espiritual que tiende hacia la autonomía de cualquier referencia teológica externa, la interpretación subjetiva y sensorial de la presencia de Dios.

Ante el subjetivismo espiritual de los anabautistas de su tiempo, Lutero insistía en la plena incognoscibilidad de Dios fuera de su propia revelación. El reformador decía que Dios está «desnudo en su majestad», oculto en su eterna sabiduría. Para las criaturas, el

Creador es algo inalcanzable, incognoscible, innombrable. Nadie puede verlo y seguir con vida: «En cuanto que Dios se esconde y quiere ser un Dios ignoto para nosotros, nada nos importa. Aquí, pues, tiene plena validez aquello de que "lo que está por encima de nosotros, nada nos importa"*»[123].

Lo que sí podemos comprender y tolerar, dice Lutero, es el Dios "vestido en su Palabra", que cubre su rostro resplandeciente para no enceguecernos —como con Moisés en el desierto—. Es el Dios que «habló muchas veces y de diversas maneras a nuestros antepasados por medio de los profetas. Y ahora, en estos últimos días, nos ha hablado por medio de su Hijo» (Heb. 1:1,2).

Lutero no confiaba en nuestra capacidad de encontrar a Dios en la soledad del corazón ni a través de la evanescente vocecita interior. No tenemos nada que ver con ese Dios desnudo en su misterio y gloria. No hallaremos consuelo en especular sobre sus designios. Por eso decía: «La voluntad de Dios está oculta allá arriba en el cielo; no obstante, él nos dice: "Esta Escritura la hice escribir yo, y al que cree lo que ella dice, a este le infundiré consuelo y confianza"»[124].

La búsqueda de una línea directa con Dios es una tentación constante para nosotros. La posibilidad de descubrir una autopista espiritual que nos guíe al corazón de Dios, a la voluntad de Dios, a los misterios de Dios es un sueño permanente de muchos creyentes y una promesa inagotable en muchas comunidades. Sin baches ni desvíos, con carteles detallados y un GPS minuto a minuto, podríamos librarnos de los vericuetos y fracasos que minan la existencia del resto de los mortales.

Pero, aunque semejante currículum parezca el elixir de la verdadera espiritualidad y la tierra prometida de la vida cristiana, quizás no sea otra cosa que un sheilaismo aplicado. Se sigue reinventando la fascinación gnóstica de penetrar en el secreto divino. Es, en palabras de William Placher, una domesticación de la trascendencia.

Del brillante fuego de la devoción más piadosa es de donde surgen las oscuras cenizas de la ambición y la soberbia espiritual. Thomas

---

* Lutero reinterpreta aquí (a su favor) una frase con la que Erasmo lo había atacado: *Quae supra nos, nihil ad nos.*

Merton dedicó algunas de sus palabras más duras para describir esos temperamentos:

> El hombre más peligroso del mundo es el contemplativo a quien nadie guía. Confía en sus propias visiones. Obedece la atracción de una voz interior, pero no quiere escuchar a otros hombres. Identificará la voluntad de Dios con todo lo que le hace sentir, en su corazón, un vivo, dulce calor interno. Cuanto más dulce y cálida es la sensación, tanto más convencido queda de su propia infalibilidad. Y si la pura fuerza de su confianza en sí mismo se comunica a otros y les da la impresión de que es realmente un santo, tal hombre puede arruinar una ciudad entera o una orden religiosa o hasta una nación; y el mundo está cubierto de cicatrices que dejaron en su carne visionarios como estos.[125]

Deslumbrado por su idea personal de Dios, ese creyente se convierte en su propio centro místico. Pone a orbitar a toda la revelación a su alrededor. Sin anclajes en la Palabra, sin estrellas de referencia fuera de su intuición espiritual, esa forma de cristianismo deja un tendal de corazones rotos. Es una teología falsa porque promete cosas más allá de la revelación, por encima de nuestras posibilidades. Y, según el lacónico consejo de Wittgenstein al final del *Tractatus*, «de lo que no se puede hablar, hay que callar»[126].

Lutero interpretaba la historia de los Reyes Magos desde esta perspectiva. Tras haber dejado su tierra para seguir una brillante «estrella mientras salía» (Mt. 2:2), los visitantes de Oriente la perdieron de vista. Fueron entonces a Jerusalén para preguntar dónde nacería el Mesías. Al enterarse de la estrella, Herodes preguntó a «los principales sacerdotes y maestros de la ley religiosa» (vs. 4), que encontraron la respuesta al consultar las Escrituras: «Eso es lo que escribió el profeta: "Y tú, oh Belén, en la tierra de Judá, no eres la menor entre las ciudades reinantes de Judá, porque de ti saldrá un gobernante que será el pastor de mi pueblo Israel"» (vs. 5, 6). Siguiendo el consejo de la Escritura, «los sabios siguieron su camino, y la estrella que habían visto en el Oriente los guio hasta Belén. Iba delante de ellos y se detuvo sobre el lugar donde estaba el niño» (vs. 9, 10).

*Desastre*\* es lo que pasa cuando nos quedamos *sin estrella*. La estrella que los guiaba pudo acercarlos a Tierra Santa, pero no fue suficiente para llevarlos a buen puerto. También nosotros, cuando

---

\* Del griego *dis-astrum*.

perdemos la estrella de la revelación personal, interior y momentánea, necesitamos descansar en el consuelo, la claridad y la solidez de la Palabra.

Debemos abstenernos de especular sobre la majestad y la esencia de Dios, «pues en este plano nada tenemos que ver con él, ni tampoco quiso él que en este plano tuviésemos que ver con él. Pero en cuanto que se vistió y manifestó en su palabra en la cual se nos ofreció, sí tenemos que ver con él»[127]. Si nuestra brújula espiritual es una vocecita interior, por más adictiva y gratificante que sea la experiencia, estamos embarcados hacia el desastre.

La afirmación de lo que sabemos y también, al unísono, de lo que desconocemos debe siempre caracterizar nuestra labor teológica. Ni la insondable oscuridad en la que naufragan los que nada creen ni saben, ni la vanidosa arrogancia de los que reducen a Dios a una vocecita que se confunde con su conciencia. La teología cristiana evita esos abismos y se mantiene habitando «el espacio liminal entre el silencio reverente que evoca el misterio de Dios (teología "negativa" o "apofática") y la alegría de expresar y articular con confianza la buena nueva del Evangelio (teología "positiva" o "catafática")»[128].

Lo que conocemos del Señor es suficiente para hallar consuelo y esperanza, pero no nos confundamos. Ser amigos de Jesús no nos libra del desafío de aprender a caminar, sin un GPS de bolsillo, detrás de sus misteriosas pisadas. Ser cristiano implica todo tipo de riesgos; el peregrinaje va a ser por momentos incómodo, oscuro, insólito, y más de una vez vamos a descubrir que equivocamos el rumbo. La Palabra de Dios es viva y eficaz, no mágica.

## LA ESCRITURA PUEDE SER UNA GRAN ALIADA O LA PEOR PESADILLA; POR ESO, NECESITAMOS TOMARNOS EL TIEMPO PARA ACLARAR LO QUE REALMENTE CREEMOS SOBRE LA BIBLIA.

Se suele decir que Sola Escritura es el principio formal de la Reforma protestante, la clave teológica mediante la que encuentran su sentido y coherencia las demás Solas. La Escritura fue el caballito de batalla de los reformadores contra los abusos de la Iglesia de su tiempo. Apelar a la Biblia fue su manera de poner en evidencia la distancia que había entre Jesús y el papado, un abismo forjado sobre la base de tradiciones espurias y estructuras corruptas.

Al toparse con las fuentes originales, Lutero descubrió la Buena Noticia con gratitud, asombro y fascinación. Desde entonces, animó sin cesar a que otros también bucearan en la Escritura para encontrar la libertad que él había descubierto en sus páginas. Pero, para sorpresa del reformador, «no todos los ojos ven las mismas cosas. Que lo que para uno dice el Señor, para otros no lo dice. Que no es lo mismo "según la clara y diáfana enseñanza de la Biblia", que "según mi interpretación de la enseñanza de la Biblia"»[129].

La sabiduría popular reconoce que nuestras peores debilidades nacen generalmente de nuestras mayores fortalezas. En otras palabras: todo Aquiles tiene su talón. La Biblia representa el poderoso Aquiles y el frágil talón de la Reforma. Fue de la columna vertebral de la teología protestante, del preciado principio de la Sola Escritura, de donde surgirían algunas de las peores pesadillas del protestantismo.

En una referencia bastante libre a Primera Corintios y con una buena dosis de sarcasmo, Borges escribió que la Biblia es «un libro cuya materia puede ser todo para todos» ya que «es capaz de casi inagotables repeticiones, versiones, perversiones»[130]. La importancia que tuvo el principio de la Sola Escritura en el nacimiento de la Reforma es directamente proporcional a los manoseos e incomprensiones de esa idea tanto al interior de la tradición reformada como desde afuera.

Los siglos de polémica entre católicos y protestantes, por un lado, y entre diferentes tradiciones de la Reforma, por el otro, favorecieron la radicalización de posturas. La exageración de los argumentos —muy habitual en conflictos tan viscerales y prolongados como este— terminó por caricaturizar las ideas de los mismos reformadores.

Un ejemplo elocuente de estas exageraciones es, sin ir más lejos, el del "libre examen" de las Escrituras por parte de cada creyente. Hasta el día de hoy, esa idea suele ser un argumento de cabecera tanto para los defensores de la teología reformada como para los apologistas del bando católico. No deja de ser sorprendente, sin embargo, que

> la caracterización de la aproximación protestante a la Biblia como una disposición de "libre examen" resulta históricamente inútil: la fórmula de hecho ni siquiera se registra en el siglo XVI, y es más bien recurrente en la apologética católica del siglo XIX y en las contemporáneas reivindicaciones protestantes.[131]

En otras palabras: estamos considerando "reformado", doctrinalmente correcto y profundamente evangélico a un concepto popularizado tres siglos después de la Reforma y utilizado con una intención más polémica que dogmática.

Arrebatar la Biblia de las manos de una institución viciada fue un acto profético y liberador, de eso no hay dudas. No obstante, sería injusto no reconocer también que ese acto arrojó al viento todo tipo de semillas. Casi todas las sectas que han surgido en el cristianismo desde la Reforma han afirmado, con plena convicción, que su particular visión del Evangelio —incluso en las versiones más disparatadas— era fiel al verdadero sentido de la Palabra. Como supo decir Hegel, «todas las herejías tienen en común con la Iglesia el apelar a la Sagrada Escritura»[132].

Si Sola Escritura es el principio formal de la Reforma, si jugó y juega un papel importantísimo en la teología protestante y el cristianismo en general, si una mala comprensión del sentido de esta doctrina ha acarreado terribles desviaciones, ¿no es fundamental entonces, antes de seguir invocando ese principio, que nos tomemos el tiempo para preguntarnos con toda honestidad qué entendían los reformadores por Sola Escritura?

Responder a esa única pregunta justificaría todo un libro. Ante la imposibilidad de semejante hazaña, me conformo con ofrecer —en pocas páginas y, seguramente, con notables ausencias— algunas ideas sobre el tema. Voy a necesitar de tu paciencia y atención porque tenemos que ponernos un poco más técnicos si queremos llegar al meollo del asunto. No obstante, creo que, si entendemos lo que querían decir los reformadores, vamos a darle más cuerpo y forma a esta doctrina tan importante. Y de paso, vamos a prevenir también algunos de sus excesos más comunes. Es lo que intentaré hacer en las próximas páginas.

No basta con poseer la Escritura;
hay que interpretarla correctamente.

MARTÍN LUTERO

## TESIS 40

PONER LA BIBLIA EN MANOS DEL PUEBLO DE DIOS ES UNA FORMA MUY EFICIENTE DE REDUCIR DESIGUALDADES, LIBERAR CONCIENCIAS Y EMPODERAR A LOS CREYENTES.

## TESIS 41

AUNQUE MADURAR EN LA FE SIGNIFICA PROFUNDIZAR EN LO QUE CREEMOS, NUNCA DEBEMOS MENOSPRECIAR LA SENCILLEZ Y CLARIDAD DEL EVANGELIO.

Cuando pienso en lo que significó la Reforma protestante en el escenario religioso y social de su tiempo, se me viene a la mente esa fantástica película llamada *Mad Max: Fury Road*. El villano de ese film posapocalíptico es Immortan Joe: un magnético líder de culto que logró hacerse con todas las reservas de agua en medio de un paraje inhóspito. La miseria del pueblo sediento y su monopolio absoluto del agua lo convirtieron en dueño y señor de la tierra desierta. Mediante chantajes y amenazas, Joe mantiene la ciudadela en obediencia absoluta a su palabra: dispone a su antojo de la vida y la muerte de sus desesperados acólitos, vive lujosamente ante la vista del pueblo indigente y controla la natalidad. Haciendo esas cosas se convirtió en "el padre de todos".

La cristiandad de fines del Medioevo estaba cautiva, de manera análoga, del brazo fuerte del papado. Mediante su monopolio de los sacramentos —fuente de vida espiritual para la religiosidad de la época—, la curia romana mantenía en sujeción y obediencia a reyes, soldados y campesinos por igual. La vida de los creyentes estaba determinada por decisiones que se ubicaban muy por encima de su realidad. El acceso a Dios estaba densamente codificado en un lenguaje y unos rituales que solo los profesionales de la fe dominaban.

Una interminable biblioteca de encíclicas, bulas, concilios e incomprensibles abstracciones escolásticas mantenían sellado el acceso a la ciudadela medieval. La tradición, «librada al arbitrio del magisterio del poder eclesial y la filosofía griega, se había constituido en la base argumentativa de la fe cristiana. La Biblia quedaba atrapada en el poder eclesial, que la encerraba en sus catedrales sin dejar su lectura abierta al pueblo»[133].

Wittgenstein afirmó que el lenguaje marca los límites del propio mundo. En consecuencia, la irrupción de múltiples lenguas es una afirmación de que otros mundos también existen y necesitan expresarse. Para silenciar la irrupción de esos mundos, la hegemonía eclesial había condenado las traducciones de la Biblia a las lenguas vernáculas en el concilio de Toulouse de 1229.*

*El latín era un idioma inentendible para todos los que no pertenecían a la aristocracia religiosa y política. Al mantenerlo como lengua oficial de la Iglesia, la curia se aseguraba el total monopolio del poder. Solo aquellos que manejaban el código podían articular sus ideas, preguntas y experiencia de Dios.

El desesperante *Cuento de la criada* de Margaret Atwood describe un mundo caído en desgracia. Creo que se acerca, de manera estremecedora, a muchos de los mecanismos teológicos que definieron el mundo en que explotó la Reforma. Según la narración de Offred, la protagonista de ese futuro distópico, los poderosos guardaban la Biblia bajo llave, «como hacía mucha gente en otros tiempos con el té para que los sirvientes no lo robaran. Es una estratagema absurda: ¿Quién sabe qué haríamos con ella si alguna vez le pusiéramos las manos encima? Él nos la puede leer, pero nosotros no podemos hacerlo»[134].

La voz oficial de la Iglesia medieval ponía y sacaba reyes, determinaba la vida y la muerte de los acusados de herejía y organizaba la experiencia religiosa de toda la cristiandad. Sin embargo, solo los

---

* La decisión del concilio decía: «Prohibimos también que se permita a los laicos tener los libros del Antiguo y del Nuevo Testamento, a menos que alguien por motivos de devoción quiera tener el Salterio o el Breviario para los oficios divinos o el Pequeño Oficio de Nuestra Señora; pero prohibimos estrictamente que tengan cualquier traducción de estos libros». Pocos años después, otro concilio en Tarragona confirmaría la decisión de Toulouse: «Nadie puede poseer los libros del Antiguo y Nuevo Testamento, y si alguien los posee debe entregarlos al obispo local dentro de ocho días, para que sean quemados». Aunque fueron decisiones locales que apuntaban a frenar la herejía de los cátaros, marcaron una tendencia que, con el tiempo, se volvió parte del entramado de poder eclesial. No fue hasta el Concilio Vaticano II que la Iglesia católica revirtió realmente su magisterio sobre este punto.

guardianes del saber teológico manejaban la clave que podía desencriptar lo sagrado. El resto de los mortales repetía las verdades aprendidas en la penumbra casi como un conjuro; dependían del beneplácito de esos intermediarios para poder acceder a Dios. Conocer el código prolongaba los privilegios y protegía la estructura religiosa de intrusiones indeseadas.

Uno de los errores más comunes al respecto de la Reforma protestante es la creencia de que Lutero fue el primero que declaró que la Biblia es la suma autoridad de la Iglesia. Trescientos años antes de Lutero, el gran Buenaventura —uno de los teólogos más importantes de la escolástica medieval— ya había afirmado lo mismo.

¿Cuál fue entonces la novedad de la Reforma? Básicamente, lo que distinguió a Lutero de la teología oficial fue su defensa de la accesibilidad y claridad de la Biblia.

Adriano VI —quien fuera papa por un corto período entre 1522 y 1523— escribió una apasionada carta a Federico el Sabio, el protector de Lutero. Decía: «No os engañéis porque Martín Lutero corrobore su opinión con capítulos de las Escrituras. Así lo hace todo hereje, pero las Escrituras constituyen un libro sellado con siete sellos que no pueden ser abiertos por un solo hombre carnal, ni por todos los sagrados santos»[135]. Adriano ponía en palabras lo que Buenaventura había dicho tres siglos antes: que solo el magisterio de la Iglesia podía abrir los "siete sellos" que codificaban a Dios. No negaba la autoridad suprema de la Biblia, pero sostenía que, por su dificultad, era necesario que el texto pasara por los profesionales de la fe. Solo así el pueblo de Dios podría entenderla.

Lutero era monje y profesor de Biblia. Su conocimiento del código teológico le permitió hackear la estructura desde adentro para liberar su acceso. «Yo sé que no miento, puesto que me he criado en su compañía y todo esto lo he visto y oído de ellos»[136], decía. Y agregaba con ironía que «fue la voluntad del Señor (como ahora bien lo veo), que yo llegase, por medio de los muchos pecados e impiedades innúmeras, a conocer las sabidurías de las altas escuelas y las santidades de los monasterios por experiencia propia»[137].

La autoridad del papado —como la del Immortan Joe en *Mad Max*— perdió su legitimidad en el momento en que el pueblo logró acceder a la fuente de la vida. Casi como en la profecía de Isaías (que Lucas conecta con la figura del Bautista), poner la Biblia en las manos del pueblo fue una manera poderosa de rellenar los valles y allanar las montañas. No eran ya la posición social o el dinero lo que determinaba el acceso a la Palabra. La experiencia de Dios se democratizó.

Cuando el libro sagrado salió de los recintos privados, el poder de los guardianes del saber entró en crisis y el pueblo de Dios fue empoderado. El Creador de los cielos y la tierra hablaba en su idioma y todos estaban invitados a acercarse, sin otras mediaciones, al trono de la gracia. La Reforma no negó la existencia ni la importancia de "especialistas de lo sagrado" (para decirlo de forma muy gráfica) que puedan guiar y enseñar a otros. Justamente, los reformadores insistieron en que cada creyente debe convertirse —por amor a Dios y en servicio a los demás— en un "profesional de la fe". Ese es el gran desafío de la doctrina del sacerdocio universal de los creyentes.

El gran giro de la teología protestante no fue tanto el reconocimiento de la suma autoridad y suficiencia de la Biblia, sino sobre todo su notable claridad. Lutero abreva de una larga tradición, que se remonta al siglo II y las polémicas de Ireneo de Lyon contra la herejía gnóstica. Ante la marea de los gnósticos, que reservaban el acceso a Dios a algunos pocos iluminados, Ireneo declaraba que «toda la Escritura, los profetas y el Evangelio pueden ser entendidos sin ambigüedades, clara y armoniosamente por todos, aunque no todos las crean»[138]. De igual manera, contra la élite religiosa de su tiempo —que justificaba el monopolio religioso a causa de la presunta oscuridad de la Palabra—, Lutero proclamó la sencillez y claridad del Evangelio que se revela en las Escrituras.

Por supuesto, esto no significaba que leer la Biblia fuera una actividad ingenuamente trasparente o que no existieran allí enormes desafíos de interpretación y exégesis: «Esto sí lo reconozco, que en las Escrituras hay muchos pasajes obscuros y abstrusos, no por lo excesivamente elevado de los temas, sino por nuestra ignorancia en materia de vocabulario y gramática»[139]. Pero Lutero creía que ninguna de esas dificultades exegéticas o hermenéuticas impedía la clara contemplación de las verdades fundamentales:

¿Qué cosa sublime puede permanecer aún oculta en las Escrituras, una vez que rotos los sellos y removida la piedra de la entrada al sepulcro ha quedado develado el más grande de los misterios: que Cristo, el Hijo de Dios, fue hecho hombre, que Dios es trino y uno, que Cristo padeció en bien de nosotros y reinará para siempre?[140]

Cuando Lutero afirma que la Biblia es clara no se refiere al análisis minucioso de algunos pasajes complejos ni a una exégesis fina. Su afirmación de la claridad de la Escritura se refiere exclusivamente a "la gran historia de la Biblia", es decir: el *kerygma*, las verdades fundamentales que el Credo enumera: «La trinidad de Dios, la naturaleza humana de Cristo, y la irremisibilidad del pecado. Aquí no hay nada de oscuridad ni ambigüedad. El cómo empero la Escritura no lo aclara, como tú pretendes, ni tampoco es necesario saberlo»[141].

El reformador perdía la paciencia —cosa que no le costaba mucho— con los teólogos que se concentraban tanto en los pequeños detalles, dificultades del texto bíblico y dilemas hermenéuticos que olvidaban lo esencial. El meticuloso deseo de definir el árbol les hacía perder de vista el bosque de la revelación.

Todo lo que las Escrituras contienen está puesto al alcance del entendimiento, aun cuando algunos puntos sigan siendo hasta ahora obscuros por nuestro desconocimiento de las expresiones. Tonto es, empero, e impío el que, sabiendo que todas las cosas de las Escrituras yacen en la más clara luz, llama obscuras estas cosas a causa de unas pocas palabras obscuras.[142]

Aunque se pasó buena parte de su vida estudiando los vericuetos más recónditos de las Escrituras para enseñar a su grey, Lutero siempre aclaró que «aquello que no está revelado en ellas y que no apunta a Cristo pertenece a un misterio que no podemos explicar ni sobre el que debemos atrevernos a especular»[143].

Nuestra situación es muy diferente de la que enfrentó Lutero: los índices de alfabetización y el panorama religioso hispanoamericano están muy lejos de la Europa del siglo XVI. Sin embargo, siguen sucediendo cosas cuando ponemos la Biblia en las manos del pueblo de Dios. Hoy al igual que ayer, en medio de un mar de *Fake news*, comportamientos sectarios e intereses de poder, liberar "el código de Dios" para que todos puedan conocerlo es algo muy potente: un acto emancipador de las conciencias, con capacidad de empoderar a los creyentes y reducir las desigualdades sociales.

Debemos estar atentos frente a la aparición de nuevas formas de gnosticismo: la tentación siempre amenazante de generar élites espirituales que resguarden el acceso a Dios y alejen la Palabra de la comunidad de los santos. En algunos contextos, esas élites tienen nombres como apóstol, profeta o ungido. En otros espacios, es necesario tener un puesto en la Iglesia, cierto estado civil, un título universitario o respetabilidad social. Quizás la contraseña para acceder al código divino implique pertenecer a una denominación con sana doctrina o ser varón. Y no faltan grupos que piden, como credenciales de ingreso a la ciudadela sagrada, cierta impostura intelectual, la cita de autores de moda, alguna afiliación política partidaria o una preocupación monotemática por los asuntos en agenda.

No caben dudas de que todos esos indicadores pueden iluminar diferentes aspectos de la experiencia cristiana. Sin embargo, cuando su especificidad o selectividad convierten a algunos en profesionales de la fe y condenan al resto a la penumbra y la pasividad, entonces hemos amordazado el poder transformador de las Escrituras.

La Palabra de Dios es un regalo para el pueblo de Dios. No es un lujo intelectual, ni un privilegio de casta, ni una condecoración religiosa. «Hasta que todos alcancemos tal unidad en nuestra fe y conocimiento del Hijo de Dios que seamos maduros en el Señor» (Ef. 4:13), la sencillez y claridad de "la gran historia" de la Biblia nos sitúan frente al misterio de Dios en igualdad de condiciones.

**TESIS 42**

UNA MALA COMPRENSIÓN DEL PRINCIPIO DE
LA SOLA ESCRITURA DERIVA EN UN BIBLICISMO
LITERALISTA: UN ERROR PELIGROSO QUE
CONVIERTE A LA BIBLIA EN UN FIN EN SÍ MISMA.

**TESIS 43**

EL PROPÓSITO DE LAS ESCRITURAS ES CONDUCIR A
CRISTO; ESA ES LA LLAVE QUE ABRE LOS SENTIDOS
DEL TEXTO BÍBLICO.

**TESIS 44**

NO PODEMOS DESCUBRIR A CRISTO AL MARGEN
DE DONDE ÉL HA QUERIDO REVELARSE.

En las páginas anteriores aclaramos algunas consecuencias proféticas que tuvo el principio de la Sola Escritura a nivel histórico y, en especial, lo que Lutero tenía en mente al defender la claridad de la Biblia. Ahora nos vamos a enfocar en una de las incomprensiones más grandes que esta doctrina ha prodigado a la Iglesia protestante.

La insistencia de los reformadores en la Sola Escritura puso en jaque a las demás fuentes de autoridad teológica de su tiempo: el magisterio de la Iglesia, los concilios, la legitimidad del sistema sacramental, el cúmulo de tradiciones eclesiales antiguas y recientes, la palabra del papa. «Un cristiano con la Biblia de su parte tiene más autoridad que todos los papas y los concilios contra ella»[144], dijo Lutero al debatir con Juan Eck.

La centralidad de la Biblia fue una proclama que liberó al Evangelio de la cautividad babilónica en la que se encontraba a finales del Medioevo. Fue también el cimiento sobre el que se construiría la teología protestante: «El "retorno" a la Palabra fue la fuerza motriz de ese gran movimiento que transformó al mundo»[145].

Pero, con el paso del tiempo, el principio de la Sola Escritura fue distanciándose del marco teológico que le daba sentido. Bajo la presión de siglos de cambios culturales, con la radicalización que acompañó a muchas polémicas religiosas y por causa de las incontables subdivisiones al interior del protestantismo, lentamente se fue perpetrando una terrible cirugía: se separó la doctrina del entramado teológico en el que esa afirmación se ubicaba.

A quinientos años de los reformadores (a los que poco se lee y menos se contextualiza), lejos de sus ideas y preocupaciones, las iglesias evangélicas de casi todos los tamaños y colores invocan el principio de la Sola Escritura, pero lo aplican de maneras que resultarían insólitas y desconocidas a los ojos de los primeros protestantes. Quizás Lutero podría repetirnos hoy esas palabras que dirigió a Erasmo en 1525: «No puedo ocultar mi estupor y asombro ante el hecho de que un hombre que invirtió tanto tiempo y empeño en el estudio de las Sagradas Escrituras evidencie respecto de ellas una ignorancia tan completa»[146].

De las numerosas caricaturas que tiene la doctrina de la Sola Escritura en las iglesias evangélicas de nuestros días, quizás la más reconocible sea esa manifestación que a menudo se nombra como literalismo, biblicismo o incluso bibliolatría. Es el deseo de refugiarnos en la inerrancia e infalibilidad de las verdades de la Biblia, leída de una forma estrictamente literal, sin consideraciones por el contexto histórico, la intención teológica del pasaje o los géneros literarios.

Como si fuera un manual de instrucciones para operar un electrodoméstico, capturamos versículos aislados de la Escritura y los teletransportamos sin escalas a nuestra propia vida para confirmar ideas, decisiones y teorías. La Biblia se vuelve un fin en sí misma: en su lectura literal, muchos creyentes encuentran respuestas que aplican a su propia situación hasta en los mínimos detalles.

Es cierto que los reformadores creían que la Palabra de Dios era el disparador inicial y la autoridad final de toda su teología. No obstante, no se debe confundir sencillamente esa Palabra de Dios con la Biblia. Los primeros versículos del cuarto evangelio dicen: «En el principio la Palabra ya existía. La Palabra estaba con Dios, y la Palabra era Dios. El que es la Palabra existía en el principio con Dios» (1:1, 2). A la luz de esta afirmación, los reformadores enseñaron que la Palabra de Dios es, en sentido estricto, «Dios mismo, la segunda persona de la Trinidad, el Verbo que se hizo carne y habitó entre nosotros. Luego, cuando Dios habla, lo que sucede no es sencillamente que se nos comunica cierta información, sino también y sobre todo que Dios actúa»[147].

Por eso, cuando Lutero y Calvino se referían a la Palabra de Dios, tenían en mente algo mucho más grande que la Biblia. Era, sobre todas las cosas, una declaración cristológica. El principio de la *Sola Scriptura* está íntimamente ligado al principio *Solus Christus*. «La Escritura recibe su evidencia por Cristo y no, al contrario, Cristo por la Escritura. Cristo es la palabra de Dios encarnada; la Escritura, por lo tanto, solo será palabra de Dios en la medida en que contenga a Cristo»[148].

La Biblia es Palabra de Dios porque a través de ella Jesucristo es revelado a nosotros. La Reforma no quiso convertir a la Biblia en un papa de papel: un nuevo dispositivo teológico con atributos de infalibilidad, útil para justificar cualquier dogmatismo o idea. No es en la literalidad de las Escrituras donde encontramos la autoridad divina, sino en la revelación de Cristo que la Biblia manifiesta.

Ya expliqué más arriba que Lutero no veía la Biblia ingenuamente; sabía que muchas partes de la Escritura son difíciles de entender y a veces desconcertantes. Para el reformador, la claridad no tenía que ver con detalles o versículos sueltos, sino con la gran historia de la Biblia.

Por ese motivo, aplicar el postulado de la inerrancia bíblica a una lectura literal de la Escritura o a cada pasaje de manera automática es no entender en absoluto a Lutero. Para el reformador, la inerrancia es una afirmación que aplica al Evangelio en su totalidad; en otras palabras: la Biblia es inerrante e infalible en su misión de conducirnos a Cristo.

Quizás no haya una definición más clara del biblicismo literalista que esas palabras de Jesús ante algunos líderes judíos. Aunque eran expertos en el texto, eran ciegos a la presencia de Dios: «Ustedes estudian las Escrituras a fondo porque piensan que ellas les dan vida eterna. ¡Pero las Escrituras me señalan a mí! Sin embargo, ustedes se niegan a venir a mí para recibir esa vida» (Jn. 5:39, 40). ¡Cuántos creyentes siguen todavía hoy estudiando las Escrituras a fondo porque piensan que ellas les dan vida eterna!

Pero la Biblia no es la vida y no es tampoco un fin en sí misma. Su propósito es señalar al dador de la vida y a fin de todas las cosas: a Cristo, «el Alfa y la Omega, el Primero y el Último, el Principio y el Fin» (Ap. 22:13). En palabras de Lutero: «Por cuanto esta Escritura te habla de aquel hombre llamado Cristo, tiene la virtud de darte la vida»[149].

Si alguien lee la Biblia, pero no encuentra allí a Cristo, en realidad ha leído palabras sobre Dios, pero no ha entendido la Palabra de Dios porque Jesús es el centro, el objeto de interpretación y la finalidad de la Biblia. «Quita a Cristo de las Escrituras: ¿qué más hallarás en ellas?»[150], decía el reformador. Jesús mismo, al encontrarse con sus discípulos después de la resurrección, «les abrió la mente para que entendieran las Escrituras» (Lc. 24:45) al guiarlos «por los escritos de Moisés y de todos los profetas, explicándoles lo que las Escrituras decían acerca de él mismo» (vs. 27).

Las Escrituras no deben leerse ni entenderse fuera del propósito de Juan el Bautista: señalar al Cordero de Dios (Jn. 1:29). Lutero decía que siempre debemos poner las Escrituras "a favor de Cristo", no en su contra; solo si se refieren a Él, deben ser consideradas como Palabra de Dios. «Ese es el verdadero criterio para juzgar todos los libros: verificar si inculcan a Cristo o no, pues toda la Escritura nos muestra a Cristo»[151].

Ese es el sentido que tenía la famosa desconfianza de Lutero al respecto de Santiago, una «epístola de paja» según sus palabras. Como no podía ver claramente predicado a Jesús entre sus páginas —ya que «no menciona ni una vez el sufrimiento, la resurrección y el espíritu de Cristo»[152]—, Lutero no daba mayor relevancia al mensaje de esta carta.

«Lo que conduce a Cristo» * es, según el reformador, la clave hermenéutica que decodifica la Escritura y la base de toda su autoridad. Por eso, a pesar del dedicado amor que tenía por la Biblia, el reformador podía hablar de ella como un "sirviente":

> Si los adversarios presionan las Escrituras en contra de Cristo, nosotros pondremos a Cristo en contra de las Escrituras. Nosotros tenemos al Señor, ellos los sirvientes; nosotros tenemos la cabeza, ellos los pies o los miembros, sobre los que la Cabeza necesariamente domina y tiene precedencia.[153]

Todos estos argumentos le dan una estocada definitiva (desde la teología misma de la Reforma) a cualquier biblicismo, literalismo o bibliolatría que pudieran germinar en nuestras iglesias. Pero nada de lo dicho hasta acá debería guiarnos a la idea de que, como lo importante es Cristo, la Escritura es optativa o irrelevante: «Su palabra debe estar presente; nos debe iluminar y dirigir. Sin su palabra todo es idolatría y pura mentira, por más piadosa y sublime que sea la apariencia»[154].

Sin el testimonio de la Escritura, cualquier imagen que podamos hacernos de Dios, de Cristo, de la verdad o de la vida eterna es un espejismo. En palabras de Lutero, los que quieren llegar a Dios al margen de su Palabra están queriendo «subir al cielo sin la escalera»[155].

En la dedicación al estudio y la enseñanza de la Biblia, en su insistencia en poner la Sola Escritura como faro por encima de cualquier magisterio o iluminación privada, descubrimos la convicción de los reformadores: que «donde están las Escrituras, allí está Dios: ella es suya, es su señal, y si la aceptas, has aceptado a Dios»[156].

Un Cristo que no condice con el testimonio bíblico es un Cristo falso; no importa si es promulgado por un líder carismático, una poderosa institución religiosa o una voz que me quema el pecho. Así como «nadie ha visto jamás a Dios; pero el Único, que es Dios» (Jn. 1:18) nos lo ha revelado, de la misma manera, nadie puede descubrir a Cristo si no es allí donde Él ha querido manifestarse.

---

* En alemán: *Was Christum Treibet.*

> Aunque Dios está presente en todas las criaturas, y yo podría encontrarle en la piedra, el fuego, el agua, o hasta en la soga, puesto que ciertamente está allí, sin embargo, Él no quiere que yo le busque en tales lugares aparte de su Palabra, y que me lance al fuego o al agua, o me cuelgue de la soga. Dios está presente en todas partes, pero no quiere que le busques a tientas por todas partes. Búscale antes donde está la Palabra, y allí le asirás como es debido.[157]

Encontramos entonces un testimonio recíproco entre la Palabra escrita y la Palabra encarnada. Querer descubrir en la Palabra algo por fuera de Cristo es perderse irremediablemente en un laberinto fariseo y moralista. Querer llegar a Cristo sin su testimonio nos arroja en los brazos de un ídolo a nuestra imagen y semejanza.

Uno de los principios de interpretación bíblica más querido por la tradición protestante es uno que Martín Lutero pronunció repetidamente desde 1520: *Scriptura sui ipsius interpres*. La traducción más difundida de la frase es: «La Escritura se interpreta a sí misma». El sentido que suele atribuirse a esa frase afirma que la Biblia es una entidad autónoma de sentido; en otras palabras: no necesita de la tradición ni de ningún magisterio para ser correctamente comprendida en su sentido literal. A partir de esa expresión también se afirma la necesidad de una coherencia canónica, es decir: se deben comparar diferentes pasajes para permitir que iluminen mutuamente el significado correcto de la enseñanza bíblica.

Vitor Westhelle señala, no obstante, que la traducción a la que estamos acostumbrados —«La Escritura se interpreta a sí misma»— no proviene de los tiempos de la Reforma, sino que se remonta al periodo posterior a la Ilustración. No es una traducción del todo equivocada del latín, pero ha perdido la agudeza de su sentido original, que debería ser más bien el siguiente: «La Escritura es, en sí misma, el intérprete». Westhelle explica entonces:

> La palabra *interpres* es en latín un sustantivo que designa aquello que se sitúa entre dos valores o "precios" (*inter-pres*). La etimología de la palabra apunta al intercambio de productos en los mercados de la antigüedad. Era habitual que, por causa de la diferencia de idiomas o dialectos hablados por los mercaderes que regateaban el valor de sus mercancías, fuera necesario un intérprete que acordara el valor o el precio solicitado por cada uno de los mercaderes en el proceso de negociación. Análogamente, la tesis de que las Escrituras son, en sí mismas,

el intérprete significa precisamente que las Escrituras se sitúan entre dos "valores" y permiten que el intercambio suceda.

¿Cuáles son esos dos valores? La concisa definición de Lutero de qué significa la teología lo dice todo: *homo peccator et Deus salvator,* o más sencillamente: Jesucristo y nosotros. Las Escrituras interpretan ese intercambio.[158]

En uno de sus sermones, el reformador decía que «la Sagrada Escritura es una señal puesta por Dios; si la aceptas, eres bienaventurado, no porque sea una señal hecha con tinta y pluma, sino porque señala hacia Cristo»[159]. Como el intérprete de los mercados de la antigüedad, las Escrituras no tienen valor en sí mismas; su importancia reside en su función irreemplazable: son las que hacen posible el encuentro entre nosotros y el Señor.

Una comprensión del sentido original que tenía la doctrina de la Sola Escritura nos libra de esos dos terribles errores. Primero: el literalismo biblicista que encierra y manipula a Cristo a través de las palabras de la Biblia. Y segundo: el sincretismo cristológico que desconecta a Cristo de su propia revelación y lo reconstruye según prejuicios personales, históricos o de grupo.

Lanzo algunas preguntas antes de cerrar este ensayo. ¿Acaso "lo que conduce a Cristo" es el parámetro que guía nuestros sermones, canciones, enseñanzas, rituales, proyectos y acuerdos de convivencia? ¿Nuestra confianza en la autoridad de la Escritura se sostiene en el poder de su literalidad o reposa en la revelación de Cristo que la Biblia nos presenta? ¿Son nuestras imágenes de Cristo un reflejo del testimonio que ofrece la Palabra o estamos intentando subir al cielo al margen de la escalera?

La voz que resonó en el monte de la transfiguración sigue diciéndonos veinte siglos después: «¡Escúchenlo a él!» (Mt. 17:5). Al leer la Biblia, uno podría escuchar muchas otras voces; el interminable derrotero de herejías, sectas, abusos y manipulaciones dan cuenta de esa tentación constante. Si no conduce solo a Cristo, la doctrina de la Sola Escritura pierde su razón de ser. Y peor aún: se convierte en un ídolo de papel que le disputa a Cristo su gloria y autoridad. Al leerla bajo la luz de Cristo, la Escritura se abre ante nosotros, pero si Cristo es desplazado de su Palabra por otros intereses, moralidades, ídolos o agendas, entonces estamos perdidos. No encontraremos en sus páginas nada más que nuestros pensamientos.

¿Realmente deseamos oír la voz de Dios al leer las Escrituras? Entonces ¡escuchémoslo a Él!

# EL PRINCIPIO DE LA SOLA ESCRITURA RECONOCE LA INSTANCIA ÚLTIMA DE AUTORIDAD DE LA IGLESIA, NO ES UNA NEGACIÓN DE LA HISTORIA, LA TRADICIÓN NI LA TEOLOGÍA.

Hace un tiempo visité, como parte de la promoción de uno de mis libros, la radio de una megaiglesia. Antes de empezar la nota, me invitaron a recorrer las instalaciones, lo que incluía la oficina pastoral. El pastor me recibió muy amablemente, me explicó su historia personal y los proyectos de su comunidad. Pero cuando le conté el motivo de mi visita a la radio, su respuesta quedó flotando incómodamente en el aire: «En esta iglesia solo leemos la Biblia», me dijo. «Suerte con tu libro, pero aquí no podemos ayudarte».

De entre las múltiples consecuencias que trajo la doctrina de la *Sola Scriptura,* una ha llegado con fuerza hasta nosotros, en especial a las iglesias evangélicas de América Latina. Es justamente la que presencié en mi visita a la radio, una idea que podríamos llamar *Nuda Scriptura:* la noción de que la Biblia es el único recurso a disposición de los creyentes para conocer a Dios y su voluntad. En pocas palabras: yo y mi Biblia. Esa Escritura desnuda —librada de todo contexto interpretativo, de la historia de la Iglesia posterior a Hechos 28, de todo método y exégesis, de cualquier sistema doctrinal, de los credos y dogmas— es más que suficiente, dicen algunos, para llevar a su plenitud a los creyentes y a la Iglesia en general.

Uno de los corolarios de la *Nuda Scriptura* es la desconfianza (que, en ocasiones, roza el rechazo explícito) de toda elaboración racional, reflexión crítica o sistematización teológica. Se niega el valor de cualquier fuente de referencia fuera de la Biblia. A fin de cuentas, ¿para qué leer otros libros, hacernos preguntas o meternos en "temas teológicos" si Dios me revelará personalmente y sin mayores complicaciones todo lo que tiene para mí al abrir la Biblia?

A esta altura, probablemente pocos se sorprendan al comprobar que la opinión de los reformadores sobre la Biblia no tenía nada que ver con esa enseñanza. La doctrina de la Sola Escritura no negaba el valor ni la autoridad de otros libros o tradiciones. De ninguna manera significaba que la forma apropiada de escuchar a Dios fuera saltarse todo estudio detallado, toda exégesis textual o toda guía que la historia de la interpretación bíblica y la tradición cristiana pudieran ofrecernos.

La defensa apasionada de la Biblia no la convertía, ni mucho menos, en el único libro que leían los primeros protestantes.* Lejos estaba la Reforma de predicar la *Nuda Scriptura*. ¿Cuál era entonces el rol de la doctrina de la Sola Escritura? Sencillamente, reconocer la instancia última a la que los creyentes podían apelar a la hora de resolver los dilemas teológicos y distinguir entre prácticas y tradiciones. «Es en la discusión sobre los grados de autoridad que tienen sentido las afirmaciones de los reformadores respecto de la autoridad última de las Escrituras»[160].

La Reforma no hizo una ruptura radical con toda la enseñanza de los siglos previos, la historia de la Iglesia ni la tradición cristiana en bloque. No estaban descartando las "palabras humanas" para afirmar la divinidad del libro. Más bien, después de siglos de opiniones contradictorias, la teología protestante quiso reconocer que la Escritura representaba una tradición más confiable para llegar a Cristo que las innovaciones del papado, los concilios medievales o la intuición interna de los creyentes.

La Reforma de Lutero no solo fue resistida por el catolicismo romano, sino también por algunos grupos radicales que querían quedarse a solas con la Biblia, iluminada por el Espíritu Santo en el fuero interior de cada persona. Como deseaban evitar los últimos quince siglos de la historia de la Iglesia, los anabautistas descartaban en bloque toda la tradición de la Iglesia. Lutero, sin embargo, miraba el pasado con una actitud muy diferente; por eso insistía en rechazar únicamente las prácticas y opiniones que contradijeran los sentidos más evidentes del testimonio de las Escrituras. La Biblia no anulaba la tradición, sino que debía conducirla a buen puerto.

---

* De hecho, entre 1522 y 1529, en Wittenberg se publicaron sesenta y dos impresiones de trece catecismos diferentes, todos libros que instruían a los creyentes para que supieran qué podían encontrar en la Biblia y cómo leerla.

En la medida en que los Padres de la Iglesia, los concilios, el Credo y hasta los teólogos papistas expresaran fielmente la revelación, los creyentes debían reconocer su valor y utilidad. Lutero lo resumía así: «Lo que no enseña a Cristo no es apostólico, aunque lo enseñe Pedro o Pablo. En cambio, lo que predica a Cristo es apostólico, aun cuando lo diga Judas, Anás, Pilato y Herodes»[161].

La *Nuda Scriptura* ha causado estragos entre nosotros. Sin más bozales que la propia intuición, sin historia ni racionalidad, sin fronteras teológicas ni barreras de contención, las iglesias derrapan bíblica y doctrinalmente. Los creyentes son prisioneros de sus propios prejuicios inconscientes y de la sugestión en manos de figuras carismáticas. Más que un llamado a levantar una única lámpara en medio de la penumbra total, el principio de la Sola Escritura es una invitación al compañerismo de los santos alrededor del fogón de la Palabra.

Son las dos caras de una misma moneda: la denuncia de aquellos que quieran arrogarse el derecho de controlar la voz de Dios, por supuesto, pero también la necesidad de escuchar atentamente la sabiduría que, desde sus múltiples posiciones, ilumina el centro de toda la Escritura: «El misterioso plan de Dios, que es Cristo mismo» (Col. 2:2).

## SOLA ESCRITURA NO ES UN CHEQUE EN BLANCO HERMENÉUTICO.

Cuando muchos creyentes de tradición protestante piensan en la doctrina de la Sola Escritura, imaginan algo como esto: al leer el texto bíblico, sin más recursos que el Espíritu Santo en la conciencia, cada cristiano accede a la verdad revelada en la Palabra de Dios. Ese tipo de imágenes ha reforzado algunas ideas muy arraigadas. Primero, que cada creyente tiene plena autonomía sobre sus creencias. Segundo, que la propia intuición espiritual es suficiente para escuchar sin ruidos la voz de Dios. Y tercero, que toda tutela teológica externa a la propia subjetividad debe supeditarse a "lo que Dios habla a mi corazón". Mi fe es "mía" y de nadie más. ¿O acaso tener una relación personal con Dios, como se dice tan a menudo, no significa justamente eso?

Es posible que muchas de estas ideas sobre la Palabra de Dios y la inspiración especial del Espíritu Santo surjan en contextos de mucha piedad personal. No es mi intención negar la devoción sincera de las personas; no obstante, estas ideas esconden una ingenuidad teológica muy peligrosa.

Hans de Wit ha señalado que «la lectura ingenua tiene un carácter narcisista»; como en el mito griego de Narciso, «el intérprete está tan enamorado de su propia imagen y está tan ocupado mirándose que no es capaz de ver o escuchar a otra persona». Tampoco puede escuchar al texto bíblico, podríamos agregar. Ese intérprete encuentra en la Biblia lo mismo que traía previamente consigo; está imponiendo las reglas del interrogatorio y extrayendo de la Escritura las respuestas que quiere escuchar. Por ese motivo, está condenado «a seguir escuchando el eco de su propia voz»[162].

En diciembre de 1521 llegaron a Wittenberg tres sujetos de la ciudad de Zwickau: Nicholas Storch, Thomas Drechsel y Marcus (Thomae) Stübner. Los visitantes decían «que eran profetas del Señor y que habían tenido íntimas conversaciones con el Todopoderoso. No necesitaban la Biblia, sino que confiaban en el Espíritu»[163]. Estos personajes pasaron a la historia como los "profetas de Zwickau" y representan la primera aparición de algo que emergería poco después, con mayor radicalidad, en la figura de Thomas Müntzer. Los profetas creían en la revelación directa del Espíritu a cada persona, sin ninguna tutela ni referencia externa, sin mediaciones teológicas, sin instrumentos de análisis, sin otra brújula que la voz de Dios percibida subjetivamente por cada creyente.

El carismático Müntzer afirmaba que aquellos que confían en "la letra" «son los escribas contra los cuales Cristo prorrumpiera en invectivas. Las Escrituras, como mero libro, no son más que papel y tinta. "¡Biblia, Babel, burbujas!"»[164]. Una frase como esa era una crítica directa a Lutero, que precisamente estaba en ese tiempo traduciendo la Biblia al alemán. Müntzer se burlaba de Lutero y decía que, incluso si se hubiera tragado cien Biblias, en realidad no sabía nada de Dios; según él, a Dios no se lo conocía por caminos externos al individuo (como la Biblia), sino mediante la iluminación interior del Espíritu.

La respuesta de Lutero no se hizo esperar: afirmaba que no escucharía los consejos de Müntzer ni aunque se hubiera «devorado al Espíritu Santo con plumas y todo»[165]. Lutero se plantó ante esa forma de entender la relación entre el creyente y la Palabra de Dios con la misma determinación con la que antes había denunciado la enseñanza del papado. Para él, lo que estaba en juego era, lisa y llanamente, el Evangelio mismo.

Lutero hablaba de los profetas de Zwickau y Müntzer con una palabra que suele traducirse como "entusiastas" o "fanáticos"*. Calvino diría, tiempo después, que la Reforma había sido asaltada por "dos sectas": el papado y los entusiastas. A pesar de las inmensas diferencias que había entre el papa y Müntzer, ambos separaban al Espíritu de la Palabra: subyugaban la voz de Dios al discurso de la Iglesia (en el caso del papado) o del individuo piadoso (en el caso de los entusiastas).

---

* En alemán: *Schwärmer*.

Los reformadores dirigieron contra los *Schwärmer* algunas de sus críticas más duras: «Se jactan de tener el espíritu sin y antes de la palabra externa según su deseo»[166]. Lutero creía que el énfasis de estos grupos en la revelación del Espíritu a cada individuo mostraba una enorme arrogancia espiritual que en nada se parece a la actitud que debemos tener ante el Creador.

Según Lutero, los entusiastas convertían "la palabra interna" en una plomada capaz de discernir, valorar y aplicar "la palabra externa" de Dios (o sea: la revelación que hemos conocido en Jesucristo). Semejante narcisismo secuestraba la Palabra de Dios y la sometía a la conciencia de los individuos —supuestamente conducida por el Espíritu—. Ante esos peligros, Lutero insistía en que no podemos conocer a Dios al margen de lo que Él mismo ha decidido revelar a la humanidad; por ese motivo, «todo lo que se diga jactanciosamente del Espíritu sin tal palabra y sacramentos, es del diablo»[167].

La etimología griega de "entusiasmo" significa, literalmente, Dios en el interior de uno mismo. Cuando muchas iglesias evangélicas hablan de la Biblia, su discurso se parece más a las ideas de los "entusiastas" que a la enseñanza de los reformadores. Nos encanta la idea de tener a Dios adentro, como una presencia que, de forma progresiva y natural, se va confundiendo con nosotros mismos. Pero la palabra externa nos devuelve a la realidad y nos baja del potro de nuestro individualismo.

La doctrina de la Sola Escritura no es un sustento para cualquier interpretación personal ni un cheque en blanco hermenéutico para que cada creyente administre la Palabra de Dios según los dictados de su propia conciencia. Es en la autorrevelación histórica de Dios donde se asienta la fe de la Iglesia. Y creo que es también allí donde encontraremos, Dios mediante, un poco de sensatez en medio de tanto narcisismo.

## TESIS 47

**EL ANTÍDOTO PARA EL FUNDAMENTALISMO ES EL FUNDAMENTO.**

## TESIS 48

**LA ENSEÑANZA ELEMENTAL DE LAS BASES TEOLÓGICAS DE LA FE CRISTIANA A TODOS LOS CREYENTES DEBE SER UNA PRIORIDAD DE LAS IGLESIAS.**

Una estadística que tiene más de veinte años señala que en América Latina el 75% de los pastores y líderes evangélicos no tiene una formación teológica y doctrinal estructurada.[168] Podemos solo intuir que ese número no ha parado de crecer en las últimas dos décadas y que, si esas son las estadísticas del liderazgo, la realidad de los creyentes de a pie es probablemente peor.

J. I. Packer decía que «la incertidumbre y la confusión en cuanto a Dios que caracteriza nuestra época es lo peor que hemos conocido desde que la teosofía gnóstica intentó tragarse al cristianismo en el siglo dos»[169]. Es pasmoso el desconocimiento del pueblo cristiano hispanoamericano sobre las doctrinas fundamentales, esos dogmas que funcionan como un ancla que la Iglesia (en sus múltiples tradiciones y denominaciones) ha enseñado de generación en generación por dos milenios. Me sorprende constatar no solo la incomprensión al respecto de los dogmas, sino, aún más, el temor que existe en muchos creyentes cuando se ven desafiados a aprender y meditar en las doctrinas básicas del cristianismo.

Es en un horizonte como este donde se ha consolidado el tristemente célebre fundamentalismo evangélico, un fenómeno que copa las páginas de los diarios y las pantallas de los noticieros. El fundamentalismo es un fenómeno complejo y multifactorial; su receta incluye «absolutización de lo relativo, dogmatización de lo opinable, universalización de lo local, generalización de lo particular, eternización de lo temporal e histórico y simplificación de lo complejo»[170].

Sin anclas teológicas, sin estrellas de referencia más allá de los consejos piadosos de los líderes de cada comunidad, a la deriva en un mar de versículos bíblicos que cada intérprete explica según su propia experiencia, sin herramientas de exégesis y con una comprensión de la historia de la revelación muy superficial, la fe de muchas comunidades naufraga.

Cuando revisamos la historia podemos comprender al menos un poco las raíces debajo de estos dilemas. Arturo Piedra señala que las iglesias evangélicas actuales son

> hijas de un protestantismo muy particular, el "revivalista", que se había peleado con la teología y los centros teológicos. Su pasión evangelizadora y su percepción dispensacionalista de la fe —que ve en la segunda venida de Cristo el motivo mayor para la salvación de las almas— se asociaron con una falta de motivación respecto a los estudios racionales de la fe.[171]

La teología norteamericana de la segunda mitad del siglo XIX y la primera mitad del XX insistió en algunos ejes teológicos fundamentales: la decisión de fe personal, la piedad individual y la lectura bíblica sencilla. Había aprendido todas esas cosas de la tradición puritana inglesa.

El gran interés de ese protestantismo revivalista —o sea: de avivamientos— era diferenciarse de buena parte de la teología liberal y de la "letra muerta" que había en algunas iglesias históricas de Estados Unidos y Europa. Muchas denominaciones protestantes tradicionales se habían esforzado tanto por adaptarse a la cultura y ofrecer un mensaje que sonara creíble para la intelectualidad de su tiempo que, paradójicamente, se habían vuelto irrelevantes y débiles. Entre fórmulas repetidas, un racionalismo cínico y poca dedicación a la experiencia espiritual, habían perdido su capacidad de convocatoria y su primer amor.

Comprender este conflicto de fondo nos ayuda a explicar la necesidad que tenían de poner el acento en otro lado. Sus énfasis teológicos eran un antídoto contra unos dogmas que, como un rezo aprendido, ya no significaban nada para la piedad de los creyentes.

Pero hoy nuestra situación no se parece en nada a ese escenario. Por el contrario, existe una característica común en casi todo el espectro del protestantismo hispanohablante —desde los acercamientos más emotivos a los más racionales, desde las posiciones más conservadoras a las más progresistas—. Todo lo asociado con las doctrinas, la ortodoxia y el dogma ha quedado bajo fuego cruzado de ambos lados de la vereda. Ciertamente, los conceptos líquidos y difusos de la posmodernidad contribuyen bastante a la ecuación.

Las cuestiones doctrinales se ven como algo incómodo e innecesario, como un lastre que entorpece la vivencia espiritual subjetiva o, en términos más evangélicos, "mi relación personal con Dios". Más aún: se identifica a las doctrinas con una religiosidad antigua, viciada; algunos incluso las relacionan únicamente con el magisterio de la Iglesia católica. El creyente, mediante la iluminación del Espíritu y la lectura directa de las Escrituras, con una tutela más moral que teológica de parte de su comunidad, puede vivir de manera plena (y muy subjetiva) su espiritualidad cristiana.

Por supuesto que la Reforma nunca se rebeló contra las doctrinas fundamentales de la tradición cristiana ni despreció su importancia. «Nada es entre los cristianos más conocido ni más usual que la aserción», decía Lutero al hablar sobre los dogmas: «Haz desaparecer las aserciones, y habrás hecho desaparecer el cristianismo»[172].

Ninguno de los reformadores protestó contra las doctrinas cristológicas ni los acuerdos trinitarios de los primeros concilios ecuménicos. No acusaron al Credo Apostólico de traicionar al Evangelio por no estar en la Biblia ni buscaron salirse de la ortodoxia que la Iglesia había logrado en sus primeros siglos. De hecho, el Libro de Concordia —un estándar de doctrina de la Iglesia luterana—, abre precisamente con los tres Credos ecuménicos: el de los Apóstoles, el de Nicea y el de Atanasio.

René Padilla ha señalado que «la falta de interés en la teología, tan común entre evangélicos latinoamericanos, es solo un síntoma de la despreocupación por la fidelidad del Evangelio y su pertinencia a la situación en nuestra misión»[173]. La desconfianza de muchos creyentes hacia la reflexión teológica ordenada —una sospecha heredada de las luchas contra el racionalismo ilustrado y la teología liberal— los expone a cualquier cambio de la marea. Y, lo que es peor, a identificar como cristianas y evangélicas a una serie de ideas y prácticas que poco tienen que ver con el cristianismo y el Evangelio. O, en su defecto, a identificar como anticristianas cuestiones que son parte de la multiforme expresión de nuestra fe.

Creo que el antídoto para el fundamentalismo es el fundamento. No ciertas tradiciones de grupo, no la luz subjetiva de la revelación que tiene cada persona, no algunas interpretaciones de los líderes más convocantes, no el recorte teológico que se va pasando por ósmosis al interior de cierta comunidad de fe ni los vendavales ideológicos de cada momento, sino la exposición sólida de los fundamentos del cristianismo y la maduración lenta de los creyentes sobre el cimiento de esas verdades. Las doctrinas fundamentales no son muchas, pero tienen la capacidad de dar estructura y coherencia a ideas sobre Dios y el mundo que, sin esa ancla, fácilmente se diluyen en un mar de citas bíblicas sueltas.

A finales de julio de 1528, Lutero fue encomendado para visitar algunas iglesias del electorado de Sajonia. La Reforma se había extendido a lo largo del territorio alemán; monasterios, parroquias, sacerdotes y feligreses habían pasado de estar bajo el control de Roma a orbitar en torno a la teología protestante. La tarea significó para Lutero la posibilidad de salir de la Universidad de Wittenberg —centro neurálgico de su obra reformadora— y conocer de primera mano la vida del pueblo de Dios; fue también un duro baño de realidad.

Lejos de cualquier optimismo teológico, la visita reveló la pobreza doctrinal de las primeras comunidades protestantes. La libertad cristiana que Lutero había predicado con tanta convicción había sido abrazada por muchos como una relajación de las costumbres y una forma de indignación ante el antiguo régimen, no como una de esas revelaciones que transforman toda la vida. En una carta a su amigo Spalatin confesaría (con su rudeza característica): «El aspecto de las iglesias es por todas partes misérrimo; los campesinos nada aprenden, nada saben, nada oran, nada hacen, salvo que abusan de la libertad; no se confiesan ni comulgan, como si hubiesen sido liberados totalmente de la religión»[174].

Tiempo después, al reflexionar en la cachetada que ese descubrimiento había significado para su ideal de Reforma, escribió: «El hombre común no sabe absolutamente nada de la doctrina cristiana, especialmente en las aldeas, y desgraciadamente muchos pastores carecen de habilidad y son incapaces de enseñar. No obstante, todos quieren llamarse cristianos»[175].

Ya en 1525, Lutero quería producir un manual para enseñar la fe a los niños. No obstante, no fue hasta ese viaje de 1528 que comprendió del todo que la renovación de la espiritualidad cristiana, la reforma de la Iglesia y la transformación de la sociedad no se alcanzarían sin un buen fundamento. Emprendió entonces la escritura de dos obras esenciales que publicó al año siguiente: el *Catecismo menor* —una instrucción sencilla para los más jóvenes y los fieles en general— y el *Catecismo mayor* —para la formación de todos los pastores y aquellos laicos que quisieran profundizar en los fundamentos de su fe—.

Ambos catecismos tienen una estructura sencilla, basada en la explicación de los Diez mandamientos, el Credo apostólico y el Padrenuestro, además de algunas ideas básicas sobre los sacramentos y los deberes cristianos. En el Prefacio al *Catecismo menor*, y con categórica pasión, Lutero afirmó que, a los que no quisieran aprender ni siquiera esos rudimentos de la fe, «hay que decirles que renieguen de Cristo y que no son cristianos; no deben ser aceptados para recibir el sacramento o ser padrinos en el bautismo de un niño ni usar ninguno de los derechos de la libertad cristiana»[176].

Y en el *Catecismo mayor*, preparado para los más versados en el cristianismo, denunció también «el abyecto vicio» de aquellos que, hastiados de las verdades más sencillas de la fe, creen que las dominan y prefieren pasar a otras cosas. Decía entonces que, aunque él era «doctor y predicador» y tenía «tanta erudición y experiencia como los que muestran tanta arrogancia y seguridad», cuando se acercaba al Evangelio, prefería hacerlo como un niño:

De mañana y cuando tengo un tiempo leo y recito el Padrenuestro palabra por palabra, los Diez Mandamientos, el Credo, algunos Salmos, etc. Todos los días tengo que leer y estudiar algo más. Sin embargo, no puedo llegar a ser como quisiera y debo continuar siendo niño y alumno.[177]

Una fe sin fundamento, por piadosa y devota que sea, deriva tarde o temprano en alguna forma de fundamentalismo. Sin raíces en las bases históricas de la revelación, cada iglesia y cada creyente serán secuestrados por cualquier viento de ideología. Peor aún: serán usados, sin siquiera saberlo, para todo tipo de proyectos que aprovechan la radicalización y el fundamentalismo para sus propios fines culturales, políticos y económicos.

Como dijo el teólogo escocés Peter Taylor Forsyth, se puede tener «un alma piadosa sin mucha teología, pero no se puede tener una Iglesia piadosa por mucho tiempo. Será una Iglesia débil y, luego, una Iglesia mundana: no tendrá la capacidad para resistir el condicionamiento del mundo, sus definiciones claras y sus métodos positivos»[178].

Las actividades eclesiales y los cultos están muy bien, la adoración colectiva y las predicaciones motivacionales también tienen su momento bajo el sol, pero la enseñanza de las doctrinas fundamentales a todos los creyentes debería ser una prioridad absoluta de los programas y presupuestos de las iglesias. Sin ese punto de referencia, distinguir lo que es o no es la fe cristiana es una cuestión de gustos personales y prejuicios de grupo. Detectar las herejías con buena prensa, los caprichos teológicos de moda o el abuso de autoridad y el sectarismo de algunos líderes es una labor muy compleja si no hay bases firmes.

El cristianismo más *radical* no es aquel que exacerba y parcializa su verdad hasta volverla una isla sorda a la realidad, sino aquel que brota desde las *raíces*\* históricas de la revelación. Parafraseando a Agustín, ¿cómo vamos a conocer aquello en lo que hay libertad si no reconocemos cuáles son los fundamentos de la unidad cristiana?

---

\* En latín: *radix*.

## TESIS 49

**A VECES, LA ÚNICA FORMA DE SALIR DE LAS POLÉMICAS TEOLÓGICAS Y ALCANZAR LA UNIDAD DE LOS SANTOS ES HACER SILENCIO ANTE EL MISTERIO DE DIOS.**

Durante sus primeros ochocientos años de vida, la Iglesia no tuvo mayores diferencias al respecto de la Cena del Señor, su valor para la comunidad de los creyentes o el sentido de las palabras de Jesús en su última pascua. Por supuesto —como sucede siempre que hablamos de seres humanos—, había distintas interpretaciones, miradas y aplicaciones. En los escritos de los Padres de la Iglesia se pueden encontrar énfasis diferentes, pero no hay grandes controversias. Para eso hay que esperar hasta el siglo IX y la disputa entre Ratramno y Pascasio Radberto, dos monjes benedictinos de la abadía de Corbie, en Francia.

Pascasio enfatizaba la verdadera conversión del pan y el vino consagrados en el cuerpo de Cristo; su opinión fue la precursora de la doctrina romana de la transubstanciación. Ratramno, por su parte, argumentaba que se debía entender esa presencia del cuerpo y la sangre de Cristo en un sentido "espiritual".

Aunque Pascasio tuvo sus críticos (como Berengario de Tours en el siglo XI), su opinión fue ganando consenso con el paso del tiempo. Para el siglo XII, Pedro Lombardo —el teólogo más comentado de la Edad Media, conocido como "el maestro de las sentencias"— popularizó aún más su enseñanza. En 1215, el Cuarto Concilio Lateranense convirtió la postura de Pascasio en dogma: «Su cuerpo y su sangre están verdaderamente contenidos en el sacramento del altar bajo las especies del pan y del vino; el pan es transubstanciado en su cuerpo y el vino en su sangre por el poder divino»[179].

Ese es, en pocas palabras, el trasfondo histórico de los debates que tuvieron los reformadores al respecto de la Santa Cena.

En octubre de 1529, en un entorno político y religioso cada vez más inestable, el príncipe Felipe I de Hesse convocó una reunión en el castillo de Marburgo. Fueron invitados los referentes más notables de la primera generación protestante: Lutero, Zwinglio, Bucero, Melanchtón, Ecolampadio, Jonas, Osiander, Agricola. Felipe I quería forjar una alianza entre todos los grupos protestantes que hasta ese momento habían estado desperdigados para poder resistir las presiones imperiales que buscaban ahogar la Reforma.

El coloquio de Marburgo, así se lo recuerda, intentó limar diferencias entre las dos figuras más destacadas de la reunión: Lutero (cabecilla de la Reforma alemana) y Zwinglio (líder de la Reforma suiza). El proyecto para lograr la coalición protestante constaba de quince puntos; en los cuatro días del coloquio, los reformadores lograron ponerse de acuerdo en catorce puntos y medio. La única diferencia que quedaba por resolver era un asunto sobre la Eucaristía, en concreto: cuál era la interpretación correcta de las palabras de Cristo «Este es mi cuerpo» y «Esta es mi sangre» (Mt. 26).

Años antes, Lutero se había topado con la primera disidencia pública en relación con su teología de la Eucaristía. Era la de Andreas Karlstadt, quien fue en un comienzo su colaborador estrecho en Wittenberg, pero con el tiempo se inclinó más a posiciones anabautistas. En los debates del coloquio de Marburgo, el monje Lutero (criado bajo la cosmovisión sacramental de fines del Medioevo) resaltó especialmente el valor de la presencia real de Cristo en la Santa Cena. Por el contrario, Zwinglio —un paladín de la erudición humanista y moderna—, entendía la Eucaristía simplemente como un símbolo.

Al leer la escena del pan y la copa, Zwinglio creía que la traducción adecuada no era «Este *es* mi cuerpo» —como si el pan pudiera tener las propiedades ontológicas del cuerpo de Jesús—, sino «Esto *representa* mi cuerpo» —o sea, el pan es símbolo de una realidad espiritual—. Ante las sutilezas de su colega suizo, el tosco Lutero afirmaba que «cuando Dios habla, nosotros debemos escuchar». Zwinglio le retrucaba a su vez que «Dios no nos exige que creamos en lo incomprensible».

Al final de la reunión, con catorce puntos y medio acordados y solo medio artículo en el que había diferentes puntos de vista, el proyecto de la unidad se disolvió. Lutero dictaminó entonces, con lapidaria certidumbre: «Nuestro espíritu y vuestro espíritu no están en consonancia». Desde entonces y hasta nuestros días, los senderos de las teologías luterana y reformada nunca más volverían a unirse.*

Aunque tiempo después del coloquio de Marburgo, Jean Calvino dijo que la Cena del Señor es un vínculo de amor entre los creyentes, lo cierto es que la Eucaristía fue más bien, para la causa de la Reforma, el núcleo duro de las disputas y divisiones. Los interminables debates sobre la Cena y los sacramentos en general fragmentaron el Cuerpo de Cristo y crearon fronteras infranqueables que imposibilitaron la unidad. Mientras la esperanza de un acuerdo se diluía, los apologistas romanos celebraban el fracaso protestante y reivindicaban la unidad que tenía la Iglesia romana como una marca de la verdadera Iglesia.

Me quedo pensando en esos primeros ocho siglos de unidad en la diversidad. Una coexistencia teológica pacífica que dura ochocientos años muestra, sin dudas, una peculiar sabiduría. Me quedo pensando también en la ruptura irreconciliable entre los compañeros de la Reforma, en un tiempo crítico y de mucha necesidad, por una diferencia de medio artículo, luego de haber conciliado catorce puntos y medio.

La historia del coloquio de Marburgo nos enseña que el deseo de llevar hasta las últimas consecuencias nuestras brillantes interpretaciones bíblicas y nuestras convicciones teológicas mejor argumentadas puede ser el sepulcro de la unidad. La obstinación, la susceptibilidad, el orgullo y una prolijidad obsesiva pueden dinamitar todo intento de entender al otro en sus propios zapatos y cualquier esperanza de cooperación, reconciliación o consenso.

La palabra "misterio" proviene de una raíz griega que significa cerrar los labios, permanecer en silencio, quedarse sin palabras. Al navegar en *un mar tan misterioso*, sobre terrenos teológicos resbaladizos e incógnitas más grandes que nuestra mente, necesitamos recordar que la contemplación es a veces la única respuesta posible. Quizás el silencio frente al misterio de Dios sea la clave para alcanzar la unidad, el camino para bajar la guardia y reencontrarnos con nuestros hermanos que piensan y hacen de maneras diferentes a las

---

* Recién en 1973, las iglesias luteranas y reformadas de Europa firmaron un documento —conocido como *Concordia de Leuenberg*— en el que reconocieron su unidad en Cristo y lograron un acuerdo en cuestiones doctrinales fundamentales.

nuestras. Con meticulosidad quirúrgica, «el lógico mórbido intenta dilucidarlo todo y solo consigue volverlo todo misterio»; el sabio espiritual, por el contrario, «permite que algo sea misterioso y todo lo demás se vuelve lúcido»[180].

¿Cuáles deberían ser hoy nuestros armisticios? ¿Cuáles son las cuestiones que, sin ser esenciales, fracturan el encuentro del Cuerpo de Cristo alrededor de la mesa del Maestro? ¿Qué aspectos de Dios están tan por encima de nuestro horizonte de entendimiento que no nos queda más opción que apelar a la humildad y llamarnos al silencio?

El misterio también es parte de la verdad. Quizás ese discreto aliado nos esté marcando el camino a la unidad de la Iglesia allí donde nuestros mejores esfuerzos por ponerle palabras a la revelación han fracasado.

## TESIS 50

"NO CONFORMARSE A ESTE MUNDO" ES UNA INVITACIÓN A VIVIR EL EVANGELIO DE MANERA PROFÉTICA, NO A HABITAR EN UN GUETO RELIGIOSO.

## TESIS 51

EL CRISTIANISMO NO SE SIENTE COMPLETAMENTE EN CASA EN NINGÚN PARADIGMA, CULTURA, GRUPO O ÉPOCA.

Mateo 23 cuenta que Jesús, ya harto de la provocación de los líderes religiosos, sacó dos referencias de Levítico 11 para construir una maravillosa metáfora. La primera mención provenía del verso 4: «No puedes comer los siguientes animales que tienen las pezuñas partidas o que rumian, pero no ambas cosas. El camello rumia, pero no tiene pezuñas partidas, así que es ceremonialmente impuro para ti». La segunda referencia, un poco más adelante, afirmaba: «Los insectos que se te permite comer incluyen toda clase de langostas, langostones, grillos y saltamontes. Todos los demás insectos alados que caminan sobre el suelo son detestables para ti» (11:22,23). Los judíos piadosos solían colar las bebidas para evitar tomar algún insecto que pudiera caer accidentalmente en el vaso.

Con ese telón de fondo y con una inmensa precisión hermenéutica, Jesús les dijo: «¡Guías ciegos! ¡Cuelan el agua para no tragarse por accidente un mosquito, pero se tragan un camello!» (Mt. 23:24). El pecado de los líderes religiosos era la miopía: eran fieles hasta la obsesión en cosas insignificantes, pero mostraban la más terrible de las infidelidades en los asuntos realmente significativos. Podían dar cátedra de rectitud en cuestiones secundarias y al mismo tiempo heder a injusticia.

Pedían la sangre inocente de Jesús ante el tribunal de Pilato, pero se cuidaban de entrar al pretorio «porque, de haberlo hecho, se habrían contaminado y no hubieran podido celebrar la Pascua» (Jn. 18:28).

No tenían problemas en pagarle a Judas para que entregara a Cristo a la muerte; quizás hasta le pagaron con dinero del tesoro del templo. Sin embargo, cuando Judas quiso devolver las treinta monedas de plata, le dijeron que «no sería correcto poner este dinero en el tesoro del templo, ya que se usó para pagar un asesinato» (Mt. 27:6).

Su conciencia no les remordía por los falsos testimonios que habían llevado a la injusta crucifixión de Jesús, pero sí les molestaba «que los cuerpos permanecieran allí colgados el día siguiente» (Jn. 19:31), ya que, según Deuteronomio, «si alguien cometió un delito digno de muerte, y por eso lo ejecutan y luego lo cuelgan en un madero, el cuerpo no debe quedar allí colgado toda la noche» (21:22, 23).

La crítica de Jesús a los líderes religiosos me recuerda a una escena que imaginó Kierkegaard. Es la historia de un teólogo que, al morir, se presentó ante el trono de Dios en el Juicio Final. Se le preguntó entonces, según la parábola de Mateo 25, cuál había sido su compromiso con el Reino de Dios y cómo se había entregado a su prójimo:

Tuve hambre, y me alimentaron. Tuve sed, y me dieron de beber. Fui extranjero, y me invitaron a su hogar. Estuve desnudo, y me dieron ropa. Estuve enfermo, y me cuidaron. Estuve en prisión, y me visitaron. [...] Cuando hicieron alguna de estas cosas al más insignificante de estos, mis hermanos, ¡me lo hicieron a mí! (vs. 35, 36, 40).

El teólogo reconoció que no había cumplido ninguna de esas cosas, pero, en su defensa, afirmó que podía recitar esos versículos en nueve idiomas.

Miopía es filtrar el mosquito y tragar el camello, dedicarse a lo periférico, pero ignorar lo importante. El antónimo de miopía es profecía. Es profética la capacidad de reconocer el camello, de entender «lo que realmente importa» (Fil. 1:10). Jeremías, Miqueas, Ezequiel o Isaías no perdían tiempo en mosquitos. Más bien, apuntaban sus municiones más duras contra aquellas cosas que eran más precia-das para Israel: el templo, los sacrificios, los líderes religiosos, el prestigio. Justamente allí encontraban la fuente de la infidelidad de su pueblo.

La idolatría pone las cosas finitas en un pedestal infinito, eleva las cuestiones temporales hasta darles un valor eterno. El ídolo no está en las antípodas de Dios: está tan cerca que probablemente intenta-rá confundirse con Él. La idolatría se cuela justamente en aquellas cosas que nos resultan más importantes, en las instituciones y mo-mentos que consideramos sagrados, en todo lo que puede generar cierto triunfalismo, orgullo, pertenencia o identidad.

Paul Tillich decía por eso que el principal aporte de la Reforma era el "principio protestante": la capacidad de distinguir claramente a Dios —que siempre debe ser nuestra preocupación última— de todo lo que no es Dios. El protestantismo esconde un inmenso poder profético porque proclama crudamente «la situación límite de la humanidad y la protesta contra todo intento de eludirla por medios religiosos, aun cuando la evasión se lleve a cabo con la ayuda de toda la riqueza, toda la grandeza y la profundidad de la piedad mística y sacramental»[181].

Cualquier creación, institución, idea, persona, tradición o enseñan-za, por ser una realidad "penúltima", puede pavimentar el camino a Dios. Sin embargo, si deja de apuntar a lo definitivo, se convierte inmediatamente en la peor enemiga de la fe y debe ser rechazada con vehemencia.

El principio protestante no es un invento del protestantismo, sino otra forma de explicar una intuición teológica que aparece a lo largo de las Escrituras. La vemos con toda claridad en la denuncia de los profetas contra los sacrificios que habían desplazado a la misericordia (Os. 6), en los embates de Jesús contra los fariseos que colaban el mosquito y tragaban el camello (Mt. 23), en el rechazo de Pablo ante "otro Evangelio", incluso si era comunicado por un ángel o un apóstol (Gá. 1). Fue la actitud que los primeros cristianos adoptaron a lo largo del Imperio romano y el motivo por el cual sus contemporáneos los llamaban "ateos"; su profético desafío a todos los ídolos desacralizó el Imperio y, de esa manera, subvirtió el *statu quo*. Fue también lo que hizo Lutero al sublevarse «en nombre del Evangelio, contra la prepotencia del poder sagrado, contra lo condicionado que usurpó la condición de lo incondicionado, contra lo histórico que se presentaba como divino»[182].

El principio protestante es antropológicamente pesimista porque sabe que los esfuerzos de la humanidad son ambiguos. Incluso lo que consideramos más sagrado —el sacrificio del templo, el cumplimiento de la ley de los fariseos, el mensaje de un ángel o de un apóstol— tiene el potencial de convertirse en un ídolo. Pero este pesimismo, lejos de arrojarnos a la desesperación y el abatimiento, nos convoca «al supremo valor y atrevimiento, pues, excepto Dios, todo es criticable y ha de rendir cuentas a la conciencia informada por la revelación»[183].

Muchos creyentes y comunidades cristianas se jactan de no imitar «las conductas ni las costumbres de este mundo» (Ro. 12:2). Son analistas puntillosos de los hábitos culturales y escanean con fervor puritano cualquier indicio de mundanalidad para evitar que se propague. Quieren "sacar el mundo de la Iglesia" y lo encuentran infiltrado por doquier: en la música que escuchan los más jóvenes, en sus tatuajes, en la ropa de moda, en lugares asociados con cierta moralidad, en las producciones culturales que "son del diablo", en particularidades morales y de costumbres o en el hecho de que algunos sermones se refieran a problemáticas sociales, económicas y políticas. No dejan que entren en la Iglesia bajo ningún concepto todas esas "cosas del mundo".

Y, sin embargo, sin hacer mucho escándalo, pasan por ese estricto filtro los pecados más estructurales, los que traen consecuencias más terribles y duraderas, los que causan daños reales a personas reales: la corrupción de las estructuras y los espacios eclesiales, el abuso de poder por parte de las figuras de autoridad, el mismo individualismo que la sociedad promueve por doquier, el machismo explícito, el consumismo como estilo de vida, una ética del éxito implacable.

Todas esas "cosas del mundo" pasan por el colador cotidianamente. Como pasaba con los fariseos de antaño, algunos también hoy «se cuidan de dar el diezmo sobre el más mínimo ingreso de sus jardines de hierbas, pero pasan por alto los aspectos más importantes de la ley: la justicia, la misericordia y la fe» (Mt. 23:23).

No conformarnos a este mundo no es una invitación para que nos refugiemos en un gueto religioso, amurallado por prácticas sectarias y poblado por productos de consumo para la subcultura cristiana. El Evangelio nos convoca, más bien, a poner la mirada en lo que realmente importa y, bajo esa luz, exponer al examen a todo lo demás.

Es la valentía de arremeter proféticamente contra los monstruos verdaderos y no contra los inofensivos mosquitos. Es la insólita victoria de no sentirse totalmente en casa en ningún paradigma y bajo ninguna bandera. Es saber que la fidelidad al Evangelio nos va a desmarcar siempre de las posiciones fijas. Es ser migrantes del espíritu: el esfuerzo de perseverar en Dios y filtrar críticamente, mientras tanto, toda realidad anteúltima que aspire a ocupar su lugar.

# "SOLO CRISTO" ES UNA DENUNCIA RADICAL Y PROFÉTICA CONTRA TODA FORMA DE IDOLATRÍA.

Cuando en nuestras iglesias alguien dice con convicción "Solo Cristo", casi todo el mundo sabe que esa es una de las Cinco Solas de la Reforma. Semejante afirmación intenta resumir algunos de los aspectos más importantes de la cristología: que Jesucristo, la segunda persona de la Trinidad, es el único mediador entre Dios y los seres humanos (1 T. 2:5); que es el único camino al Padre y la fuente de la salvación (Jn. 14:6); que es quien revela la plenitud de Dios y sostiene todo lo creado (Col. 1:15-20); y que es el que hizo posible, mediante su muerte en la cruz, la vida eterna para todos los que creen en Él (Jn. 3:36).

No deja de ser llamativo, no obstante, que cuando Lutero proclamaba la exclusividad de Cristo no solo estaba haciendo profundas declaraciones cristológicas. También estaba elevando dos potentes denuncias al respecto del estado del mundo. En primer lugar, que el papa no era un mediador entre divinidad y humanidad, ni era el Sumo Pontífice con atribuciones por encima de las enseñanzas de las Escrituras, ni era el lugarteniente de Cristo en la tierra. En segundo lugar, y como extensión del punto anterior, que los creyentes no necesitaban usar muletas sagradas para poder llegar a Dios (un sacerdote, el templo o ciertos rituales) ni debían seguir pagándole a la Iglesia un peaje (económico, moral o de obediencia) para abrazar el Evangelio.

Hay una escena muy sugerente en Hechos 17. Unos judíos de Tesalónica, celosos frente al éxito del ministerio de Pablo y Silas, agitaron a una multitud para que fuera a buscarlos a la casa de Jasón. Como no los encontraron allí, llevaron al dueño de casa y a otros creyentes frente al consejo de la ciudad y los acusaron: «Pablo y Silas han causado problemas por todo el mundo, y ahora están aquí perturbando también nuestra ciudad. Y Jasón los ha recibido en su casa. Todos ellos son culpables de traición contra el César porque profesan lealtad a otro rey, llamado Jesús» (vs. 6, 7).

Es increíble que ya en este relato del Nuevo Testamento aparezca con toda claridad el conflicto que los cristianos tendrían durante los siguientes doscientos cincuenta años con el Imperio romano. La lealtad de los creyentes a Cristo significaba, para el *statu quo* de su tiempo, una provocación, una insurrección, un elemento subversivo que crecía debajo de las narices del César.

Walter Brueggemann ha dicho que «el proceder de los dioses unificadores del imperio consiste en no tomar partido y, haciendo alarde de tolerancia, manifestar su eterno agrado por el modo en que marchan las cosas»[184]. Bajo el manto político, económico y cultural de Roma, no importaban el rostro, la procedencia ni los valores que portaban los infinitos dioses que poblaban el panteón. Mientras no cuestionaran la hegemonía imperial, las religiones podían habitar a sus anchas.

El filósofo pagano Celso, que vivió en Grecia en el siglo II, tenía muy en claro el elemento problemático que el cristianismo aportaba al universo politeísta del Imperio romano: «Los cristianos cuestionaban la validez de los dioses sobre los que descansaba el orden político y social, por lo que eran culpables de impiedad y, al menos de forma implícita, de promover la sedición»[185]. Durante los primeros siglos de la Iglesia, el cristianismo realmente era un destructor de los dioses*. Su lealtad a Cristo era una crítica estructural a la hegemonía romana; como Hechos sintetiza muy bien, la obediencia al rey Jesús significaba una traición al César.

Creo que en nuestros días deberíamos redescubrir el sentido que "Solo Cristo" tenía para los primeros cristianos: un grito de exclusividad contra toda forma de idolatría. Antonio González ha escrito que «el señorío de Jesús, su reinado como Mesías, relativiza ya en esta historia todos los demás señoríos y muestra su radical caducidad»[186].

En un mundo poblado por ídolos a la medida del consumidor que son tolerados mientras no desestabilicen el *statu quo*, la obediencia de la Iglesia al Cristo resucitado es una palabra profética poderosa.

---

\* La acertada expresión es de Larry Hurtado.

En esa radical exclusividad al Señor, los creyentes proclamamos que, como ha dicho un poeta, «los huesos de todos los más grandes emperadores de la historia caben en un solo camión de basura pequeño»[187].

# TESIS 53

## TODO CONOCIMIENTO TEOLÓGICO DEBE MADURAR HASTA CONVERTIRSE EN DOXOLOGÍA.

En la historia de la Iglesia, hay pocos paladines de una teología centrada en Cristo como Martín Lutero. Harto del negocio de la fe, de los vericuetos teológicos que alejaban al pueblo de la Palabra de Dios y la obediencia sencilla, Lutero pateó el tablero de su época con una afirmación poderosa: Solo Cristo. Ni las indulgencias salvan, ni las bulas son palabra divina, ni los sacerdotes son mediadores, ni los sacramentos son actos de magia. Solo Cristo.

La cristología de Lutero tiene una particularidad: es fundamentalmente soteriológica. Es decir: entiende a Jesús casi únicamente desde la perspectiva de la salvación. «Lutero no está tan interesado en quién *es* Jesús, como en lo que Jesús *hace* y proporciona. Para ser más preciso, Lutero está interesado en lo que Jesús es por aquello que él hace y proporciona. En su obra descubrimos su persona, y no viceversa»[188]. En palabras del reformador: «No basta con saber cómo transcurrió la pasión de Cristo; ante todo hay que saber qué fruto trae; este fruto es: la fe»[189].

Esta particularidad de su teología respondía a tres situaciones clave. En primer lugar, la cristología medieval en la que creció Lutero tenía mucho más interés en la obra salvífica de Cristo que en los detalles de su vida. El poco acceso a la Biblia, el énfasis en los sacramentos y la amenaza constante del infierno hacían que la biografía de Jesús fuera algo muy secundario: lo importante era su capacidad para librar a los creyentes de la ira de Dios.

En segundo lugar, su cristología nació de su propia experiencia. Fue su deseo de escapar de la muerte el que lo llevó al monasterio, pero una vez allí, no se sintió a salvo y perdonado, sino que advirtió una angustia todavía más honda: «Era la persona más miserable en la tierra, pasaba el día y la noche aullando desesperado»[190]. Al leer la

Escritura, encontró que Cristo ofrecía la salvación que antes le parecía imposible de alcanzar; por eso, se abrazó a ella con todas sus fuerzas.

Finalmente —y en esto quiero detenerme ahora—, a Lutero le preocupaba que una "fe histórica" (así la llamaba él) se quedara con los datos biográficos sobre Cristo, pero no se convirtiera en una experiencia viva y real. Su temor era que, si se estudiaba fríamente la historia de Jesús como algo situado en un tiempo lejano, se corría el peligro de verla solo como una narrativa. Si ese era el caso, no llegaría a convertirse en una salvación verdadera.

Esto es evidente en los comentarios que hizo al Credo Apostólico como parte de su *Catecismo menor*. En cada una de las referencias del Credo sobre Dios Padre, Jesús o el Espíritu Santo, Lutero no encuentra afirmaciones objetivas, sino la posibilidad de aplicar esas afirmaciones a nuestra salvación. No le interesaban tanto las cosas en sí, sino lo que esas cosas significan para nosotros —*pro nobis*, decía en latín—. En este fragmento se observa con toda claridad (las cursivas son mías):

> Creo que Jesucristo, verdadero Dios engendrado del Padre en la eternidad, y también verdadero hombre nacido de la Virgen María, es *mi SEÑOR*, que *me ha redimido a mí*, hombre perdido y condenado, y *me ha rescatado y conquistado* de todos los pecados, de la muerte y de la potestad del diablo, no con oro o plata, sino con su santa y preciosa sangre y con su inocente pasión y muerte; y todo esto lo hizo para *que yo fuese suyo y viviese bajo él* en su reino, *y le sirviese* en justicia, inocencia y bienaventuranza eternas...[191]

Aunque el énfasis soteriológico de la cristología de Lutero ha tenido algunas consecuencias nocivas para las iglesias protestantes*, creo que existe una sabiduría en su intuición. Al ahondar en el conocimiento teológico, en la exégesis bíblica y el laberinto de la historia de la Iglesia, más de uno ha vivido en su propia carne lo que Lutero temía: Cristo se convirtió en mera información. El amor —sitiado por sutilezas, atento a los contextos históricos, las contradicciones hermenéuticas y las teorías de vanguardia— va quedando eclipsado por datos que ya no conmueven.

---

* Ese va a ser el asunto de la próxima tesis.

No creo que la respuesta a ese dilema espiritual sea la defensa de la ignorancia: conocer poco para creer mucho. Escondernos de cualquier aprendizaje teológico, bíblico o histórico por miedo a perder la fe es incoherente con el amor perfecto que expulsa todo temor. Quizás el asunto sea justamente «capturar todos los pensamientos y hacer que obedezcan a Cristo» (2 Co. 10:5; PDT).

Toda reflexión teológica tiene que llevar a la doxología: debe convertir el conocimiento sobre Dios en alabanza ofrecida a Dios. Si nuestro amor no crece a la par de nuestros aprendizajes, toda la hazaña terminará siendo en vano, aunque tengamos todo el conocimiento del mundo. Cuando vivimos delante de Dios —*Coram Deo* le gustaba decir a Lutero—, pensar y aprender también son actos de profunda adoración.

*Dedicado a Jonathan Hanegan*

# TESIS 54

## SI NO QUEREMOS QUE JESÚS SEA UN SIGNIFICANTE VACÍO, ÚTIL PARA MANIPULAR, DEBEMOS ASENTAR NUESTRA CRISTOLOGÍA EN EL TESTIMONIO DE LOS EVANGELIOS.

Hace un tiempo vimos con Almen la miniserie documental *The Family*. Es la historia de la Fellowship Foundation: una organización cristiana con profundos vínculos con el poder político y económico de Estados Unidos y diferentes partes del mundo. Más allá de los méritos del documental —que con el paso de los capítulos se muestra redundante y un poco tendencioso—, algo nos llamó la atención. Este grupo de creyentes repetía una y otra vez un estribillo que les daba identidad y les ayudaba a ganar poderosos adeptos a su causa: «Jesús y nada más»*.

Me quedé pensando en ese concepto. Lo he escuchado de diferentes maneras en incontables conferencias, sermones y conversaciones. Hay en ese lema un deseo muy loable de poder alcanzar a Cristo sin la cáscara de la religión muerta: diferenciar a Jesús de todo lo que le es extraño a fin de experimentar realmente su poder. Un poco como Pablo en Filipenses: «Todo lo demás no vale nada cuando se le compara con el infinito valor de conocer a Cristo Jesús, mi Señor» (3:8).

No obstante, la intuición que tenía cuando escuchaba esas conferencias y sermones se volvió muy clara al mirar *The Family*: si mi edificio teológico está formado por «Jesús y nada más», es muy fácil que ese "Jesús" se vuelva un significante vacío, un nombre al que cada uno llena con el sentido que sabe, puede o quiere. «Se ha abusado tanto de su retrato que ya no se lo ve; forma parte del paisaje como los árboles de la calle»[192]. Al igual que un test de Rorschach, Jesús termina adquiriendo la silueta de sus intérpretes.

Por lo general, el protestantismo se jacta de ser definitivamente cristocéntrico, de haber puesto a Jesucristo en el lugar que le corres-

---

* En inglés: *Jesus plus nothing*.

pondía como piedra fundacional del edificio de la fe cristiana. Cualquier otro fundamento (un sacerdote, un rito, un lugar, una moral) implicaría construir en un terreno cenagoso. Lutero insistió, contra la filosofía y la teología escolástica, que no se debe hablar de Dios "en las nubes", a través de ideas, abstracciones o deducciones mentales. Ese tipo de pensamiento definía justamente la teología de la gloria de los escolásticos. Por el contrario, decía el reformador, hay que dejar hablar a Dios ahí donde Él ha decidido mostrarse. En su revelación y no en nuestras expectativas es donde podemos encontrarlo. Lutero enfatizó siempre que la revelación más importante que tenemos no fue otra sino la cruz de Cristo.

Como expliqué más arriba, la cristología de Lutero es fundamentalmente soteriológica. El énfasis en la salvación gratuita y solo por la fe —tan profética y necesaria frente al corrompido sistema religioso de fines de la Edad Media— escondía, sin embargo, el peligro de derivar en «Jesús y nada más». Al quitar de Cristo todo ropaje bíblico, teológico y doctrinal, al embanderarlo como un lema solitario y entender su mensaje casi únicamente como un medio para la salvación, la supuesta centralidad de Cristo se ha convertido para muchas iglesias en un camaleón que adopta cualquier forma, según la conveniencia del intérprete.

Como un pedazo de barro, esta vaga idea de un Jesús sin historia, sin rasgos definidos, que "no es religión, sino relación", cuya única doctrina es la experiencia de cada creyente, se presta para cualquier abuso. Ese Jesús es más gnóstico y docetista que cristiano; lamentablemente, es el Cristo que se predica en un número preocupante de iglesias.

En la catedral de Chartres, no muy lejos de París, hay un vitral fabuloso. Cristo está en el medio de la escena y a sus costados están los cuatro evangelistas subidos sobre los hombros de los cuatro profetas mayores. La imagen era una enseñanza que los feligreses de Chartres no olvidarían fácilmente: no se puede llegar hasta Jesús si no es sobre los hombros de la propia revelación de Dios en la historia.

Sin el testimonio del Antiguo Testamento como clave para entender el propósito y valor de su vida y obra, sin el testimonio del Nuevo Testamento sobre su misión y enseñanzas, ¿de qué Jesús estamos hablando?

La historia de Cristo nos habla de salvación, de eso no hay dudas, pero es una salvación que descubrimos en los términos de esa misma historia, no al margen de ella. Predicamos un Cristo muerto y resucitado para nuestra salvación, pero también riendo, llorando, comiendo y enseñando para nuestra salvación. Los dichos y obras, la muerte, resurrección y ascensión de Jesús no son un dato menor añadido a la experiencia de Jesús como salvador ni un ruido de fondo en mi propia vivencia de la espiritualidad. Es a la sombra de su caminar concreto, su legado específico y su ética que encontramos la salvación: «Los que dicen que viven en Dios deben vivir como Jesús vivió» (1 Jn. 2:6).

La cruz y la resurrección «pierden su sentido si no se relacionan con esta historia concreta del hombre Jesús»[193]. Esa es la plomada, el punto de referencia, la clave para entender al Dios que Jesucristo nos revela. ¿Es posible tener interés en Cristo y, al mismo tiempo, pasar por alto el proyecto de su vida: el Reino de Dios? «¿Podemos conocer el mensaje de Cristo al margen del canon bíblico completo? ¿Al margen del actuar de la Iglesia primitiva (es decir, al margen de la predicación del *kerigma* primitivo)?»[194]. ¿A qué Jesús estamos llamando si no estamos empapados de sus enseñanzas, su modo de actuar, su cosmovisión, sus prioridades?

Necesitamos una cristología que tienda puentes entre el Jesús histórico y el Cristo de la fe sin mutuas desconfianzas. Fundamentar nuestra salvación en el testimonio de Jesús que encontramos en los evangelios y convertir esa narrativa en una fe que fructifica en salvación y estilo de vida. Una cristología fundada en el testimonio concreto de las Escrituras hace mucho más difícil la manipulación de su nombre a nuestro antojo.

## TESIS 55

**EL PELIGRO DE TODA IDENTIDAD RELIGIOSA RESIDE EN SU TENDENCIA A PERCIBIR A "LOS OTROS" COMO EL ENEMIGO.**

## TESIS 56

**EL EJEMPLO DE JESÚS NOS CONDUCE A SERVIR AL PRÓJIMO, SIN DISTINCIÓN, AHÍ DONDE NECESITA.**

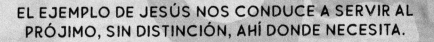

Bob Dylan tenía solo veintidós años cuando grabó "With God on Our Side". En ella repasaba el interminable derrotero de guerras en el que se forjó Estados Unidos: una nación confiada de sí misma porque, según había aprendido, «la tierra en la que vivo tiene a Dios de su lado». Desde las luchas entre colonos y pueblos originarios hasta la Guerra Fría, pasando por la Guerra hispano-estadounidense, la Guerra Civil y las dos Guerras Mundiales, Dylan repite una y otra vez la idea. Aunque los conflictos fueran desproporcionados, absurdos o directamente injustos, debían aceptarse y celebrarse con orgullo «porque no se cuentan los muertos cuando Dios está de tu lado». Ante cada nuevo enemigo, frente a la incógnita que representa su peligrosa existencia, no se deben jamás hacer preguntas, nunca hay que bajar la guardia: «Tendremos que combatirlos para odiarlos y temerles, para correr a escondernos y aceptar todo valientemente con Dios de nuestro lado».

El año en que fue excomulgado (1520) fue excepcionalmente fecundo para Lutero. Escribió tres de sus textos más importantes: *A la nobleza cristiana de la nación alemana* (publicado en agosto), *La cautividad babilónica de la Iglesia* (publicado en octubre) y *La libertad cristiana* (publicado en noviembre). Este último es uno de los documentos más hermosos de la primera generación de la Reforma: un canto a la libertad de los creyentes, conquistada por la gracia de Dios y enfocada en el servicio a los demás. «Por la fe sale el cristiano de sí mismo y va a Dios; de Dios desciende el cristiano al prójimo por el amor»[195].

La libertad cristiana es positiva y negativa a la vez. Es *libertad de* y también *libertad para*. Es una libertad de la muerte y el pecado y, al mismo tiempo, una libertad para el servicio a Dios y al prójimo. No es algo que se pueda poseer, no se agota en uno mismo, sino que fluye necesariamente hacia los demás: «El cristiano es libre, sí, pero debe hacerse con gusto siervo, a fin de ayudar a su prójimo, tratándolo y obrando con él como Dios ha hecho con el cristiano por medio de Jesucristo. Y el cristiano lo hará todo sin esperar recompensa, sino únicamente por agradar a Dios»[196].

Del modelo de Jesús —que se entregó por nosotros sabiendo que no estábamos en condiciones de retribuir el gesto—, Lutero extrae inmensas consecuencias para la vida en sociedad de los creyentes: «Seré con mi prójimo un cristiano a la manera que Cristo lo ha sido conmigo, no emprendiendo nada excepto aquello que yo vea que mi prójimo necesite o le sea provechoso y salvador»[197]. Toda la ética de Lutero se puede resumir en esa expresión: «El cristiano debe ser un Cristo para su prójimo»[198]. Podemos oír de fondo, como un eco ancestral, el lema paulino: «A pesar de que soy un hombre libre y sin amo, me he hecho esclavo de todos para llevar a muchos a Cristo» (1 Co. 9:19).

Lamentablemente, con el pasar de los años y las polémicas, Lutero se fue trasladando de una política del prójimo a una política de identidad religiosa.* La disputa por los sentidos y la legitimidad fue endureciendo su posición hacia otros grupos sociales y volviéndolo cada vez más hostil e intolerante.

Esto se ve con toda claridad en su actitud hacia los anabautistas, los judíos y los campesinos. En lugar de promover la protección de esos grupos vulnerables, «bajo las leyes de la sociedad según las "políticas del prójimo", Lutero recurrió a la retórica religiosa e hizo un llamado a la violencia que repercute hasta el día de hoy»[199].

---

* Recupero aquí la terminología de Craig Nessan.

Contra cada uno de esos grupos tenía buenos motivos —según su perspectiva— para inflamarse de ira santa por considerarlos un peligro y una afrenta a la fe verdadera. Lejos de su cántico a la libertad cristiana que cuida al otro sin importar quién es y emprende solamente «aquello que yo vea que mi prójimo necesite o le sea provechoso y salvador», Lutero arengó la segregación y la humillación de sus adversarios.

Para aquellos que nos identificamos con el Dios conocido en la revelación de Jesucristo, la tentación de apelar a una retórica religiosa para construir una identidad grupal es siempre seductora. Ellos y nosotros. El discurso puede vestirse de mucha piedad, de una preocupación por la santidad que nos impulsa a cerrar filas y separar las aguas para evitar que la cosa desborde. La pared se va endureciendo a fin de proteger nuestra respetabilidad.

De pronto, son ellos contra nosotros. Cuando el grupo contrario —y dejo abierta la puerta para que le pongas cara a esta metáfora— es real o simbólicamente derrotado, su humillación se vuelve motivo de festejo. Más aún: es una prueba de la intervención divina. Por el contrario, cuando sus ideas se imponen o sus planes prosperan, creemos que de seguro la intervención es demoníaca. En palabras de Dylan: «Tendremos que combatirlos para odiarlos y temerles, para correr a escondernos y aceptar todo valientemente, con Dios de nuestro lado».

Este tipo de situaciones se ve a diario en los debates éticos y posicionamientos políticos. La identidad de las iglesias cristianas en la arena pública está cada vez más definida por enemistades con ciertos grupos, esos que se comportan de una manera que nos incomoda o incluso nos ofende. Tarde o temprano, la grieta es inevitable: son ellos o nosotros.

> Cuando se defiende a Dios, todos los medios son legítimos; y cuando, para un hombre, todos los medios son legítimos, ese hombre no está ya defendiendo nada santo, sino a sí mismo y a su propia voluntad. [...] Tras haber percibido tan estupendamente la paja de la idolatría en el ojo ajeno, estos hombres son incapaces de ver la viga de la egolatría en sí mismos. Ellos son los que siempre tienen razón, los que se quedan solos contra todos, los que acaban valiendo más que todos y siendo más santos que todos, los que están justificados para condenar a todos los demás.

A la larga, estos buenos hombres se vuelven insoportables y acaban haciendo aborrecible ese nombre del Dios al que creían defender.[200]

En una ocasión, un experto en la ley religiosa se acercó a Jesús y le preguntó qué debía hacer para heredar la vida eterna. El Señor lo llevó a reconocer dos mandamientos cardinales de la ley de Moisés: «Amar completamente a Dios» —como dice Deuteronomio 6:5— y amar al prójimo como a uno mismo —según la enseñanza de Levítico 19:18—. El hombre «quería justificar sus acciones», así que lanzó la gran pregunta: «¿Quién es mi prójimo?» (Lc. 10:29). La respuesta de Jesús, encarnada en la historia del buen samaritano, cambió el énfasis del acertijo: no importa tanto quiénes son mis prójimos, sino para quién puedo ser prójimo yo.

Porque el prójimo es, en pocas palabras, el que está próximo. Nos comportamos como prójimos cuando, a diferencia del levita y el sacerdote, la cercanía de los demás nos afecta, nos involucra, nos vuelve partícipes de sus circunstancias. El hecho de que Jesús haya elegido como héroe de su historia a un samaritano fue la frutilla del postre: estaba tirando por tierra cualquier política de identidad religiosa del maestro de la ley.

La sorprendente instrucción de Jesús sobre el amor a los enemigos —tan insólita hoy como hace dos mil años— revirtió la enseñanza habitual de su tiempo. Los rabinos afirmaban la importancia de amar a los gentiles, pero con un amor condicional, motivado por el deseo de que eventualmente abrazaran la fe de Israel. Jesús fue un paso más allá: el desafío es amar al que percibo como mi enemigo precisamente por lo que es, mientras sigue siendo justamente mi enemigo. Amarlo, aunque nunca cambie el rumbo de su vida o siga haciendo las cosas que me ofenden. «El secreto del amor al prójimo o al enemigo, en el sentido que Jesús da a estas palabras, es verle, por así decirlo, con los ojos de Dios»[201].

Vivir en países secularizados, poscristianos, hostiles hacia muchos aspectos del Evangelio es un desafío para la fe, pero es también una invitación a ejercitar la gracia. En la entrega a los demás —motivada por su sufrimiento y su falta, por sus necesidades y su lugar en el mundo, más allá de sus actitudes presentes o futuras—, el creyente imita al Padre celestial que hace salir el sol sobre buenos y malos.

La opción de atacar a grupos que percibimos como enemigos de la verdad, el cristianismo o la Iglesia nos mete en un sendero peligroso. Quizás, parafraseando a Unamuno, nuestras actitudes bélicas logren vencer algunas batallas con un poco de fuerza bruta, pero vencer no es lo mismo que convencer. Si para defender la fe cristiana tengo que pisotear a mi prójimo, he perdido el corazón del Evangelio.

Jesús, el rey del Reino de Dios, decidió confundirse con el prójimo necesitado: el que tiene hambre, el que tiene sed, el extranjero, el desnudo, el enfermo, el prisionero. Cuando abrazamos la necesidad de esos próximos, estamos abrazando al Maestro.

¿Quién es mi anabautista, mi campesino, mi judío, mi prójimo herido y medio muerto al costado del camino? ¿Qué persona o grupo se ha convertido para mí en una difusa colección de rechazos, miedos, enojo y condena, hasta el punto de volverme ciego a mis propios discursos de odio? Es ahí justamente, en el lugar que más cuesta, donde reside el escenario preferido de la misericordia de Dios.

## UNA EXPERIENCIA MÍSTICA REAL NO LE DA LA ESPALDA A LA REALIDAD.

La Reforma surgió en una época de profunda frustración espiritual. La corrupción de la Iglesia, las interminables mediaciones sacramentales, la aparente imposibilidad de una reforma y la crisis profunda de finales de la Edad Media hicieron que la gente se volcara al misticismo. El siglo XVI era un momento demasiado complejo e indescifrable. Los monjes preferían enclaustrarse para vivir una verdadera espiritualidad, lejos del caos de un mundo en el que no podían encontrar a Dios.

Fue una época de auge para la mística. La *imitación de Cristo* de Tomás de Kempis, uno de los grandes libros de la espiritualidad cristiana de todos los tiempos, nació en ese contexto. El libro de Kempis era también conocido con un nombre bastante sugerente: *Desprecio del mundo*. El encierro en la intimidad del alma representaba una manera de lidiar con una realidad enmarañada y abrumadora.

Los años de Lutero en el monasterio estuvieron marcados por la mística. Aunque ya había recibido la influencia de la *Devotio Moderna* al pasar por la Universidad de Erfurt, fue su guía espiritual —Johann von Staupitz— quien lo guio a profundizar ese camino. A través de Staupitz descubrió a los Hermanos de la Vida Común, las obras del maestro Eckhart y las de Juan Taulero. De este último diría: «Jamás he visto, ya sea en latín, ya sea en nuestra lengua, una teología más sana ni más conforme al Evangelio»[202]. El pensamiento del Pseudo Dionisio Areopagita y de Bernardo de Claraval influirían diversos aspectos de su propia teología. Una obra escrita en alemán en el siglo XIV, la *Theologia Germanica*, fue la que lo impactó con más fuerza. De ese libro, diría: «Aparte de la Biblia y de San Agustín, no hay otro libro del que yo haya aprendido más acerca de Dios, de Cristo, del hombre y de todas las cosas»[203].

El impacto de la vía mística en Lutero y la Reforma es innegable; muchas de las afirmaciones típicamente protestantes fueron influenciadas por esta escuela: «La fe como *fiducia* o confianza, el acceso directo a Dios, sin mediación humana, el rechazo de las obras externas, por la vivencia interna de Dios, el "Cristo para mí", el acento puesto en lo individual, la sospecha ceremonial»[204], etc.

Aunque su teología hereda varios elementos de esa tradición, Lutero dedicó muchas energías a combatir la mística dualista y espiritualizante que estaba de moda en su época. Un caso donde esto se ve con toda claridad es en sus consejos a los nobles alemanes al respecto de las órdenes mendicantes. Para expresar su desprecio del mundo, algunos monjes paseaban mendigando de ciudad en ciudad; era una forma de piedad muy conocida y respetada. Ante ese problema, Lutero prefirió cortar por lo sano:

> Una de las grandes necesidades es la de abolir toda mendicidad en la cristiandad entera. Entre los cristianos nadie debe mendigar jamás. [...] Debe haber un administrador o tutor que conozca a todos los pobres e indique al concejo o al párroco lo que les hace falta o cómo esto podría organizarse de la mejor manera.[205]

Su respuesta decía mucho. Cambiaba el eje teológico para entender la cuestión de la pobreza. «La mendicidad había dejado de ser un símbolo de la virtud monástica para convertirse en un tema de justicia social»[206].

Lejos de un abordaje espiritualizado, Lutero apuesta a soluciones concretas: se concentra en lo inmediato, lo tangible, lo que hace una diferencia real en la vida de personas reales. «Dios no hará milagro alguno, mientras el asunto se pueda resolver mediante otros bienes otorgados por él»[207], decía en otro tratado. El pensamiento del reformador tiene la extraña habilidad de reconciliar una elevada devoción y un pragmatismo realista. No espiritualiza el dilema de la pobreza, evita enroscarse en especulaciones sobre la piedad monástica y presenta una solución concreta para abordar un problema estructural de su ciudad.

Al igual que hace quinientos años, hoy también existe el riesgo de despreciar el mundo cuando sentimos que su denso entramado de problemas nos abruma. La espiritualización es un mecanismo de defensa, una forma de hacer frente a un mundo inconmensurable. Pero la fe cristiana debe guiarnos de vuelta a la realidad. Todo escapismo que se disfrace de piedad nos aleja del mundo amado por el *Logos*.

Una experiencia mística real no le da la espalda a la realidad; todo lo contrario: se convierte en combustible de una nueva realidad. Necesitamos, como dijo Johan Baptist Metz, una mística de ojos abiertos: una espiritualidad que también sea ética, un cristianismo que aprenda a imitar a Cristo en el servicio a un mundo en llamas.

*Dedicado a Anabella Fantilli*

## TESIS 58

**LOS DESIERTOS ESPIRITUALES Y LAS CRISIS DE FE SON PROCESOS NATURALES Y NECESARIOS DE LA VIDA CRISTIANA.**

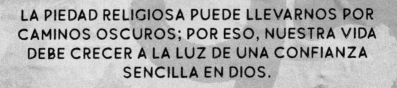

## TESIS 59

**LA PIEDAD RELIGIOSA PUEDE LLEVARNOS POR CAMINOS OSCUROS; POR ESO, NUESTRA VIDA DEBE CRECER A LA LUZ DE UNA CONFIANZA SENCILLA EN DIOS.**

Martín Lutero entró al monasterio de la orden de los agustinos en la ciudad de Erfurt un 17 de julio de 1505. Semejante decisión significaba una desobediencia directa a la voluntad de su padre, Hans Luder, un empresario minero que llegó a tener unos doscientos trabajadores a su cargo. Hans necesitaba un abogado en la familia que le ayudara a lidiar con los contratos y las leyes. Si Lutero estuvo dispuesto a desobedecer a su padre para seguir el camino monástico fue porque algo más grande que él mismo lo consumía por dentro: una incontenible y devastadora piedad religiosa.

Pero el monasterio, más que calmar su ansiedad espiritual, la exacerbó hasta el punto de la perturbación.

> No amaba, sino más bien odiaba a ese Dios justo que castiga a los pecadores. Aunque sin blasfemia tácita, pero con fuerte murmuración me indignaba sobre Dios diciendo: "¿No basta acaso con que los míseros pecadores, eternamente perdidos por el pecado original, se vean oprimidos por toda clase de calamidades por parte de la ley del Decálogo? ¿Puede Dios agregar dolor al dolor con el Evangelio y amenazarnos también por él mediante su justicia y su ira?". Así andaba transportado de furor con la conciencia impetuosa y perturbada.[208]

Lutero vivió los quince años de su vida monástica en estricta observancia religiosa. Su desesperado ascetismo lo llevó a experimentar privaciones de todo tipo: trabajo incansable durante todo el día, interrupciones del sueño a mitad de la noche, castigos físicos, un sistema extremo de ayunos, el uso de ropa áspera que irritaba su piel, exposición al frío. «En verdad he sido un monje piadoso», confesó una vez el reformador, «y tan estrictamente fiel a la regla, que puedo decirlo: si monje alguno llegó al cielo por monacato, yo también habría llegado. Sólo que, si el juego hubiera durado un poco más, habría muerto de vigilias, rezos, lecturas y otros trabajos»[209].

Las mortificaciones de esos años dejaron un daño irreparable en su salud por el resto de su vida. En un sermón de 1531, Lutero recordaba a «aquellos hombres que escribieron ese sinnúmero de libros acerca de la vida contemplativa, libros en cuyo estudio me enfrasqué casi hasta el agotamiento total»[210]. De alguna manera, esperaba que esa devoción extrema lo llevara eventualmente a tener una experiencia cercana con el Dios al que temía y deseaba, odiaba y amaba.

*Anfechtungen* es la palabra alemana que usaba Lutero para describir su angustia espiritual. Las *Anfechtungen* eran el punto más alto de su crisis religiosa: una instancia de terror existencial, tentación extrema y ataques diabólicos que lo dejaban de cama. La conciencia abrumadora de la justicia divina, su propia miseria y la sensación de haber sido abandonado por Dios volvieron a Lutero un monje taciturno y demacrado. Su cuerpo somatizaba la ansiedad mística en un sudor que lo cubría por completo; era como un bautismo de transpiración, según sus palabras. Juan de la Cruz describió ese momento de desolación mística como una noche oscura del alma. Y la noche de Lutero era realmente oscura.

Puedo identificarme con el pobre hermano Martín porque mis propias *Anfechtungen* también me llevaron en más de una ocasión al borde del colapso espiritual, emocional y nervioso. Yo también me pasé varios años de mi vida cristiana enroscado en *el oscuro pedernal de las ideas* que forjaban mi angustia religiosa.

Mis oraciones, devociones y ayunos se realizaban bajo la opresiva conciencia de que, por algún motivo ajeno a mi comprensión, el Dios al que anhelaba desesperadamente esquivaba mi búsqueda.

Estaba seguro de que necesitaba pasar más horas en oración, leer la Biblia con más dedicación, vivir una vida más ascética, encontrar las personas y lugares más llenos de su presencia si es que quería descubrir su voluntad.

Mi inmensa desesperación religiosa me condujo directamente a la ansiedad, la frustración y, eventualmente, a dudar del amor y la existencia del Dios al que perseguía con impotencia. El resultado de esa piedad urgente no fue la vida plena que prometió Jesús ni el fruto que hace crecer su Espíritu, sino confusión, narcisismo espiritual y apatía.

Creo que, tarde o temprano, todos los creyentes atravesamos una (o muchas) crisis de fe. Los desiertos espirituales parecen ser una experiencia compartida entre aquellos que han pasado el tiempo suficiente intentando seguir las pisadas de Jesús. En la noche oscura del alma, la presencia de Dios se vuelve una incógnita; la asfixiante sensación de absurdo existencial llena cada hora.

«Supongo que los verdaderos ateos no se sienten desilusionados con Dios», dice Philip Yancey: «Nada esperan, y nada reciben. En cambio, los que consagran su vida a Dios, cualquiera que sea el caso, esperan por instinto que Él les devuelva algo. ¿Estará equivocada esta expectación?»[211]. La fe que en un momento brotaba espontáneamente de la vida cristiana, se encuentra de pronto acorralada por el silencio y la duda.

Como Jacob, sentimos que el peso de la noche nos derrota mientras luchamos ciegamente contra Dios. Como el salmista desesperado, como Cristo en la prueba suprema, nuestra alma se suma también al lamento: «Dios mío, Dios mío, ¿por qué me has abandonado? ¿Por qué estás tan lejos cuando gimo por ayuda? Cada día clamo a ti, mi Dios, pero no respondes; cada noche levanto mi voz, pero no encuentro alivio» (Sal. 22:1, 2).

Las comunidades cristianas generalmente evitan hablar de las crisis de fe, la desilusión con Dios y la noche oscura del alma. Si lo hacen, usualmente encallan en un optimismo que resulta agobiante e incómodo, en respuestas de manual que no consuelan a nadie. Pero mal que le pese a nuestro deseo de evitar el dolor y la angustia, los desiertos son un elemento natural en una vida cristiana saludable.

No son algo de lo que avergonzarse ni un síntoma de inmadurez espiritual. No se puede hacer un método científico del discipulado. La fe no deja nunca de ser justamente eso: un salto de confianza hacia lo desconocido, un arrojo en los brazos de Dios a través de la confusión y la duda.

Y hay que decir algo más: la crisis de fe no solo es un elemento natural de la vida cristiana. No es algo que debamos esperar como una especie de sequía que simplemente se tolera hasta que pasa. Más bien, la noche oscura del alma es el lugar donde se forja el carácter cristiano de manera indeleble. El dolor no es en sí mismo un gran maestro; nadie sale por ósmosis más sabio de una crisis existencial. Sin embargo, fue en el desierto de las tentaciones y el hambre donde Jesús fue «lleno del poder del Espíritu Santo» para comenzar su ministerio (Lc. 4:14). Los que atraviesan el insoportable calor como viendo al Invisible, salen de la prueba marcados de por vida por el Espíritu.

Fue también en el desierto donde Dios se reveló a Israel con una claridad que los acompañaría el resto de su peregrinaje. Tenían que vivir en carne propia el naufragio de todas las certezas aprendidas en Egipto para poder descubrir cómo era el Señor realmente. La desilusión de Dios es, en buena medida, la dolorosa forma mediante la que el Espíritu saca a la superficie todas las falsas ilusiones e ídolos que nos hemos hecho acerca de quién y cómo es Dios. Solo así podremos reemplazarlas con un conocimiento mejor y más duradero.

En el pozo más hondo de mis *Anfechtungen* abrigué la esperanza de que podría conmover a Dios con mi ascetismo furioso y mis oraciones interminables. Yo no lo sabía aún, pero ese Dios de mi desesperación religiosa no era el que Jesús vino a revelarnos. El *Abba* de Jesús es una fuente de paz y seguridad sin ansiedades ni culpa, como la confianza de los pajaritos y los lirios del campo.

El Señor conoce los lugares oscuros a los que el sendero de la piedad religiosa suele conducir. Por eso, el Sermón del monte nos revela a un Dios al que conviene acercarse con humildad y sencillez: «Que no sepa tu mano izquierda lo que hace tu derecha», «no hagas como los hipócritas», «no parlotees de manera interminable», «danos hoy el alimento que necesitamos», «tu Padre sabe exactamente lo que necesitas, incluso antes de que se lo pidas».

Puedo empatizar con Lutero en algo más. Al igual que él, yo también encontré en la belleza y la claridad de las Escrituras el ancla que mi especulación piadosa no logró encontrar. La confusión de mi mente sedienta encontró reposo en la Palabra. Como Lutero al descubrir Romanos 1:17, yo también «me sentí totalmente renacido. Las puertas se habían abierto y yo había entrado en el paraíso»[212].

Desde entonces, cuando el universo se me vuelve algo imponderable y terrible, miro al Jesús que revela la Escritura y respiro. Mi Padre sabe exactamente lo que necesito.

## TESIS 60

# ESPIRITUALIZAR LAS RESPUESTAS NO ES LO MISMO QUE RESPONDER LAS PREGUNTAS; NECESITAMOS ABORDAR EL DILEMA HUMANO DE MANERA INTEGRAL.

Lutero veía al diablo por todos lados. Esa perspectiva era típica en la psicología de finales del Medioevo y le permitía explicar los sucesos más dispares que sucedían a su alrededor: «Satanás está embravecido contra mí», «Mis enemigos están engañados por el demonio», «Esta situación no es más que una artimaña del maligno». En una obra de 1521 escribió: «A menudo me pregunto, lleno de asombro, si no soy el único de entre los mortales contra quien se dirigen sus feroces ataques»[213].

El reformador veía la silueta del diablo como una amenaza constante, sobre todo en los momentos cruciales de su vida. Su entrada al monasterio estuvo motivada por el terror que experimentó al atravesar una tormenta. En la época se creía que el responsable de las tormentas era el demonio; para espantarlo, las campanas de las iglesias repiqueteaban hasta que la lluvia paraba.

Una de sus anécdotas más famosas es, en realidad, una leyenda. La historia cuenta que Lutero le tiró un tintero a un demonio que lo molestaba mientras traducía el Nuevo Testamento al alemán. Lo que dijo el reformador, que se interpretó demasiado literalmente, fue que estaba combatiendo al diablo "con tinta", o sea, con la Biblia que poco después entregaría a la imprenta.

En el momento más crucial de la Guerra de los campesinos —a la que entendía como un gran complot satánico—, Lutero decidió casarse. La justificación que ofreció para semejante decisión debe ser una de las más extrañas en la historia de los cortejos: «Me he casado, y con una monja. Hubiera podido abstenerme y no tenía razones especiales para decidirme. Pero lo he hecho para burlarme del diablo y de sus escamas»[214].

La mente del reformador era un laberinto tortuoso que le permitía resistir los duros embates de la institución religiosa y política de su tiempo, pero también lo volvía ciego a las sutilezas y complejidades de la vida. Los contemporáneos de Lutero, simpatizantes y detractores por igual, se encontraban a menudo desconcertados por sus motivaciones. En sus cartas hablaba frecuentemente de la ira, el odio, el miedo, las obsesiones, la envidia y los "pensamientos blasfemos" que lo atormentaban.

Varios analistas y psiquiatras han intentado penetrar en la psicología de Lutero a partir de sus escritos y de los testimonios de quienes lo conocieron. Las investigaciones señalan que aquello que el reformador denominaba *Anfechtungen* es consistente con el diagnóstico de depresión y ansiedad. Probablemente sufría también de un trastorno obsesivo-compulsivo y quizás de hipocondría.

El dilema de la salud mental de Lutero ilumina dos convicciones necesarias para poder encarar la espiritualidad cristiana con dignidad y misericordia. La primera tiene que ver con la cotidianidad de los problemas que afectan la salud mental. Nadie está exento de atravesar terribles trastornos psicológicos. Si vamos a extraer todas las implicaciones de la cosmovisión bíblica, necesitamos reconocer que las consecuencias de la Caída no solo afectan la dimensión ética o los pecados explícitos, sino también las enfermedades del cuerpo, la mente y las emociones.

La vida de Lutero, siempre tironeada entre la depresión y la ira, es un testimonio que anima a todos aquellos que padecen en su propia carne los efectos de algún trastorno emocional y psíquico. Los desórdenes de la mente no son un impedimento para la gracia ni una carta de exclusión para el servicio a los demás. Que alguien tan roto como Lutero haya sido abrazado y usado por Dios de una forma tan increíble es la prueba de que nadie está tan malherido que no pueda ser restaurado por la gracia.

Mi segunda meditación es un poco anacrónica, pero no dejo de preguntarme cuántos conflictos y dolores se habrían evitado si Lutero hubiera recibido la asistencia de un profesional que lo ayudara a lidiar con los ataques de ira, la demonización de todo el que no pensara como él, la depresión y la ansiedad. Sus despiadadas agresiones contra los anabautistas, su patético rol en la Guerra de los campesinos, sus desagradables folletos contra los judíos y su maltrato hacia sus compañeros de Reforma, ¿podrían haberse tratado en tiempo y forma con el acompañamiento de un especialista?

Ver al diablo en todos lados o explicar todo lo que pasa como un problema "espiritual" nos evita el lento proceso de evaluar la enmarañada configuración de la realidad en la que vivimos. Una pastoral que no aborda el dilema humano de manera integral, interdisciplinaria y compasiva terminará por ocultar la realidad emocional y mental del pecado.

La palabra que nuestras Biblias traducen generalmente como "salvación", tiene en su misma raíz etimológica también la idea de "salud". * El Evangelio que nos salva es también el que trabaja por la salud y la dignidad de las personas en sus múltiples dimensiones. Un día todas las cosas serán hechas nuevas; mientras tanto, el desafío es seguir ganándole terreno a la Caída con paciencia, dedicación y misericordia.

---

* En griego: *sôtèria*.

## EL SACERDOCIO DE TODOS LOS CREYENTES NO ES UNA EXCUSA PARA EL INDIVIDUALISMO RELIGIOSO: ES UNA INVITACIÓN A LA SOLIDARIDAD CRISTIANA.

A los ojos de muchos creyentes de nuestro siglo XXI, el meollo de la espiritualidad cristiana pasa por *mi* relación con Dios y lo que Dios me dice a *mí*. La piedad, la salvación y la revelación se han vuelto propiedad privada de cada creyente. Semejante hazaña es otro de los frutos del consumismo que ha definido las últimas décadas de la sociedad occidental.

Con el fin de la Segunda Guerra Mundial, la caída de los grandes relatos y la crisis de las religiones históricas, la fe posmoderna se ha sumado de lleno al mercado de bienes intangibles. Se dejó de pedir el menú cristiano tradicional y comenzó a multiplicarse una religión *à la carte*. Las creencias específicamente cristianas han sido remplazadas por nociones más generales y vagas, lo que habilita un espacio enorme para las variaciones individuales y las apropiaciones subjetivas. Ese es el caldo de cultivo del actual bricolaje de doctrinas y prácticas que encontramos por doquier. Las iglesias se han vuelto shoppings de una espiritualidad privada e íntima, a la medida del consumidor.

No es raro entonces, bajo todas estas influencias, que el sacerdocio de todos los creyentes —una doctrina central para la teología protestante— sea entendida en nuestros días como una afirmación del individualismo. En otras palabras: yo soy sacerdote de mi propia vida delante de Dios. Como tengo una comunión directa con el cielo, no necesito de nadie más. Podemos compartir nuestra vida con una comunidad y nutrirnos de la fe de los demás, pero, en el fondo, cada uno hace lo que le parece «correcto según su propio criterio» (Jue. 21:25).

A Lutero lo han descrito «frecuentemente como un profeta del individualismo»[215]. Cuando se encontró con Juan Eck en Leipzig, dos años antes de ser excomulgado, dijo sin pelos en la lengua: «Quiero creer libremente y no ser esclavo de la autoridad de nadie, ya sea un concilio, una universidad o el papa. Confesaré confiadamente lo que me parezca verdadero, haya sido afirmado por un católico o un hereje, haya sido aprobado o reprobado por un concilio»[216].

Buena parte de la filosofía alemana —Kant, Fichte, Hegel o Heine, por citar solo algunos— reconoce que esa actitud tan *punk* de Lutero fue la base de la libertad de pensamiento y de cátedra, dos piedras fundacionales de la racionalidad moderna. Si a esto le sumamos su rebeldía contra la institución religiosa, su énfasis en el estudio personal de las Escrituras y en la experiencia de fe salvadora como algo individual, no debería sorprendernos que el individualismo haya empañado muchas veces la herencia de la Reforma.

Pero lejos estaba Lutero de ser un cuentapropista de la espiritualidad. El sacerdocio de todos los creyentes fue la clave fundamental de toda su eclesiología; más que una declaración de autonomía —creer que yo soy mi propio sacerdote—, era una afirmación de solidaridad: «El sacerdocio nos capacita para poder presentarnos delante de Dios rogando por los demás hombres»[217].

Ese era el sentido que Lutero daba al bautismo de los infantes. A diferencia de los anabautistas, que insistían en que el bautismo era una declaración personal de fe, Lutero veía allí una imagen del misterio de la Iglesia. Inspirado por la historia del paralítico que fue sanado gracias a la fe de sus amigos (Mc. 2:1-12), Lutero creía que en el bautismo de los niños se revela de manera explícita la solidaridad cristiana. Un bebé no puede tener fe, pero se apoya en la fe de los demás.

Aunque una gran parte de las iglesias protestantes no mantienen hoy las ideas de Lutero sobre el bautismo de los infantes, creo que el principio teológico debe sostenerse. Cuando el peso del pecado y la vida nos apabulla, la Iglesia debe ser el lugar en el que podemos apoyarnos en la fe de los demás. La vida cristiana no se agota en mi individualidad. El sacerdocio de todos los creyentes no tira por tierra la comunión de los santos; más bien, la fortalece. Todos somos responsables: yo necesito de los demás y los demás me necesitan.

«Estas gentes son de una actividad y una entrega inconcebibles en los casos que afectan a su comunidad; no reparan en molestias ni en esfuerzos»[218]. Así hablaba Luciano de Samósata, uno de los primeros detractores del cristianismo, del magnético poder que detectaba en la comunión de los creyentes. De manera similar, en una época egoísta como la nuestra, quizás pocas formas resultarán para nuestros contemporáneos más estremecedoramente espirituales que la solidaridad de los santos.

## EL CRISTIANISMO DEL SIGLO XXI DEBE COLABORAR EN LA TAREA DE SANAR Y PROTEGER LA NATURALEZA DE LOS ABUSOS, LA CONTAMINACIÓN Y LA AVARICIA.

Cuando uno escucha sermones en muchas iglesias evangélicas, se cruza más de una vez con declaraciones bastante llamativas: que el fin está a la vuelta de la esquina, que todo será consumido por el fuego, que los santos se irán volando a la Nueva Jerusalén y que, a fin de cuentas, una catástrofe de proporciones bíblicas tampoco sería una noticia tan mala porque significaría que finalmente podríamos estar en plenitud con Cristo.

Los poco alentadores reportes sobre el cambio climático y los avisos cada vez más alarmantes al respecto de la extinción de especies naturales parecen no preocupar a muchos creyentes. En cada una de esas noticias, ven únicamente la confirmación de dos certezas. Primero, que esta tierra está por caducar. Y segundo, que nosotros no tenemos que preocuparnos porque, de cualquier manera, nos vamos al cielo. Incluso en un escenario casi apocalíptico como el de la pandemia global por la COVID-19, sigue brillando por su ausencia la reflexión sobre las consecuencias que arrastra la acción depredadora de la humanidad sobre el medio ambiente y la responsabilidad que le toca a la comunidad cristiana ante ese dilema.

Para entender este extraño panorama, necesitamos indagar una vez más en sus raíces teológicas. Ya dijimos más arriba que las misiones estadounidenses que regaron América Latina con el Evangelio durante buena parte del siglo XX intentaban distanciarse de los excesos de la teología liberal; la acusaban de estar demasiado enfocada en "las cosas de este mundo". Si a esto sumamos el hecho de que los misioneros no eran ciudadanos de nuestros países —y, por ende, no tenían un gran interés en los asuntos "temporales"—, podemos hacernos una idea del tono de las enseñanzas.

La fe que aprendieron las iglesias evangélicas latinoamericanas rompía de lleno con la historia y los problemas colectivos, denunciaba como anticristiano a cualquier involucramiento social o político y exaltaba la salvación del alma como el núcleo fundamental (casi único) del Evangelio.

No es una sorpresa descubrir que, para esta tradición cristiana, la Creación es un dato menor; lo realmente importante es la Caída, la irrupción del pecado, porque esa es la cuestión que pone en movimiento el plan de redención. Una vez que el perdón de Dios llega a las personas, la existencia en esta tierra pierde toda relevancia: lo único que nos queda es arrepentirnos y esperar el fin. En consecuencia, no deberíamos dedicar tiempo a las preocupaciones del presente —que incluyen todo lo creado, desde la naturaleza hasta la sociedad—, sino tan solo a "los asuntos espirituales" y la eternidad.

Sería anacrónico decir que Lutero fue un ambientalista. De hecho, no encontramos en él la claridad ecológica de alguien como Francisco de Asís, que podía hablar de la naturaleza con una inmensa sensibilidad: «Hermano sol», «hermana luna», «hermana agua», «hermano fuego», «hermana tierra»[219]. La reflexión sobre la naturaleza es tangencial en Lutero y generalmente está inmersa en una preocupación por el carácter de Dios y la forma en la que la humanidad puede salvarse. Uno de los mejores ejemplos de esto es el sermón *La promesa de Dios para la creación que gime*, que afirma: «La creación, entiéndelo bien, tiene que hacerte sentir que los servicios que te presta, no te los presta de buena gana. Y lo has merecido ampliamente, como advertencia de que debes arrepentirte y llevar una vida mejor»[220].

No obstante, su posición se vuelve interesante cuando la comparamos con las otras dos grandes fuerzas de transformación cultural de su tiempo: el humanismo de Pico della Mirandola o Erasmo de Róterdam, y el Renacimiento de Botticelli o Miguel Ángel. Los puntos en común entre Reforma, humanismo y Renacimiento son numerosos: rechazo de la hegemonía escolástica, deseo de volver a las fuentes, crítica a la jerarquía, desacralización de la religiosidad tardomedieval, por nombrar solo algunos. Sin embargo, en un aspecto Lutero se distinguió irreversiblemente de sus contemporáneos.

Erasmo y Miguel Ángel vociferaban con entusiasmo las posibilidades de la libertad. Confiaban de forma casi ilimitada en la capacidad humana para alcanzar el progreso a fuerza de voluntad y defendían el dominio absoluto de la humanidad sobre la naturaleza. Esas intuiciones pusieron las bases del paradigma moderno, que brota incipiente ya en el siglo XV pero que alcanzó su esplendor en la Ilustración. La confianza en la razón y el instinto prometeico del humanismo y el Renacimiento motivó el dominio moderno sobre la naturaleza con el fin de lograr el mayor rendimiento posible. No debían existir límites frente al deseo de conocerlo y poseerlo todo. La Creación se convirtió en un bien de consumo, cuya única función era pavimentar la utopía del progreso.

La profunda frustración espiritual de Lutero le quitó todo optimismo sobre la libertad y la habilidad de superarnos o hacer el bien. Sus patéticos lamentos sobre la condición humana dejan poco espacio para la arrogancia o para utópicas gestas de conquista. Ante el Dios que se revela a nosotros, lo único que nos queda es la humildad, el respeto, la gratitud.

Y si, como sugiere Romanos 1, la naturaleza es «el manuscrito universal y público de Dios»[221], entonces nuestra actitud ante semejante teofanía no puede ser otra que la mayordomía prudente. No la indiferencia piadosa, no el extractivismo salvaje, no la escatología escapista, sino el servicio a Dios —que lo hizo todo bueno— y al prójimo —que está, desde ya, sufriendo las consecuencias de nuestra arrogancia planetaria—.

La Creación gime de angustia, como si tuviera dolores de parto, esperando «el día en que será liberada de la muerte y la descomposición, y se unirá a la gloria de los hijos de Dios» (Ro. 8:21). Ojalá esos quejidos, que en este punto de la historia se han vuelto casi ensordecedores, logren conmover las conciencias de algunos santos distraídos antes de que sea demasiado tarde.

**TESIS 63**

**EL COROLARIO NATURAL DE LA GRACIA ES UNA VIDA DE GRATITUD A DIOS QUE SE DERRAMA EN SERVICIO AL PRÓJIMO, SIN IMPORTAR SU CONDICIÓN.**

**TESIS 64**

**UN ESTILO DE VIDA SENCILLO Y GENEROSO ES UNA FORMA MUY POTENTE DE HABLARLE A UNA CULTURA CONSUMISTA, INDIVIDUALISTA E IDÓLATRA DEL DINERO.**

El primer día de octubre de 1970, Janis Joplin entró al estudio de grabación para tararear una melodía que había imaginado algunas semanas antes. Desde niña, había asistido a la Primera Iglesia Cristiana de Port Arthur, en pleno cinturón bíblico norteamericano. Aunque ya hacía mucho tiempo que se había alejado de esa fe de sus padres, su voz áspera resonó como una irónica plegaria: «Oh, Señor, ¿por qué no me compras un Mercedes Benz? Todos mis amigos conducen Porsche; seguro que debo arrepentirme de algo. Trabajé duro toda mi vida, sin ayuda de mis amigos. Entonces, Señor, ¿por qué no me compras un Mercedes Benz?». Y poco después remataba: «Cuento contigo, Señor, por favor no me decepciones. Demuestra que me amas y cómprame lo que necesito». No sabía entonces la Dama blanca del Blues que esa sería su última grabación. Tres días después, con 27 años, moriría de una sobredosis.

La oración de Janis Joplin transmite con sarcasmo su crítica a un estilo de vida de consumo y acumulación. El vaporoso Dios de su canción funciona como una especie de Papá Noel de la vida adulta, que muestra su amor mediante bendiciones materiales a quienes se arrepienten y trabajan mucho. Las décadas que han pasado desde entonces no han hecho más que profundizar la actualidad de ese mensaje; nos hemos convertido en masivas sociedades de consumo. El precio a pagar para poder entrar en esa utopía incluye endeudamiento, ansiedad, horas de trabajo extendidas, envidia, insatisfacción, crisis ambiental y desigualdades sociales.

El siglo de Lutero tenía otros problemas. El protocapitalismo europeo y pequeñoburgués de esos años estaba muy lejos de los dilemas éticos que acarrea un estilo de vida postindustrial y globalizado. Aun así, nuestro tiempo y el suyo comparten el mismo dilema: la acumulación y el énfasis en las posesiones.

La Iglesia contra la que se alzaron los reformadores era una institución rodeada de lujo; las interminables contribuciones de los fieles pagaban el oro, la plata y el mármol de los templos. Mucho antes de que Lutero apareciera en escena, ya habían surgido figuras que advertían que la ostentación no reflejaba la sencillez del Evangelio. El más conocido de todos fue Francisco de Asís, pero también engrosan ese grupo otros creyentes piadosos como el francés Pedro Valdo —contemporáneo de Francisco y precursor de los valdenses— y el italiano Girolamo Savonarola —que murió poco antes de la Reforma por denunciar a los opulentos Medici que controlaban Florencia—.

Los papas habían encontrado dos formas de silenciar las críticas que se hacían desde la propia fe a su pomposo estilo de vida. La primera fue perseguir esas voces y llamarlas heréticas; ese fue el caso de los valdenses y Savonarola. La segunda fue afiliarlas a la institución eclesial para amordazar así su potencial profético; es lo que pasó con el movimiento que empezó Francisco de Asís.

Siguiendo esos antecedentes, Lutero también criticó los excesos, la acumulación y la pompa de la curia romana: «Nuestro Dios aborrece toda ostentación»[222]. Su crítica iba, sin embargo, más allá del aspecto meramente económico. El sustento espiritual de ese estilo de vida del papado era nada más y nada menos que una teología de la gloria que veía en la prosperidad y el éxito las señales del favor divino. En palabras de Janis Joplin: «Demuestra que me amas y cómprame lo que necesito».

Es realmente insólito que del suelo del protestantismo —con su énfasis en la cruz y la doctrina de la Sola Gracia— haya surgido un fenómeno como la teología de la prosperidad. Muchos sociólogos han reconocido que la expansión inconmensurable del Evangelio de la prosperidad en las iglesias evangélicas de América Latina fue una respuesta ante las crisis sociales y económicas de finales del siglo XX. Los sectores que en los últimos cincuenta años se han visto más afectados por una economía cada vez más compleja, global y postindustrial encontraron en este lenguaje teológico «una explicación de lo que les estaba sucediendo, la esperanza de que iba a dejar de sucederles y ritos catárticos que aliviaban el sufrimiento psicológico»[223].

No me interesa ahondar en los errores bíblicos, doctrinales o sociales de esta teología; ya mucho se ha escrito al respecto. Lo que sí, me resulta notable la ironía de que este Evangelio de la prosperidad siga repitiendo —a tono con los papas del siglo XVI y el consumismo del siglo XXI— un mismo cántico de gloria: «Oh, Señor, ¿por qué no me compras un Mercedes Benz?».

El mercado se fundamenta en la estricta reciprocidad: la oferta y la demanda, el costo y el beneficio, doy y recibo. Pero Dios es un economista que usa unas matemáticas insólitas. Lejos de un intercambio equitativo y recíproco, equivalente, simétrico, proporcional, Dios «mostró el gran amor que nos tiene al enviar a Cristo a morir por nosotros cuando todavía éramos pecadores» (Ro. 5:8). Mucho antes de que pudiéramos retribuirlo y sabiendo que eso nunca pasaría realmente, Cristo se acercó a nosotros.

«Ningún amor es tan *random* como el amor de Dios», dijo con agnóstico sarcasmo Jeff Tweedy. El gesto de generosidad divino, expresado de manera gráfica y existencial en la cruz, nos enseñó el camino para romper la ley del intercambio, la reciprocidad y la deuda.

Las dos palabras más importantes del cristianismo, según Karl Barth, son gracia y gratitud. El corazón de toda la teología cristiana es la gracia: en un acto de amor libre, Dios no solo nos creó, sino que también se hizo cargo de nuestras contradicciones y nos abrió el camino a la redención. Y la gratitud es, sin más, el fundamento de toda la ética cristiana: la realidad que motiva cualquier esfuerzo, dedicación o servicio. Somos enviados, según su propio ejemplo, a tender la mano a ese prójimo que no puede o no quiere devolvernos el favor: «Lo que ustedes recibieron gratis, denlo gratuitamente» (Mt. 10:8; NVI).

Una fe obligada y culposa es una hija ilegítima de la gracia. El ADN de Dios se muestra, más bien, cuando tenemos «la misma actitud que tuvo Cristo Jesús» (Fil. 2:5): cuando abrazamos libremente a nuestro prójimo, lleno de contradicciones, pecados, miserias, necesidades (como nosotros mismos).

Bono dijo en una ocasión que la generosidad de la gracia es la contracara de la reciprocidad del karma. Más arriba mencioné lo insólito que resulta que la teología de la prosperidad haya brotado justamente de la semilla del protestantismo. Me parece también increíble que muchos creyentes quieran hoy ser los abogados del mérito más intransigente. Cuando miran la sociedad que los rodea, el sufrimiento y las desigualdades, las injusticias y necesidades, no consiguen ver más que gente que se merece lo que les pasa. Su mirada parece cautiva de la inexorable economía del mercado y del karma inflexible que da a cada uno exactamente lo que le corresponde (según sus éxitos y fracasos, su piedad o pecaminosidad).

Se me vienen a la memoria las palabras de Lutero en uno de sus sermones:

> *Dejar padecer necesidad al prójimo también es una forma de ingratitud.*

> Nada diré por el momento de los que adquirieron su fortuna mediante el robo. Quiero hablar primeramente de los que suelen recalcar: "Lo que tengo es mío. Mi trigo y mi dinero, mi leche, queso y manteca, todo lo adquirí honradamente. Trata tú de adquirir lo tuyo en la misma forma". Ante el mundo podrán tener razón, en contraste con los que para hacerse de dinero recurren al robo, al hurto y a la usura. A ellos precisamente quiero referirme, a los que adquirieron lo suyo con medios lícitos y honrados, aprobados por Dios, pero que no dan ni prestan nada a nadie, pensando que todo es para ellos solos. Esto es *a los ojos de Dios* una ruindad.[224]

En otra de sus predicaciones decía de manera aún más certera: «El que siente la bondad de Dios, siente también la desgracia de su prójimo; mas el que no siente la bondad de Dios, tampoco siente la desgracia de su prójimo. [...] Pues como no siente que Dios le haya hecho ningún bien, tampoco siente ganas de hacerle bien a su prójimo»[225].

Fue justamente de la abrumadora conciencia de la gracia recibida que se desató en la tradición protestante una escalada de gratitud que cambió el mundo. Esa generosidad creó orfanatos, hospitales, colegios y universidades que se extralimitaban de la pura reciprocidad del costo/beneficio y la causa/efecto. Querían servir al prójimo necesitado no solo de perdón de los pecados, sino también de salud, educación y alimentos.

Muchos creyentes entendieron que, si Dios había sido generoso con ellos, el corolario espontáneo de ese don debía ser la generosidad hacia todas las personas. No únicamente con los de la propia tribu, familia o iglesia, con los aliados o las personas afines. A fin de cuentas, «si solo amas a quienes te aman» o «si eres amable solo con tus amigos, ¿en qué te diferencias de cualquier otro?» (Mt. 5:46, 47).

El peor de los ateísmos, ha dicho Oswald Bayer al meditar en la teología de Lutero, no es el que surge del rechazo explícito de todo lo relacionado con Dios. Más bien, es el que nace de las entrañas de una religión de autorrealización, autopromoción y satisfacción personal que usa a Dios como máscara para encubrir su verdadera lealtad: la arrogancia, el egoísmo, la independencia espiritual.[226]

El dinero es el gran dios de nuestra era, el ídolo que mueve el mundo. ¿Sigue siendo generosa la gracia en una época como esta *o acaso también se paga?* Hoy, más que nunca, el gesto de no doblar las rodillas ante las promesas y amenazas de Mamón dice más de nuestro compromiso cristiano que muchas otras obras piadosas. Una vida sencilla, humilde, desprendida y generosa habla proféticamente, fuerte y claro, a los oídos de nuestra cultura consumista, voraz, retributiva, individualista. Poner el énfasis en la gratuidad divina es uno de los mejores mecanismos para desarmar el ídolo de la acumulación y el consumo.

Todo se puede comprar y vender en este mundo, pero Dios no está en venta. Predicar la Sola Gracia nos recuerda que la cosa más importante de todas, esa que las religiones y la moral han querido comprar durante milenios, es totalmente gratuita. Cristo pagó la cuenta de su propio bolsillo: «Aunque era rico, por amor a ustedes se hizo pobre para que mediante su pobreza pudiera hacerlos ricos» (2 Co. 8:9).

## TESIS 65

**AUNQUE LA OFERTA SUENE TENTADORA, EL PUEBLO DE DIOS DEBE EVITAR LAS ALIANZAS CON LOS PODERES TEMPORALES SI NO QUIERE PERDER SU IDENTIDAD.**

## TESIS 66

**LA IGLESIA ES DÉBIL CUANDO BUSCA IMPONER SUS VALORES CON LA AYUDA DEL ESTADO O EL DINERO, PERO FUERTE CUANDO ACEPTA SU MISIÓN: SER TESTIMONIO DEL REINO DE DIOS.**

Qué sucedería si las doctrinas cristianas fueran leyes que gobernaran a toda la sociedad? ¿Qué pasaría si los herejes y los enemigos del cristianismo fueran corregidos y, cuando hiciera falta, acallados? ¿Cómo cambiarían las cosas si toda la gente tomara los valores cristianos en serio? ¿Acaso no sería fantástico que la moral bíblica fuera el parámetro y la vara que corrigiera todas las desviaciones y errores del mundo?

A partir del Edicto de Tesalónica, decretado por Teodosio el grande un 27 de febrero del 380, pasó exactamente eso: la Iglesia se convirtió en religión oficial del Imperio romano. Teodosio profundizó el proyecto que Constantino había delineado unas décadas antes; el sueño de una cristiandad unida, fuerte, triunfante y gloriosa asomaba en el horizonte.

Con la ayuda del brazo del Estado, la Iglesia se fue convirtiendo en la institución que aglutinaba y controlaba el entramado social. Las doctrinas efectivamente se volvieron leyes, los herejes se convirtieron en enemigos públicos y la "moral cristiana" se erigió como pilar estricto de conducta para toda la sociedad. «Un Dios, un emperador, un imperio, una Iglesia, una fe»[227]. De paso, junto con esa alianza vinieron algunos privilegios más: la fusión de Iglesia y cultura —ya que todo ciudadano era, desde la cuna, cristiano— y la unión de filosofía y teología —hasta hacer de ambas disciplinas algo indistinguible—.

Cinco años después del Edicto de Teodosio, en el territorio de la actual Alemania, un obispo llamado Prisciliano fue llevado a juicio. Estaba acusado de brujería y, durante varios días, fue obligado a fuerza de tortura a confesar la práctica y difusión de rituales paganos. El jurado dictaminó la sentencia: Prisciliano y algunos de sus seguidores serían decapitados. Por primera vez en la historia, un cristiano mataba a otro cristiano por diferencias teológicas. Por primera vez en la historia, la justicia secular quitaba una vida por un asunto de doctrina. Algunos teólogos y obispos se quejaron, pero con el tiempo y las subsiguientes condenas, eso pasó cada vez menos.

La alianza de la Iglesia y el Imperio fue profundamente efectiva y tuvo consecuencias en la política, la cultura y la religión de Europa que se extienden hasta hoy. Según todas las apariencias, el mundo se había cristianizado; sin embargo, el costo de semejante victoria fue la paganización de la Iglesia. De pronto toda la población era cristiana, pero en el proceso el cristianismo había sido despojado de algunos de sus atributos fundamentales. El derrotero de la Iglesia, en los siglos siguientes, fue un camino pavimentado por el triunfo y la vergüenza.

La alianza con los poderes temporales acarreó grandes beneficios económicos, culturales y políticos para la Iglesia, pero, a la par, una apostasía inevitable. Como denunciaron los padres y las madres del desierto, los anabautistas y Kierkegaard, el precio que se debe pagar para lograr la *cristiandad* es la traición del *cristianismo*. Nos encontramos, según Jacques Ellul, ante dos opciones horribles: o intentamos ser verdaderos cristianos y nuestra política es pésima, o triunfamos como políticos, pero a costa de dejar de ser verdaderos cristianos.

Después de haber revuelto el avispero, la Reforma quedó expuesta a la persecución de las autoridades civiles. Las altas esferas de la cristiandad señalaron a Lutero como hereje, como venían haciendo desde la muerte de Prisciliano; de esa manera, firmaron su condena a muerte. Vulnerable, amenazado y aislado, Lutero debía asegurar su propia supervivencia y la de su causa. Encontró entonces a sus mejores aliados precisamente en su territorio. Los magistrados, príncipes y nobles alemanes no solo salvaron la vida del reformador, sino que pusieron sus recursos políticos, económicos y militares al servicio de la Reforma.

Agradecidos por la ayuda recibida, los reformadores confiaron en los príncipes como "obispos de emergencia" para conducir el destino de la Iglesia. La autoridad eclesiástica y la secular se fundieron en una sola figura. Lutero creía que los príncipes debían ser los guías espirituales máximos de su jurisdicción, los aliados más importantes de la cristiandad, los responsables finales de asegurar la santidad y la misión de la Iglesia.

Con el tiempo, la Reforma terminó siendo un proyecto más para los príncipes que para el pueblo. «Las iglesias luteranas, liberadas de la "cautividad de Babilonia", pasaron muy pronto a depender, de un modo casi total y muchas veces no menos represivo, de sus propios príncipes, con todo el aparato de juristas y de organismos administrativos»[228]. Los territorios alemanes, anteriormente católicos, cambiaron de color: como los dirigentes eran protestantes, todo el pueblo debía serlo también.*

Lutero «nunca se convirtió en una marioneta de los príncipes»[229], como a veces se escucha por ahí. En más de una ocasión, el reformador asumió una postura profética y los cuestionó duramente. En 1523 escribió: «Desde el principio del mundo un príncipe sabio es un ave rara y aún más raro un príncipe piadoso. Por lo general, son los más grandes insensatos y los peores pillos en la tierra. Por esto, se puede esperar lo peor de ellos y poco de bueno»[230].

Dos años después, durante la revuelta de los campesinos, Lutero denunció a los magistrados públicamente: «En vuestro carácter de autoridad secular no hacéis otra cosa que maltratar y extorsionar, para costear vuestro lujo y altanería, hasta que el hombre común no puede ni quiere soportarlo por más tiempo». Por ese motivo, veía en el levantamiento de los campesinos una señal del castigo de Dios: «Aunque los mataseis a todos, no por esto están aniquilados. Dios levantará a otros. Porque él quiere destruiros y os destruirá. No son campesinos, estimados señores, los que se alzan contra vosotros. Es Dios mismo»[231].

---

* Ese tipo de organización territorial se conoce con el nombre de *cuius regio, eius religio*, algo que se podría traducir como "de quien es la región, de ese es también la religión".

Sin embargo, y como ha pasado muchas veces en la historia, Lutero eventualmente dejó atrás su perspicacia profética para apoyar con firmeza la mano que le daba de comer. Su Reforma había sobrevivido gracias a los príncipes y era hora de pagar la deuda. ¿De qué manera la pagó? Legitimando religiosamente sus decisiones.

Tan solo dos semanas después de publicar el panfleto que cité más arriba, Lutero lanzó el documento más virulento salido de su pluma, uno de los que más vergüenza ha traído a la causa de la Reforma: *Contra las hordas ladronas y asesinas de los campesinos*. Para convocar a los nobles y príncipes para luchar contra los campesinos rebeldes, les pidió:

> Acudid para liberar, para salvar, para ayudar; apiadaos de esta pobre gente. Apuñale, hiera, mate quien pueda. Si en esto te alcanza la muerte, ¡dichoso de ti! Muerte más bienaventurada jamás te podrá sobrevenir, porque mueres en el cumplimiento de la palabra y mandamiento de Dios.[232]

Tan incontenible era la furia que Lutero llegó a afirmar: «Un príncipe puede ganarse el cielo derramando sangre, mejor que otros pronunciando oraciones»[233]. ¿Quién hubiera dicho que el profeta de la justificación por la sola fe, el que había repetido una y mil veces que las obras no pueden salvarnos, llegaría a sugerir formas para "ganarse el cielo"?

Lejos estamos hoy de Constantino, Teodosio, Prisciliano y Lutero. Ya no hay príncipes ni emperadores con poder inagotable sobre la vida y la muerte de sus súbditos. Atrás quedaron los tiempos en los que la Iglesia imponía la agenda cultural y el cristianismo representaba la plomada ética de Occidente. Estamos, más bien, en un complejo arenero de batallas por el sentido: un escenario en el que la Iglesia juega de prestada y en el que, en muchas ocasiones, ni siquiera es invitada a jugar.

Entre las complejidades de nuestra propia realidad, las pujas de poder, el sonido rimbombante de los medios, la presión de la opinión pública, los dilemas morales a la orden del día y la desconcertante historia de la Iglesia, no es sencillo acertar un análisis de la coyuntura. ¿Cuál debería ser la relación de los cristianos con los poderes temporales? Muchos creyentes, tironeados entre su vocación, su familia, sus valores y su impotencia, vuelven a soñar con una cristiandad recuperada: un mundo en el que la Iglesia marca el pulso de las costumbres de toda la sociedad.

El político y teólogo alemán Friedrich Naumann dijo que la Iglesia, «cuanto más puramente predica a Jesús, tanto menos configura el Estado. Donde el cristianismo quiso presentarse [...] configurando el Estado, dominando la cultura, allí es cuando estuvo más distante del Evangelio de Jesús»[234]. También Richard Niebuhr reconocía que, cuando la Iglesia triunfa en una cultura, se vuelve débil y tiende a corromperse.

La alianza con los poderes temporales pareciera asegurar las herramientas y estrategias que permitirían que la Iglesia imponga sus valores desde arriba. Es una forma de evitarnos la difícil paradoja de estar en el mundo, pero no ser del mundo. La historia ha demostrado hasta el hartazgo que, aunque la oferta parece siempre tentadora, es un muy mal negocio vender la primogenitura por un plato de lentejas. No vale la pena dilapidar aquello que hace especial al pueblo de Dios por una serie de privilegios, prerrogativas, comodidades o posiciones.

*Hay que impedir que juegues para el enemigo.* Cuando la comunidad cristiana quiere imponer su alternativa mediante las herramientas de poder que ofrece el sistema de este mundo —algún partido con "valores cristianos", algún oportuno "enviado de Dios", la influencia de Mamón, el hipnotismo de las modas de época—, se vuelve débil e impotente. Pero cuando acepta su misión e identidad y abraza la cruz, encuentra la verdadera gloria.

Mediante su existencia alternativa, sus prácticas de gracia y justicia, su entrega por los demás y su testimonio de la verdad, la comunidad cristiana apunta desde ahora al Reino por venir. No necesita ser otra cosa que eso para ser plena. Su aparente debilidad, su palabra marginal y su servicio abnegado son sus mayores fortalezas.

## TESIS 67

**EL EJE DE LA ESCATOLOGÍA CRISTIANA ES SENCILLO, PERO POTENTE: LA VICTORIA ABSOLUTA DE DIOS SOBRE LAS FUERZAS DEL MAL.**

## TESIS 68

**UNA SANA ESCATOLOGÍA DEBE EVITAR DOS PELIGROS SIEMPRE AL ACECHO: LA ESPECULACIÓN CONSPIRATIVA Y EL TRIUNFALISMO APOCALÍPTICO.**

● No han escuchado nunca hablar de ese hombre loco que buscaba a Dios? Así comienza Nietzsche la famosa anécdota de *La Gaya Ciencia* sobre la que construiría una de las críticas más punzantes a la cristiandad occidental. El loco que busca a Dios es, en realidad, un mensajero de oscuros presagios: que Dios ha muerto y que los parricidas somos nosotros.

Mucho se ha dicho ya sobre esta historia, de la que quiero simplemente recuperar su lúgubre interrogante: «¿Quién limpiará esta sangre de nosotros? ¿Qué agua nos limpiará? ¿Qué rito expiatorio, qué juegos sagrados deberíamos inventar?»[235]. Huérfano de Dios, Occidente va a tientas buscando nuevos fantasmas que puedan llenar al menos momentáneamente el vacío.

En 1969, Karl Popper dijo que el auge de las teorías conspirativas en las sociedades contemporáneas era una consecuencia directa de la muerte de Dios que reconocía el loco de la historia de Nietzsche. Con la desaparición de Dios como punto de referencia, surgió en el horizonte una pregunta acuciante: ¿quién lo remplazará? Donde palidecen los metarrelatos, florecen no solo las pequeñas historias, sino también las conspiraciones.

Pueden ser los Illuminati, los masones, la NASA, el club Bilderberg, algunos aliens o el mismísimo Bill Gates. Quizás lo hagan a través de vacunas, chips, monolitos, ataques terroristas, vuelos espaciales o la curva de la tierra. De cualquier manera, alguien (que no es Dios) tiene los hilos del mundo: *nuestra vida depende de un dedo ajeno* y toda la sociedad es un títere de su voluntad.

Las fantasías de complot son una forma de religiosidad secular a medida del consumidor: un intento de encontrar un sentido integral y coherente a una realidad fragmentaria, vaciada de explicaciones universales. Ante la ausencia de un *Logos* en el mundo —una palabra con capacidad para ordenar lo real y aferrarlo con un sentido inteligible—, surgen los esfuerzos más notables para explicar desde la propia inteligencia aquello que la *intelligentsia* global ha cínicamente negado.

Los intelectuales vienen fogueando desde hace décadas el prestigio de sospechar de todo, de deconstruirlo todo, de relativizarlo todo. No debería sorprendernos, en ese inasible pantano de la razón, que grandes bloques poblacionales se vuelquen por el terraplanismo o llamen "mito" al cambio climático.

Todo tiempo de crisis abona la expectativa escatológica. La Biblia llama a ese momento "el Día del Señor". Es el instante de resolución, cuando se corre el velo y Dios aparece poderosamente y sin ambigüedad: la verdad triunfa y se realiza la justicia. En un entorno cultural como el nuestro, las expectativas apocalípticas que sustentan la fe cristiana suelen adquirir tintes conspirativos.* La escatología, esa doctrina sobre las últimas cosas, es un componente absolutamente esencial en el edificio de la teología cristiana. Sin embargo, en este escenario se vuelve un horóscopo intuitivo, abonado por noticias sensacionalistas, poblado de vagas profecías, cuernos y bestias, tibios creyentes dejados atrás, líderes mundiales y mucho (pero mucho) Medio Oriente.

La teología de Lutero creció en el terreno de la apocalíptica de fines del Medioevo, que entendía los sucesos del mundo, incluso los más cotidianos, como una batalla cósmica entre Dios y Satanás, la luz y

---

* En una alarmante encuesta realizada en 2020 a más de mil pastores estadounidenses, la consultora Lifeway Research descubrió que la mitad de ellos escucha con frecuencia que los miembros de su comunidad repiten teorías conspirativas.

las tinieblas, la vida y la muerte. Uno de los motivos por los que la curia romana postergaba la reforma de la Iglesia era precisamente por la creencia de que la segunda venida de Cristo y el Juicio Final eran inminentes. El mundo era un mero preámbulo antes de la eternidad, así que no valía la pena preocuparse demasiado.

Lutero también creía que Cristo volvería pronto y estaba convencido de que la Reforma era parte de los preparativos para su llegada. El reformador creía que le había tocado ser un espectador en primera fila de la irrupción de los tiempos finales, en los que se recuperaría el Evangelio que la Iglesia romana había secuestrado.

Creo que Lutero puede ofrecernos dos grandes aprendizajes al respecto de la escatología. El primero tiene que ver con la especulación sobre la forma en la que va a suceder el fin del mundo. La escatología cristiana ha sido siempre un campo fértil para las almas conspirativas, los futurólogos apasionados y los creyentes que quisieran encontrar en el Apocalipsis un detallado horóscopo universal.

Algunas personas de la época de Lutero también abrazaban ese tipo de apocalipticismo furioso. Esto los llevaba a especular con fechas, lugares y personajes. El evento más famoso de esa expectativa mileniarista fue la revuelta en la ciudad alemana de Münster en 1534. Inspirado por las visiones del predicador anabautista Melchor Hoffman y convencido del inminente retorno de Cristo, Jan Matthys se autoproclamó "Enoc". Además, denominó a Münster como "la nueva Jerusalén" y estableció una teocracia bañada en sangre.

En Lutero encontramos una actitud mucho menos conspirativa. El reformador usaba a menudo un lenguaje apocalíptico, pero era en buena medida un recurso retórico, no intentaba ofrecer una predicción del futuro. Su expectativa escatológica era más relajada y confiada. Ejemplo de esto es aquella vez en que le preguntaron qué haría si supiera que al día siguiente se encontraría con Cristo. Lutero respondió: «Plantaría un manzano»[236], que era la tarea que le había asignado su esposa Katharina.

Aunque no llegó a los extremos de los especuladores de Münster, el reformador tampoco logró evitar la futurología. En 1529, los ejércitos del Imperio otomano sitiaron la ciudad de Viena, a unos 500 kilómetros de Wittenberg. Ante semejante amenaza, Lutero comentó:

Cristo, en Mateo 24, se refiere a una tribulación sin igual en la tierra. Se trata del turco. Siendo, pues, inminente el fin del mundo, es preciso que el diablo ataque antes a la cristiandad con todo su poder en la forma más terrible, dándonos el verdadero golpe mortal, antes de que subamos al cielo.[237]

Y poco después hacía una afirmación histórica y geográfica tan sorprendente como insostenible. Según su interpretación del libro de Daniel, como «el Imperio romano es el último en la tierra», por lo tanto «se deduce que el [Imperio] turco forma parte del Imperio romano»[238]. Como suele suceder con esas especulaciones, sus cálculos apocalípticos suenan de lo más absurdos cuando se los mira en retrospectiva.

El segundo aprendizaje va de la mano del anterior. Otro profeta anabautista de la época, Thomas Müntzer, incitó la sangrienta revuelta de los campesinos bajo la consigna de exterminar a todos los que no abrazaran su causa. Su mensaje se extendió como un fuego imparable por toda Alemania: «La espada os ha sido dada para extirpar a los impíos. Si os rehusáis, os será quitada. Degüéllense sin misericordia los que resisten a la revelación de Dios, como hizo Elías con los sacerdotes de Baal»[239].

Lutero despreció los métodos radicales de Müntzer, al que denunció como un falso profeta. Sin embargo, en varias ocasiones compartió la violencia y la prisa de su archienemigo. En sus últimos años de vida, Lutero veía a Satanás en las caras de los judíos, los campesinos, los anabautistas, los papistas y los turcos. Su convicción de ser una pieza importante en el combate apocalíptico final lo hacía hallar enemigos de la causa de Dios en todos aquellos que no estaban de acuerdo con él. Las personas le parecían meras marionetas del demonio y, como tales, debían ser combatidas.

La urgencia del fin del mundo, sus temores más profundos y su carácter pasional lo llenaban de un triunfalismo escatológico que no se parece en nada al corazón de la Reforma a la que dedicó su vida: un movimiento nacido de la experiencia con la gracia de Dios, entregado al servicio del prójimo y opuesto a cualquier teología que no nazca a los pies de la cruz.

Una escatología sana debe evitar siempre esos dos caminos habituales: la especulación conspirativa y el triunfalismo apocalíptico. Una de las cosas más tristes de ver, en la tribuna de las redes sociales, es a creyentes que compran teorías de turno y las arropan en un tejido de versículos sin contexto. Desconcertados ante la marea de información, rastrean *el eco perfecto de lo que vendrá* y encuentran enigmáticos complots y enemigos de carne y sangre en todos los rincones.

Aunque nos gustaría saber el día y la hora de la victoria final del Cordero, aunque quisiéramos embanderarnos en nuestras certezas para avergonzar a todos los que nos hacen la contra, nunca debemos olvidar que jugar a la futurología y armar bandos son dos pésimas formas de contar lo único que tenemos para contar: una Buena Noticia.

Jesús dijo: «La venida del Reino de Dios no se puede someter a cálculos» (Lc. 17:20; NVI). Otra versión lo explica de manera incluso más vívida: «El Reino de Dios no llega aparatosamente. No se podrá decir: "Está aquí" o "Está allá", porque el Reino de Dios ya está entre ustedes». El corazón de la esperanza cristiana no reposa en una ansiedad escatológica llena de cálculos y adversarios. No se descubre al conectar de manera insólita las noticias de los diarios y las imágenes crípticas del Apocalipsis. Es una certeza mucho más sencilla e infinitamente más poderosa: un día Dios derrotará completamente a las fuerzas de la oscuridad. Mal que le pese a nuestra insaciable curiosidad, eso es todo lo que sabemos y es también todo lo que necesitamos saber.

> Se nos dan pocos detalles acerca del mundo futuro;
> solo la promesa de que Dios demostrará
> que vale la pena confiar en Él.
>
> PHILIP YANCEY

# TESIS 69

## LO QUE HACE QUE LA IGLESIA SE MANTENGA EN PIE ES LA FE EN LA GRACIA DE DIOS MANIFESTADA EN CRISTO JESÚS, NO UNA POSTURA ÉTICA, POLÍTICA O IDEOLÓGICA.

Tras ser condenado en la Dieta de Worms, Lutero se convirtió en proscrito del Sacro Imperio Romano Germánico de Carlos V. Para salvar su vida, Federico el Sabio fingió su secuestro y lo llevó al castillo de Wartburgo, cerca de Eisenach. Allí permaneció encerrado entre mayo de 1521 y marzo de 1522. Los diez meses de aislamiento no fueron una pérdida de tiempo para el reformador, que era un trabajador incansable. En el destierro, entre dolores físicos y luchas espirituales, Lutero se dedicó a traducir el Nuevo Testamento del griego al alemán, una tarea que concluyó en un tiempo casi imposible: once semanas. Su traducción, celebrada por la posteridad, fue una piedra fundamental de la formación del idioma alemán.

Lutero fue un traductor brillante, pero sus elecciones textuales le ganaron más de una crítica. Algunos teólogos papistas le disputaron su traducción de Romanos 3:28. El pasaje dice: «Así que somos hechos justos a los ojos de Dios por medio de la fe y no por obedecer la ley». Y la traducción de Lutero reza: «Por tanto, resulta que el hombre es justificado sin las obras de la ley, por medio de la sola fe».

Esa "sola"* agregada por el reformador no era un capricho de traducción: era un manifiesto teológico. Lutero «sabía de sobra que la palabra *solum* (solo) no figura en el texto latino y griego», pero sabía también que «está implícito en el sentido del texto y que es preciso incluirla en una traducción clara y categórica al alemán»[240]. En esa libertad de traducción —que abriría el camino para el resto de las clásicas Solas de la Reforma— había una provocación: «Aleccionamos contra las obras e insistimos solamente en la fe con el único propósito de que la gente choque, tropiece y caiga, a fin de que aprendan y sepan que no llegan a ser justos por sus buenas obras, sino solo por la muerte y resurrección de Cristo»[241].

---

* En alemán: *allein*.

No hay una doctrina más fundamental para entender el protestantismo clásico que la justificación por la fe. Los reformadores no escatimaron esfuerzos para que a todos sus oyentes les quedara en claro que el *quid* de la Reforma estaba justamente ahí. En su comentario a la carta a los Gálatas de 1535, Lutero escribió que toda la doctrina cristiana se perdía si la Iglesia extraviaba la doctrina de la justificación por la fe, ya que este era el artículo primero y principal de la teología cristiana. Dos años después, reforzaba: «Apartarse de este artículo o hacer concesiones no es posible, aunque se hundan el cielo y la tierra y todo cuanto es perecedero»[242].

Calvino, la figura más importante de la segunda generación de la Reforma, decía también que la justificación por la fe es la bisagra principal sobre la que gira la religión y que, cuando la perdemos de vista, la gloria de Cristo se apaga, la Iglesia es destruida y se desmorona toda esperanza de salvación. Así de radical. Ya para comienzos del siglo XVII, la justificación por la fe quedó asociada a una fórmula muy sugerente: es la doctrina que hace que la Iglesia se mantenga en pie o caiga.

Me parece muy preocupante un desplazamiento doctrinal que vengo observando cada vez más entre muchos creyentes y comunidades de fe. Estamos viviendo tiempos turbulentos, de transformaciones estructurales y cambios de paradigmas hegemónicos en las sociedades occidentales. Las iglesias, en medio del huracán, buscan aferrarse a algo sólido, unas ideas o posturas claramente identificables a través de las cuales puedan cerrar filas: esta gente entra, esos otros quedan afuera.

Las banderas a menudo se estiran hasta la caricatura: todo matiz, aclaración, autocrítica o nota al pie es tildado de anticristiano, de herejía, de un abandono total del Evangelio. No se puede ceder ni un paso, ni un comentario, ni una reflexión al otro bando, a riesgo de poner en evidencia lo frágil de todo el edificio.

Observo este tipo de mecanismos en muchos lugares de nuestra sociedad polarizada, pero me preocupa en particular que muchas iglesias estén cerrando filas —de manera radical, a veces violenta— por cuestiones éticas, políticas e ideológicas. Lo voy a decir en pocas palabras, aunque quizás se ofendan algunos lectores: posturas sobre el aborto, el matrimonio civil entre personas del mismo sexo, lo que se nombra como "ideología de género" y todo lo que algunas personas asocian con rótulos como "la izquierda", "el progresismo", "el marxismo" o "el socialismo". Muchos creen que es únicamente allí donde se juega la batalla por la fe cristiana. Basta una leve desconfianza para bajar la persiana y cortar el diálogo.

Muchos jóvenes están en búsqueda de su identidad cristiana. Atravesados por profundas preguntas existenciales, rodeados por un aluvión de información (en las universidades, en los medios, en las redes), con acceso a libros y debates que sus mayores por lo general no vivieron, fácilmente quedan tildados como culpables por asociación ante la mínima sombra de duda. Al igual que en ese diálogo de *Gomorra*, la película italiana basada en la novela de Roberto Saviano, el dictamen es fulminante: «*O stai con noi o stai contro di noi. Noi lo pensiamo così, tu non devi pensare*»*.

No nos confundamos: esto no es otra cosa que la mismísima cultura de la cancelación, pero ataviada con ropaje cristiano.

Colosenses anuncia que al conocer a Cristo hemos entrado en contacto con «el misterio que había estado oculto desde los siglos y edades, pero que ahora ha sido manifestado a sus santos, a quienes Dios quiso dar a conocer las riquezas de la gloria de este misterio entre los gentiles; que es Cristo en vosotros, la esperanza de gloria» (1:26, 27; RVR1960). Por la sola fe en la sola gracia de Dios, manifestada a nosotros en la persona y la obra de Cristo, revelada para la gloria de Dios en las Escrituras, es que nosotros somos incorporados a la familia sagrada del misterio. No por obras, ni por posturas éticas, ni por banderas políticas, ni por justicia personal, ni por ideologías... para que nadie se gloríe.

¡Cuidado con predicar un Evangelio que no tiene a Cristo en el centro! ¡Cuidado con anunciar una moral que puede prescindir de Dios y seguir afirmando las mismas cosas! ¡Cuidado con traficar con nuevas indulgencias que definan el cielo o el infierno a partir de esfuerzos humanos!

Claro que la fe cristiana debe interpretar los tiempos y dar el diálogo cultural sin perder de vista la revelación ni tranzar con las banderas

---

\* O estás con nosotros o estás en contra de nosotros. Así lo pensamos nosotros, tú no debes pensar.

de turno. La Iglesia se debe a Cristo y a ninguna otra presión interna o externa. Sin embargo, si esos debates se convierten en el artículo que define si la Iglesia y los creyentes caen o permanecen en pie, me parece que estamos encaminados a construir una Iglesia sobre la arena.

# MÁS QUE UN RESERVORIO DE VALORES O UN IMPERATIVO MORAL PARA DENUNCIAR PECADOS AJENOS, NUESTRAS FAMILIAS DEBEN BRILLAR COMO UNA SOCIEDAD DE CONTRASTE.

Aunque la sombra de Lutero se extiende imponente sobre la Iglesia y la política de Alemania, fue quizás en la intimidad del ámbito familiar donde su magisterio se extendió de manera más duradera. Martín y Katharina, un monje y una monja que abandonaron los hábitos para dar mejor testimonio de su fe, se casaron un 13 de junio de 1525. Durante los más de veinte años siguientes, hasta la muerte de Lutero, criaron a seis hijos, cuatro huérfanos y un sobrino. Juntos «hicieron más que cualquier otra persona para determinar el tono de las relaciones domésticas alemanas en los cuatro siglos siguientes»[243].

Ya mencionamos previamente que la religión de la época distinguía entre cristianos de primera y segunda categoría: reservaba los mandamientos más exigentes del Evangelio solo para los monjes y sumía en la mediocridad cristiana al resto del pueblo. Lutero propuso un cambio radical de paradigma: no solo la abolición del monasticismo, sino también la dignificación del ámbito doméstico. La Reforma dejó de ver la familia como un mal menor que se debía soportar por culpa de aquellos que no llegaban a la excelencia cristiana y comenzó a entenderla como una escuela de carácter y virtud. El camino al cielo cambiaba de sentido: se cerraba el monasterio para abrir la casa.

La validación teológica del matrimonio que hizo la Reforma protestante —empezando por el hogar del hermano Martín y *Frau Käthe*— ayudaría en los siglos siguientes a difundir una visión más positiva de la mujer, la familia y la sexualidad.

Muchos cristianos se sienten cada vez más alienados, extrañados, estupefactos ante los avatares que van tomando día tras día, como un goteo imparable, nuestras sociedades poscristianas. La ambigüedad ética, la marea de discursos, la radicalización de posiciones, la aprobación de algunas leyes, la cultura de la cancelación, la arbitrariedad y el despotismo con el que a menudo se impone la agenda, todo parece apuntar al triunfo de una nueva hegemonía cultural.

El cristianismo aparece allí como un visitante fuera de lugar. Pareciera que, si encuentra cabida en ese contexto, lo hará de manera amputada y genérica: una religiosidad privada, difusa, desprestigiada, tímida, llamada al silencio. No es de extrañar que muchos creyentes sientan que deben replegarse y ponerse a la defensiva para lograr sobrevivir.

Después de décadas de evitar la arena política, un terreno «siempre considerado sospechoso, inconveniente para el cristiano o incluso lisa y llanamente diabólico»[244], estamos contemplando un cambio de estrategia: buena parte de la Iglesia evangélica siente un creciente interés por la participación política. La intención más o menos explícita es la de utilizar el poder del Estado para instrumentar los valores cristianos para toda la sociedad.

Una de las banderas más visibles de ese proyecto involucra a la familia. Muchas iglesias han mostrado su poder de convocatoria y su capacidad para atraer grandes sectores sociales al invocar la familia como una institución sólida en medio del caos: el reservorio moral de la sociedad occidental. Estas comunidades proclaman la necesidad, por encima de todas las cosas, de que los creyentes militen para defender los "valores cristianos". Esa es una expresión bastante rara, a decir verdad: casi nunca se refiere a la cristología, la gracia de Dios o el perdón de los pecados, sino, sobre todo, a aspectos de la sexualidad, el vocabulario y la legislación.

Muchos políticos, ni lentos ni perezosos, comprenden el potencial de esa bandera y la meten a presión en su plataforma de campaña. "En defensa de la familia" cubre multitud de pecados, blanquea el currículum de cualquier candidato, hace olvidar la inexistencia de propuestas concretas y el vaciamiento de sentidos de los discursos.

La familia se ha vuelto el arma predilecta de muchos para luchar en la arena pública, disputar los sentidos en los debates culturales y distinguir quién es o no es un verdadero cristiano. No dudo de las buenas intenciones de muchos creyentes que abrazan esta bandera, pero tampoco dejo de reconocer las motivaciones turbias de algunos sectores. Sea como fuere, los problemas teológicos y políticos que esto arrastra son múltiples: la vulnerabilidad de los santos ante los clientelismos de turno, la radicalización de discursos y posiciones, el distanciamiento creciente entre la Iglesia y buena parte de las nuevas generaciones, la distorsión de algunos sentidos de la Escritura con fines polémicos, etc.

Interpretar los textos bíblicos —escritos en un contexto semítico hace al menos dos mil años— utilizando un molde completamente ajeno a esa cosmovisión —como el ideario de la familia burguesa, surgido en Europa durante la modernidad— no es una muy buena idea. El problema con ese tipo de lecturas en un contexto como el nuestro, por encima de los anacronismos y las interpretaciones tiradas de los pelos, es que proyectan una imagen distorsionada del mensaje de Jesús.

John Stott escribió que, para hacer frente a los que se oponen al Evangelio, la Iglesia tiene solo una ayuda válida y poderosa: el Evangelio mismo. «Sería una tragedia si en nuestro afán por derrotarlos se nos escapara de las manos la única arma efectiva con que contamos. Un cristianismo unido que no sea el verdadero no obtendrá la victoria»[245]. Construir la familia como un imperativo moral o un reservorio de valores cristianos puede ser un excelente caballito de batalla para polemizar, pero hay que prestar mucha atención. Ese caballo es como el de Troya y esconde todo un ejército de motivaciones y consecuencias que están muy lejos de la propuesta del Evangelio.

Juan Mackay dijo que «el propósito de la Iglesia no es crear un nuevo orden» social, sino más bien «crear a los creadores de un nuevo orden»[246]: no legislar a la sociedad "desde arriba", sino cautivarla desde el elocuente testimonio de vidas que florecen. Más que aprobar leyes "cristianas", necesitamos de la existencia de cristianos auténticos.

La familia cristiana del siglo XXI será un gran argumento apologético cuando brille como una alternativa y una sociedad de contraste. No cuando apunte a denunciar perversiones de época ni cuando intente legislar sobre la moral colectiva, sino cuando demuestre que un hogar donde Cristo es Señor es significativamente más feliz, justo, saludable y esperanzador. Y no solamente esto. Si las cosas no salen como uno quisiera, la fe cristiana será también una ciudad que brille sobre la montaña cada vez que prodigue reconciliación, perdón y restauración a aquellas personas y familias que hayan caído de la gracia y necesiten desesperadamente oír un consuelo que restaura: «Ni yo te condeno».

Aunque los eslóganes de la polémica sean más ruidosos, el Reino de Dios «es como la levadura que utilizó una mujer para hacer pan. Aunque puso solo una pequeña porción de levadura en tres medidas de harina, la levadura impregnó toda la masa» (Mt. 13:33). Si los indicadores de abuso o violencia entre creyentes no se distinguen del grueso de la sociedad, de nada vale izar la bandera de la familia como el remedio de la decadencia occidental.

Tertuliano escribió a fines del siglo II que, cuando los paganos miraban a los primeros cristianos —un grupo minoritario e impopular en el Imperio romano— no podían sino exclamar, a pesar de todos sus prejuicios: «¡Mirad cómo se aman entre sí!»[247]. El evidente contraste que había en los frutos reales de los diferentes estilos de vida era un mejor argumento que todo el aparato cultural y estatal de Roma. Me parece que la estrategia de las iglesias y las familias cristianas en este escenario posmoderno no debería ser otra.

## NO PODEMOS SEGUIR HACIENDO LA VISTA GORDA ANTE EL ACOSO Y LOS ABUSOS COMETIDOS AL INTERIOR DE LA COMUNIDAD CRISTIANA.

No me resulta fácil escribir sobre esto. Es un tema extremadamente sensible, que toca una fibra de inmensa vulnerabilidad. Tengo también en cuenta que las decisiones que tomemos sobre este punto tendrán incontables consecuencias, para bien o para mal, en las décadas por venir. El hecho de que sea un asunto en la agenda, sobre el que reposa el escrutinio público, aporta además otra capa de complejidad. Sin duda, lo más difícil no es meditar en voz alta sobre el acoso y el abuso sexual en abstracto, sino saber realmente que sus garras han afectado a más de una persona a mi alrededor. No es un dilema moral hipotético: lo más probable es que sea una experiencia que le haya tocado vivir a alguien muy cercano.

Los escándalos sexuales de la farándula cristiana y las acusaciones de abusos contra pastores y líderes han llenado los tabloides. Se acusa a la Iglesia de espiritualizar el problema, demorar las soluciones concretas, promover una cultura del silencio que habilita esos pecados y poner el buen nombre de sus líderes por encima del pedido de las víctimas. Las tácticas narcisistas de ciertos referentes, la invocación de una cuestionable autoridad espiritual, el aislamiento cultural de muchas comunidades y una actitud a menudo recelosa hacia las mujeres hacen que el abuso y el acoso se conviertan en una cizaña muy difícil de detectar y eliminar.

El dilema se hace más complicado al considerar el consejo que dio Pablo a la iglesia de Corinto, que enfrentaba también un escándalo sexual dentro de sus filas: «¿Cómo se atreve a presentar una demanda y a pedirle a un tribunal secular que decida sobre el asunto, en lugar de llevarlo ante otros creyentes?» (1 Co. 6:1). Acaso «¿no hay nadie en toda la iglesia con suficiente sabiduría para decidir sobre esos temas?» (vs. 5). Para aquellos que buscamos la guía de Dios en el consejo de la Escritura, pareciera que estas palabras efectivamente obligan a una resolución a puertas cerradas: renunciar a cualquier denuncia penal, presentar el caso a los líderes de la comunidad y esperar a que ellos resuelvan adecuadamente el asunto.

Pero, ¿qué pasa si la misma estructura está corrompida y la justicia escasea al interior de esas comunidades que más la necesitan? ¿Qué deberíamos hacer si la experiencia nos ha mostrado —para nuestro enorme desconsuelo— que en muchas iglesias no hay nadie con la sabiduría, el poder, las herramientas, la paciencia o la valentía para hacer algo concreto con todo esto? ¿Cuál debería ser nuestra estrategia ante el encubrimiento, la justificación de los hechos, la negación del testimonio de las víctimas y la investigación defectuosa de estos pecados? ¿Cómo ser leales al Evangelio que dignifica a las personas si estas estrategias abusivas están firmemente enroscadas en la estructura eclesial y a menudo se adornan con un lenguaje aparentemente piadoso?

Pienso que la Reforma puede ayudarnos a encarar este dilema. Hacia fines del Medioevo, los sacerdotes «que cometían delitos comunes (fraudes, robos, violaciones, etc.) no eran juzgados, como sería lo normal, por tribunales civiles, sino por los tribunales eclesiásticos. Esto aseguraba a menudo a los miembros del clero una impunidad generalizada»[248]. La estructura había demostrado no ser confiable, así que los reformadores tuvieron que repensar la aplicación del consejo paulino; esto los llevó a incorporar a las autoridades civiles al proceso de disciplina eclesial. En otras palabras, según Lutero, «donde el pecado se comete abiertamente, la condena que sigue debe tener también el mismo carácter, con objeto de que cada uno pueda precaverse ante ello»[249].

Las iglesias de la Reforma pusieron fin a la impunidad teológicamente legitimada de los sacerdotes de su tiempo. Más bien, decían, «cuanto más alto sea un superior, y en especial un eclesiástico, menos se deben soportar sus faltas, sino que se le deben exigir responsabilidades rigurosamente»[250].

La Iglesia no puede hacer la vista gorda a los delitos que se cometen en el interior de la comunidad cristiana. «Es tiempo de que el juicio comience por la casa de Dios» (1 P. 4:17; RVR1960). Poco vale invocar los mejores argumentos de la apologética para convencer a los no creyentes de la veracidad de la Biblia si las iglesias y los ministerios cristianos dejan impunes el abuso y el acoso sexual. Poco valen la apariencia de piedad, el discurso moralista, la erudición bíblica, el orgullo de ser portadores de sana doctrina o de servir activamente a la sociedad si, a los ojos de nuestros contemporáneos, la Iglesia habilita los comportamientos narcisistas o se desentiende de las víctimas. Poco valen las manifestaciones carismáticas, los milagros o las experiencias con la presencia de Dios si ese poder no se expresa explícita y específicamente en el cuidado de las personas vulneradas por el pecado.

Las nuevas generaciones han abierto los ojos a injusticias que en tiempos pasados se metían muchas veces debajo de la alfombra. No nos da lo mismo si este tema es prioritario, secundario o está directamente ausente del discurso eclesial. La credibilidad de la comunidad cristiana y del mensaje del Evangelio se juega hoy también en este escenario. Ya en los primeros años del régimen nazi, el profeta Bonhoeffer advirtió a la Iglesia alemana que «no se tiene derecho a cantar gregoriano, si no se grita en favor de los judíos»*. Si el amor a Dios no nos sirve justamente para abordar problemas como este, estamos perdiendo la batalla espiritual de nuestra época.

La comunidad cristiana del siglo XXI debe convertirse en un espacio de salud y dignidad: una casa de cuidado, apertura y confesión. Nuestra capacidad para predicar el perdón de los pecados a todos aquellos que lo pidan va estrictamente de la mano con nuestra responsabilidad para llamar al pecado por lo que es y ofrecer estrategias de protección, restauración y justicia que honren el Evangelio. «¿De qué le sirve a uno decir que tiene fe si no lo demuestra con sus acciones?» (Stg. 2:14).

Cuando la carne está podrida, aunque sea
la nuestra ¡hay que cortarla!

AKIRA KUROSAWA

---

* Según Eberhard Bethge, Dietrich Bonhoeffer pronunció esa frase en 1935. Citado en Moltmann, 1972, p. 64.

## TESIS 72

LA MARGINACIÓN DE LAS MUJERES NO PERTENECE AL CORAZÓN DEL CRISTIANISMO; ES UN LASTRE QUE DEBEMOS SACUDIRNOS DE UNA VEZ POR TODAS.

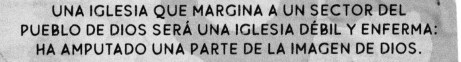

## TESIS 73

UNA IGLESIA QUE MARGINA A UN SECTOR DEL PUEBLO DE DIOS SERÁ UNA IGLESIA DÉBIL Y ENFERMA: HA AMPUTADO UNA PARTE DE LA IMAGEN DE DIOS.

Cada vez que el cristianismo debe dialogar con una cultura diferente se enfrenta a un desafío inmenso: mantener lo esencial de su mensaje y, al mismo tiempo, lograr traducir sus ideas y relatos de manera que la nueva cultura pueda entenderlo y apreciarlo. No existe tal cosa como un Evangelio sin cultura. No se puede extirpar un "cristianismo puro" que no exhiba, de muchas formas, las marcas de la cultura en la que se desarrolló.

El cristianismo nació en Palestina hace dos mil años. Los primeros cristianos fueron todos judíos, como Jesús mismo. Gran parte de los símbolos y conceptos que forman el núcleo de la fe cristiana están estrictamente ligados a ese contexto histórico y cultural que lo vio nacer. Sin embargo, el Evangelio no se quedó mucho tiempo en su tierra de origen. Poco después de la caída de Jerusalén del año 70 d.C., las tensiones entre la sinagoga y la Iglesia de Palestina se hicieron insostenibles. A su vez, el cristianismo empezó a crecer con fuerza en otras tierras. Su mayor flexibilidad y capacidad de adaptación cultural hizo que fuera mejor recibido en tierras paganas, donde el judaísmo —más ritualista y anclado en su territorio— no había podido penetrar. El cristianismo se relocalizó así oficialmente en la diáspora. Para fines del primer siglo, la iglesia en Jerusalén era ya minoritaria, pero las comunidades de ciudades como Roma, Antioquía, Éfeso, Alejandría o Cartago prosperaban.

Al salir de su contexto de origen y trasladarse a ciudades dominadas por el paradigma cultural grecorromano, el cristianismo tuvo que encontrar maneras de inculturarse. Los primeros cristianos no descartaron todo el helenismo ni la filosofía griega. No creyeron que la fe verdadera tenía que ser culturalmente judía (¡como algunos quieren hacer incluso en nuestros días!). Por el contrario: tendieron puentes para mostrar que el cristianismo podía seguir siendo, en otra geografía, una alternativa valiosa.

Esta situación llevó a la Iglesia primitiva a sostener dos actitudes correlativas: la diferencia y la adaptación. En otras palabras: marcar los límites que distinguen a la ética cristiana en algunas cosas y suavizar sus implicaciones en otras.

En primer lugar, los cristianos se opusieron firmemente a ciertas prácticas que la cultura helenista consideraba perfectamente aceptables. Quizás no haya ejemplo más claro de esto que el aborto y el abandono infantil. Las familias grecorromanas desechaban a los bebés no deseados, arrojaban «al recién nacido a un vertedero o a algún lugar abandonado, dejando que muriera o fuera recogido por alguien, que normalmente lo criaría para ser un esclavo»[251]. Se calcula que del medio millón de esclavos que el Imperio necesitaba cada año, aproximadamente un tercio provenía de estos infantes abandonados.

La actitud de los primeros cristianos en ese contexto fue culturalmente polémica: el aborto y el abandono de los recién nacidos era para ellos un pecado intolerable. El segundo mandamiento de la *Didajé* comienza justamente así: «No matarás. No cometerás adulterio. No corromperás a los jóvenes. No fornicarás. No hurtarás. No harás brujerías. No prepararás venenos. No cometerás aborto ni infanticidio. No codiciarás los bienes de tu prójimo»[252].

No solo condenaron esa práctica al interior de la comunidad cristiana, sino que denunciaron las acciones de sus contemporáneos paganos e incorporaron el hábito de rescatar bebés abandonados y criarlos como si fueran propios. En este punto y en otros similares —como el rechazo absoluto de las muertes en el circo romano o la imposibilidad de que un cristiano pudiera ser soldado—, la Iglesia fue intransigentemente contracultural.

En otros aspectos, no obstante, el cristianismo mantuvo prácticas de la cultura grecorromana que no reflejaban el mensaje evangélico, pero se soportaban para evitar que la fe de Jesús resultara extraña e incomprensible en el nuevo contexto. La Iglesia enfrentaba todo tipo de hostigamientos, rumores malintencionados e incluso persecuciones. Si la comunidad cristiana era percibida como una célula subversiva y totalmente ajena al entramado social del Imperio romano, el cristianismo no solo sería rechazado, sino que correría el riesgo de desaparecer por completo.

Así que, para lidiar con las presiones externas y contextualizar su mensaje, los cristianos "condescendieron" a ciertos aspectos de la cultura circundante. Esta es la idea que esconde ese conocido pasaje de Corintios: «Siendo libre de todos, me he hecho siervo de todos para ganar a mayor número. Me he hecho a los judíos como judío, para ganar a los judíos. [...] Me he hecho débil a los débiles, para ganar a los débiles; a todos me he hecho de todo, para que de todos modos salve a algunos» (1 Co. 9:19, 20, 22; RVR1960).

Este fue el contexto en el que nació el *patriarcalismo de amor*\*. La Iglesia abrazó el modelo doméstico romano con la intención de contextualizar el Evangelio a la cultura de su tiempo. En la cúpula de la familia romana, el *paterfamilias* gobernaba sobre mujeres, niños, esclavos y bienes; sus derechos y atribuciones eran incomparablemente superiores a los del resto de su familia.

Los primeros cristianos sabían que el mensaje de Jesús tenía implicaciones que eran incompatibles con ese modelo de familia. El dominio absoluto de una persona sobre otra, el rol marginal y pasivo de las mujeres o la práctica de la esclavitud no eran coherentes con el Evangelio del Reino. Por ese motivo, el *patriarcalismo de amor* se aceptó solo de manera provisoria con el fin de favorecer el diálogo con la cultura grecorromana.

Mientras tanto, con paciencia y determinación, la Iglesia apuntaba con toda claridad a ese ideal escatológico que Pablo sintetizó en Gálatas: «Todos los que fueron unidos a Cristo en el bautismo se han

---

\* El término fue acuñado por el teólogo alemán Gerd Theissen.

puesto a Cristo como si se pusieran ropa nueva. Ya no hay judío ni gentil, esclavo ni libre, hombre ni mujer, porque todos ustedes son uno en Cristo Jesús» (3:27, 28).

Esa era la utopía teológica que guiaba a la Iglesia en un contexto donde ese ideal parecía imposible. Mediante relaciones renovadas y vivificadas por el Espíritu de Jesús, la comunidad cristiana reconcilió las divisiones étnicas, de clase y de género. La Iglesia tiró por tierra la doble vara que existía en la ética sexual de la época y empezó a exigir que los varones tuvieran un comportamiento tan honorable como el de las mujeres. Eso era insólito.

Además, la instrucción dejó de dirigirse exclusivamente al *paterfamilias*. La Iglesia se distinguió así de otras escuelas de filosofía que solo hablaban a los hombres adultos para instruirlos sobre la forma de tratar a su mujer, hijos y esclavos. En un gesto profético, «el Nuevo Testamento se dirige a todos por igual. En la ética cristiana, tanto las personas antiguamente dominantes como las que fueron dominadas son consideradas como sujetos morales»[253].

Esto no significa, por ejemplo, que los primeros cristianos hayan pedido al emperador que aboliera la esclavitud. Esa idea es evidentemente anacrónica. No obstante, las comunidades anunciaron el comienzo del fin de la esclavitud: las relaciones amo/esclavo no estarían definidas por la propiedad y la diferencia, sino por la fraternidad y la igualdad. El consejo de Pablo a Filemón sobre su esclavo habla por sí mismo:

> Parece que perdiste a Onésimo por un corto tiempo para que ahora pudieras tenerlo de regreso para siempre. Él ya no es como un esclavo para ti. Es más que un esclavo, es un hermano amado, especialmente para mí. Ahora será de más valor para ti, como persona y como hermano en el Señor. Así que, si me consideras tu compañero, recíbelo a él como me recibirías a mí (Flm. 15-17).

La brevísima narración de los párrafos precedentes deja mucho afuera, pero permite situar el problema que nos convoca. Con el paso de los siglos, mientras la Iglesia se distanciaba del modelo de Jesús y las tensiones al interior de la comunidad se intensificaban, el patriarcalismo de amor fue dejando de ser una estrategia de misión para convertirse en un rasgo distintivo de las comunidades cristianas.

En pocas palabras: la forma cultural grecorromana se terminó por integrar al mensaje cristiano como un elemento esencial y nativo. Parafraseando al Señor en Mateo 19:8, aunque «no fue la intención original de Dios», el modelo patriarcal romano no solo se toleró, sino que se aceptó y enseñó como parte natural de la cristiandad.

A pesar de todas nuestras traiciones y olvidos, el Evangelio siempre insiste. El testimonio de las Escrituras y la acción del Espíritu en su Iglesia siguieron recordando, generación tras generación, que en Cristo ya no hay judío ni gentil, esclavo ni libre, hombre ni mujer.

Hoy la idea de la esclavitud nos repugna, nos parece absolutamente incompatible con el ideal del Evangelio. No obstante, fueron necesarios siglos y siglos para que esa conciencia madurara y se convirtiera en derechos que hicieran realidad el ideal de la comunidad cristiana primitiva. Y algunos de quienes más lucharon por conquistar esa realidad fueron precisamente iglesias y grupos cristianos, movilizados por una profunda convicción espiritual.

La marginación de las mujeres de ciertas tareas, responsabilidades, dignidad, autoridad y reconocimiento no pertenece al corazón del cristianismo.* Es un lastre que se nos ha pegado con el paso de los siglos —como la esclavitud en su momento— y es hora de sacudirnos de una vez por todas ese peso de encima.

Dos grandes desafíos nos tocan a nosotros, varones cristianos, si realmente deseamos ser fieles al Evangelio en este tiempo de profunda necesidad. Primero, revisar nuestras palabras y hábitos para que sean coherentes con «la intención original de Dios». Y segundo, parafraseando el ejemplo de Cristo que proclama Filipenses 2, no aferrarnos a privilegios exclusivos, sino ofrecer nuestra vida en un acto de humildad, servicio y obediencia.

Los tiempos ya están más que maduros para que la Iglesia de Cristo haga justicia con las mujeres y les reconozca su dignidad, sus derechos, su autoridad y su justa participación en el ministerio y la familia. El patriarcalismo de amor fue una estrategia de evangelización pensada para una época muy diferente, no es un elemento esencial

---

* La brevedad de este ensayo me impide elaborar con detalle todas las aristas del asunto. De todos modos, la bibliografía es abundante. Se puede empezar con Theissen, 1985; Lohfink, 1986; Tunc, 1999; A. González, 2003; Tamez, 2006; Osiek, Macdonald & Tulloch, 2007; Hurtado, 2017; Rodríguez Fernández, 2017; etc.

de la fe cristiana. La maduración sobre este tema ha sido lenta a lo largo de los siglos, pero hoy ya es insostenible seguir mirando para otro lado.

El protestantismo fue parte de ese proceso histórico de toma de conciencia. Los reformadores pusieron su granito de arena en la dignificación de las mujeres al reconocer que cada creyente bautizado es miembro del pueblo de Dios con plenos derechos y deberes. La difundida idea de que los varones son los sacerdotes de sus esposas es completamente ajena al sacerdocio de todos los creyentes que predicaron los reformadores. Por supuesto, no podemos pedirle a la Reforma del siglo XVI una claridad sobre este tema como la que tenemos hoy; esto también sería un anacronismo. Sin embargo, la mayor educación de las mujeres en países protestantes pavimentó el camino a la igualdad de oportunidades de estudio y trabajo. Ya en 1523, Argula Von Grumbach firmó uno de los primeros tratados de teología escritos por una mujer, en defensa de una acusación de herejía elevada contra Lutero.

Más cerca de nuestra época, el protestantismo ofreció un terreno fértil para la emancipación de las mujeres y su inserción en profesiones seculares (la salud y la educación mayormente). Los colectivos que lucharon en los países de Occidente por el voto femenino comenzaron, la mayoría de las veces, como grupos de mujeres al interior de las iglesias protestantes. Y el pentecostalismo fue pionero desde sus comienzos en la ordenación de mujeres como pastoras, evangelistas, misioneras, maestras y predicadoras. Todos los estratos sociales, sin distinción de sexo o color, estaban invitados a servir en la comunidad carismática. En palabras de William Seymour —líder del avivamiento de la calle Azusa—, Jesús convocó en el aposento alto «a hombres y mujeres por igual, y los ungió con el óleo del Espíritu Santo calificándolos para ministrar en este Evangelio. El día de Pentecostés todos predicaron por el poder del Espíritu Santo. En Jesucristo no hay varón ni mujer, porque todos son uno»[254].

Una Iglesia que excluye o hace diferencias entre las personas que componen el pueblo de Dios está condenada a la enfermedad y la fragilidad. Nunca va a poder andar sana y completa porque ha decidido amputar una parte de la imagen de Dios en ella. Al marginar explícita o implícitamente a las mujeres —en el ministerio, la familia o el ámbito público—, la Iglesia está silenciando a la mitad de la gracia y la obra del Espíritu entre nosotros. No nos sorprendamos entonces, como si fuera un enigma imposible de resolver, de que nuestro cristianismo sea una cosa rara, desubicada y débil. No nos sorprendamos de nuestras estructuras deficientes, nuestra falta de poder espiritual o los pecados del liderazgo.

Todo tiene su tiempo debajo del sol. Esta reforma no se puede seguir demorando. Creo que llegará un día en el que el trato diferenciado hacia las mujeres nos sonará espiritualmente tan ofensivo como la acepción de personas según su color de piel o posición social.

¿Queremos que la Iglesia sea fiel al Evangelio y pertinente ante los desafíos actuales? ¿Queremos un cristianismo creativo y pujante como el del siglo I? Empecemos por acá.

## TESIS 74

**AUNQUE LA VERGÜENZA, LA INEXPERIENCIA O LA INCREDULIDAD NOS ALEJEN DE LOS MILAGROS, ESO TAMBIÉN ES UNA PARTE FUNDAMENTAL DE NUESTRA FE.**

## TESIS 75

**PARA AQUELLOS QUE QUIERAN SOBREVIVIR A LA MODERNIDAD LÍQUIDA, CAMINAR SOBRE LAS AGUAS ES UNA OBLIGACIÓN.**

Tenía ya setenta y siete años Immanuel Kant cuando escribió sobre una cita —atribuida a un tal Phesipeau— que decía lo siguiente: «Por orden del Rey: prohíbase a Dios hacer milagros en este lugar»[255].

Si soy sincero, dolorosamente sincero, debo decir que Dios nunca ha saciado del todo mi sed de milagros. He vivido algunas situaciones estadísticamente improbables; he visto algunas sanidades por las que he orado con fervor; incluso he detectado, en alguna ocasión, con temor reverente, la irrupción de una presencia sobrenatural. Haber conocido de cerca la vivencia de comunidades carismáticas me expuso a todas estas cosas. No obstante, para frustración de algunos amigos dispuestos a suscribir a todo lo que parezca milagroso, nunca he sido parte de manifestaciones incuestionablemente sobrenaturales, que dejen en jaque toda explicación racional.

Puedo explicar esas insólitas estadísticas a través de la concatenación de algunos factores complejos. Puedo percibir, por ejemplo, que esas sanidades responden a procesos que la química y la física explican bien, y entiendo además que ciertos ambientes sugestionan nuestra percepción de la realidad.

Todo esto no significa, al menos para mí, que Dios no exista, que sea impotente ante el dolor del mundo o que esté lejos de los que le buscan. El proceso de descubrir ciertas verdades científicas no me ha quitado —¡gracias a Dios!— la capacidad de agradecer el favor de mi Señor. Mi gratitud no cambia, sea que hablemos de una sanidad médicamente inexplicable o una mejoría que la ciencia puede justificar o favorecer.

A una parte de mí le encantaría poder sacar de la Biblia las incontables referencias a milagros, señales y actos sobrenaturales de Dios que exceden los límites del funcionamiento natural del mundo. Como la vez que Pedro se empezó a hundir en el agua y Jesús —en vez de reconocer que hundirse es la cosa más lógica del mundo— lo reprendió por su incredulidad: «¡Hombre de poca fe! ¿Por qué dudaste?» (Mt. 14:31).

O esa otra ocasión en la que algunos discípulos intentaron liberar a un endemoniado y no pudieron. La vara de Jesús, más que bajar hasta confundirse con su impotencia, fue una vez más implacable: «¡Ay, gente incrédula y perversa! ¿Hasta cuándo tendré que estar con ustedes y soportarlos?» (Lc. 9:41).

Las porciones que más comezón le producen a mi incrédulo espíritu son esas órdenes (que también son promesas) que Cristo dio a sus seguidores: «Sanen a los enfermos, resuciten a los muertos, curen a los que tienen lepra y expulsen a los demonios» (Mt. 10:8). Justo antes de su ascensión, el Señor volvió a recordarles que «estas señales milagrosas acompañarán a los que creen: expulsarán demonios en mi nombre y hablarán nuevos idiomas. Podrán tomar serpientes en las manos sin que nada les pase y, si beben algo venenoso, no les hará daño. Pondrán sus manos sobre los enfermos, y ellos sanarán» (Mc. 16:17, 18).

¡Como si fuera tan fácil! Mi instinto de autopreservación se ofende ante la imposibilidad de semejante arenga, pero las palabras de Jesús no me dejan mucho margen de interpretación. Para Cristo y para los primeros creyentes, los milagros eran parte del *starter pack* de la vida cristiana. O, para decirlo en términos más técnicos, «cualquiera que sea la lectura crítica que se haga de los milagros, no puede dudarse de que la comunidad primitiva vio en la resolución de necesidades bien concretas el signo de la presencia del Reino»[256].

Los milagros deberían ser algo común en la vida de los creyentes, pero lo cierto es que suceden mucho menos de lo que quisiéramos. Tengo la teoría de que la impotencia que nos genera esta situación fue el fundamento de una insólita doctrina que se ve en algunos sectores protestantes. El cesasionismo afirma que "los dones cesaron". En otras palabras: las sanidades, milagros y manifestaciones sobrenaturales que observamos en el ministerio de Jesús y los primeros años de la Iglesia desaparecieron para siempre con el fin de la era apostólica. Como no nos pasan, como no los vemos, como no nos salen, debe ser que cesaron.

La doctrina cesasionista suele ser defendida por grupos que se jactan de la pureza de su sana doctrina y afirman ser legítimos herederos de la enseñanza de los reformadores. El fundamento bíblico que sostiene esa interpretación es, en el mejor de los casos, bastante modesto. Quizás sorprenda a más de uno descubrir que Lutero denunció, ya en los primeros años de la Reforma, a muchos "eruditos" de las Sagradas Escrituras que habían cambiado el sentido bíblico de esta instrucción de la Epístola de Santiago: «¿Alguno está enfermo? Que llame a los ancianos de la Iglesia, para que vengan y oren por él y lo unjan con aceite en el nombre del Señor. Una oración ofrecida con fe sanará al enfermo, y el Señor hará que se recupere; y si ha cometido pecados, será perdonado» (5:14, 15).

Lutero afirmaba que la Iglesia había corrompido la unción de los enfermos y la había convertido en un mero sacramento: la extremaunción. Ya no apuntaba a su sentido original (la sanidad real), sino que se había vuelto algo simbólico, un ritualismo del que ya nadie esperaba nada. Ante el cambio de sentido de la instrucción bíblica, Lutero respondió: «Si alguna vez se ha desviado es precisamente en este asunto», porque «el apóstol aquí ordena que se unja y se ore para que sane y mejore el enfermo, esto es, que NO se muera»[257].

Lutero creía sin mayores dificultades en la presencia de entidades y potencias espirituales que exceden toda explicación naturalista y racional. Cuando un pastor le preguntó cómo hacer frente a una persona a la que creía poseída, Lutero aconsejó que primero investigara bien el asunto para evitar caer en algún tipo de fraude, lo que llevaría a que los creyentes quedaran en ridículo. Habiendo dicho eso, le enseñó también lo siguiente:

Orar fervientemente y oponerse a Satanás con tu fe, por mucho que resista obstinadamente. Hace como diez años tuvimos una experiencia en este vecindario con un demonio sumamente maligno, pero logramos someterlo con perseverancia, oración incesante y fe incondicional. Lo mismo va a suceder entre ustedes si continúan despreciando a ese espíritu burlón y arrogante, en el nombre de Cristo, y no cesan de orar. Por este medio he controlado a espíritus parecidos en diferentes lugares, porque la oración de la Iglesia prevalece por último.[258]

En otra ocasión, Felipe Melanchtón estuvo enfermo de muerte. Era el verano de 1540. Lutero y sus amigos oraron fervientemente junto al lecho de Melanchtón, que estaba en coma, y contra todo pronóstico y lógica, fue sanado. En Wittenberg, la explicación fue sencilla: Dios había hecho un milagro. Lutero escribió entonces una carta a su esposa; me parece que sus palabras hablan del corazón de la Reforma con más convicción y claridad que la mayoría de los manuales que se escribieron después:

El maestro Felipe había estado realmente muerto, y realmente, como Lázaro, ha resucitado de entre los muertos. Dios, el amoroso Padre, escucha nuestras oraciones. Se trata de algo que vemos y tocamos, y sin embargo no acabamos de creerlo. Nadie debiera decir amén a tan deplorable incredulidad de nuestra parte.[259]

En su estudio preliminar sobre los milagros, C. S. Lewis reconoció que la esencia religiosa del hinduismo y del Islam permanecería intacta si se eliminaran los milagros, «pero al cristianismo no podemos hacerle esta disectomía. Es precisamente la historia de un gran Milagro. Un cristianismo naturalista eliminaría todo lo que es específicamente cristiano»[260].

Sea por sofisticados vericuetos bíblicos, por un racionalismo naturalista e incrédulo, por temor al ridículo, por desconfianza hacia los excesos de algunos personajes carismáticos tristemente célebres o por nuestra inexperiencia en el asunto, terminamos resignándonos a habitar en un mundo donde los milagros y las manifestaciones sobrenaturales del poder de Dios están fuera de la ecuación.

Si no son una posibilidad, una promesa, incluso un mandato explícito, entonces podemos dar la espalda sin culpa a las últimas palabras de Jesús según el relato de Marcos: «Estas señales milagrosas acompañarán a los que creen». Probablemente Lutero le diría a nuestra secularizada piedad del siglo XXI, con su característica rudeza alemana y medieval: «¿No se descubre claramente la necedad sofística que en este punto como en muchos otros afirma lo que la Escritura niega, y niega lo que esta afirma?»[261].

Vivimos en una época de clamor desesperado por algo más: una sed espiritual que no agotan ni la autoayuda ni los viajes astrales ni los narcóticos. No quiero que mi falta de experiencia con los milagros, mi incredulidad latente o los prejuicios de mi racionalidad me vuelvan sordo a la voz de mi Maestro y ciego a las puertas que la búsqueda mística de mi generación abre al Evangelio.

Por fidelidad a la Palabra de Dios y compasión ante los gritos de nuestros contemporáneos, no nos queda mucha más opción que mantenernos detrás de las pisadas de Jesús. Esto implica, entre otras cosas, presenciar lo incomprensible, experimentar lo imposible, abrazar lo milagroso y agachar nuestra altiva frente ante la sobrenaturalidad del Dios que se sale de nuestras casillas. Ni ese rey citado por Kant ni ningún otro mortal antes o después puede prohibir los milagros que Dios quiere hacer entre nosotros.

Nadie aprende a andar sobre las aguas a menos que sienta el peligro de ahogarse. Así que quizás no sea tan mala esta sensación que tenemos a veces de estar hundiéndonos espiritualmente en la oscuridad y la confusión posmoderna. Ninguna mayoría de edad de nuestras respuestas racionales, convicciones teológicas o méritos espirituales nos exime, en palabras de mi amigo Pablo, de la obligación de caminar sobre el agua. Quizás no haya otra manera de atravesar esta modernidad líquida sin morir en el intento que animarnos a ese milagro.

> Haber leído a esos teólogos alemanes no nos exime de la obligación de caminar sobre el agua.

> El haber superado el literalismo bíblico no nos libera del deber de alimentar literalmente a miles con cinco panes y dos peces literales.

> El cuestionar lo aprendido no nos autoriza a no resucitar al hijo único de una viuda.

> El habernos dado cuenta de que el Reino de Dios demanda mucho más que un cambio personal no nos exime de la obligación de conversar

con Dios hasta brillar, de modo que nuestros amigos quieran quedarse cerca y no irse nunca más.

Estar asqueados de las caritas de inocencia y de las vocecitas tiernas de cura o de pastor, y haber comprendido que esos modos no son siempre sinceros y no expresan siempre el carácter de Dios, no nos desliga del trabajo de ser seres a cuyo paso los cardos florezcan, los corazones de piedra se conmuevan y las tormentas se vuelvan agua mansa.

El comprender que la misión implica demoler con verdades los cimientos de un imperio no nos exime del deber de reparar la oreja rota de un gendarme.

El haber descubierto finalmente que la obra de Dios es reír con niños, bailar en fiestas y hacer del agua vino no nos absuelve del curioso encargo de recibir un día un tiro en el costado.

Y el haber aprendido que la historia incluye muerte no nos evita la tarea de seguir viviendo y atravesar puertas y muros, y volver a los amigos y abrazarlos, y de comer con ellos un pescado asado.[262]

## TESIS 76

**AUNQUE LOS SIMULACROS DEL PODER DE DIOS SON UN PLACEBO QUE SE SIENTE MUY BIEN, LO QUE EN VERDAD NECESITAMOS ES EL PODER REAL.**

No se puede entender la teología de la Reforma sin comprender la encrucijada histórica en la que nació: el final de la Edad Media y el comienzo de la Edad Moderna. Una de las singularidades más llamativas de ese momento de transición involucra directamente al papado. Esta institución había alcanzado su apogeo de poder bajo Inocencio III —en oficio entre 1198 y 1216—, pero desde entonces había entrado en una espiral de decadencia no solo moral, sino también política. El motivo de esa pérdida de poder era múltiple e incluía los vaivenes en las relaciones con los monarcas locales y emperadores de turno, las pujas políticas al interior de la Iglesia, la llegada lenta de un tiempo nuevo, etc.

Uno de los puntos más bajos de esa caída fue el Cisma de Occidente, que se extendió entre 1378 y 1417. El evento marcó la fractura de la autoridad papal entre dos figuras —hubo incluso tres en un momento— que se disputaban la autoridad suprema de la Cátedra de Pedro: había un papa en Roma y otro en Aviñón.

La institución eclesial ensayó entonces dos grandes caminos para remediar el papelón del papado. La primera fue el conciliarismo, que buscaba descentralizar la figura del papa y hacer depender la legitimidad de la Iglesia de un concilio de obispos. La segunda fue el curialismo o papalismo, que buscaba fortalecer todavía más la figura del papa como ente aglutinador de la cristiandad.

Lutero se jugó el pescuezo cuando dio su declaración final en la Dieta de Worms: «No creo al Papa ni a los concilios solos, porque consta que han errado frecuentemente y [se han] contradicho a sí mismos»[263]. El reformador estaba negando así los dos caminos de legitimidad teológica que la Iglesia venía practicando en los últimos siglos: el papalismo y el conciliarismo. En oposición a esos proyectos, Lutero proponía resolver la crisis de la Iglesia usando dos herramientas que consideraba mejores: una autoridad más antigua —los «testimonios de las Escrituras»— y «un razonamiento evidente».

Lo irónico del asunto es que las afirmaciones sobre el poder del papado nunca fueron tan grandilocuentes y portentosas como a fines de la Edad Media, justamente cuando lo que menos tenía el papado era poder real. Mientras la autoridad del papa en toda la cristiandad se iba desvaneciendo a lo largo de los siglos XV y XVI, la curia lanzaba proclamas que llevaban el papalismo a su máxima expresión. El pontífice romano era celebrado como *Dominus totius orbis* —Señor de todo el orbe— y Juan de Solórzano y Pereyra llegaba a decir que era un «Vice-Dios en la tierra»[264].

La institución se resquebrajaba por presiones internas y externas. El poder real del papado se esfumaba irremediablemente y se volvía plenamente dependiente de la protección y el beneplácito de la corona española. Mientras tanto, y como nunca antes, el poder temporal y universal del pontífice romano se recalcaba hiperbólicamente. En pocas palabras: mucho ruido y pocas nueces. O más concretamente: aumentar el ruido para que nadie notara que las nueces escaseaban.

Este mecanismo me deja pensando porque me recuerda una experiencia demasiado conocida: el énfasis que se hace en muchas comunidades con un perfil carismático de estar viviendo en una constante manifestación sobrenatural de la presencia de Dios. Cada oración en la intimidad de una habitación, cada reunión de los creyentes, cada palabra y canción parecieran recrear cotidiana o semanalmente el mismísimo Pentecostés. Hay fuego por todos lados, ángeles y temblores, experiencias extáticas, palabras proféticas, milagros, visiones y ríos de lágrimas. Todo consejo se transforma en una palabra a las naciones, toda convicción se convierte en una garantía de avivamiento.

Creo que este deseo exacerbado de poder perforar los cielos está en realidad compensando la pérdida de poder real de muchos creyentes y comunidades. La ecuación es sencilla: vivimos en un contexto de mucha hostilidad hacia el cristianismo; la Iglesia está puesta en entredicho y sufre descréditos cotidianos en los debates públicos.

La sensación de muchos ante esos conflictos es la de una vulnerabilidad creciente. Nos sentimos impotentes ante un mundo que no nos entiende y al que frecuentemente nosotros tampoco entendemos.

Se vuelve indispensable entonces la creación de un mecanismo de supervivencia: prometer, inflar y espectacularizar nuestra experiencia con el poder de Dios hasta el punto de acallar la carencia. La exageración de estas manifestaciones es como una muleta que nos ayuda a sobrellevar nuestra verdadera sensación, una fantasmagoría necesaria para creyentes y comunidades que sienten la impotencia de su cotidianidad.

Jean Baudrillard ha señalado que en nuestros días la ficción ha superado a la realidad. Somos ciudadanos de la hiperrealidad y el simulacro. No vivimos en una imitación ni una reiteración de la realidad, ni siquiera una parodia, sino en «una suplantación de lo real por los signos de lo real, es decir, de una operación de disuasión de todo proceso real por su doble operativo, máquina de índole reproductiva, programática, impecable, que ofrece todos los signos de lo real y, en cortocircuito, todas sus peripecias»[265].

Esto es algo como lo que Borges relata en el cuento "Del rigor en la ciencia", en el que la cartografía había remplazado al territorio, ya que el mapa del Imperio «tenía el Tamaño del Imperio y coincidía puntualmente con él»[266]. Vivir en la hiperrealidad no significa que existamos en una realidad falsa, sino que las representaciones han venido a reemplazar a la cosa misma. El símbolo es más real que la realidad.

Así pasa también en muchas de las pretensiones místicas de nuestra generación. Es fácil inflar el mapa hasta que se convierta en algo indistinguible del territorio mismo. En otras palabras: exagerar artificialmente la experiencia hasta volverla, en sí misma, más importante que el encuentro real con el Dios vivo.

Aunque la virtualidad del poder divino funciona muy bien como mecanismo de compensación positiva, no nos trae lo que en realidad estamos buscando: el verdadero poder de Dios, el único que puede transformar nuestra propia vida, nuestra Iglesia castigada, nuestras sociedades en crisis.

¿Dónde podemos encontrar ese poder entonces? Allí donde Dios quiera revelarse libremente. No en nuestros programas eclesiales o expectativas personales, no donde las luces invitan al espectáculo, no en una celebración de la sobrenaturalidad en sí misma ni en el lamento por vivir en el tiempo en que vivimos, sino ahí donde Dios decide mostrarse.

Y si algo aprendimos de la cruz de Cristo es precisamente que esa revelación no será nada como lo que hubiéramos podido desear, prever o imaginar.

## NUESTRA FE INDIVIDUAL, ECLESIAL Y DENOMINACIONAL HACE AGUA ANTE LOS DESAFÍOS ACTUALES; POR ESO, NECESITAMOS CONVOCAR A LA TRADICIÓN CRISTIANA EN NUESTRA AYUDA.

Quizás no haya una escena más épica en la historia del cine que la batalla por la defensa de Minas Tirith, la capital de Gondor, en la adaptación de *El señor de los anillos* del año 2003. Bajo las órdenes del Rey Brujo de Angmar y del orco Gothmog, unos 200 mil orcos y trolls, algunos Nazgûl y olifantes, varios miles de guerreros esterlingas de Rhûn, otros tantos variags de Khand y las inmensas huestes de los Haradrim del sur mantienen bajo asedio la ciudad blanca. Ningún ejército puede hacer frente a semejante conflagración de fuerzas.

Los ciudadanos de Minas Tirith alzan las armas para protegerse y convocan en su ayuda a algunos aliados: una guarnición de Osgiliath y una más pequeña de Cair Andros. También encienden las almenaras para pedir ayuda a cualquier otro ejército de cerca o de lejos que pudiera socorrerlos. Pero los refuerzos parecen una broma ante las huestes de Mordor. Es cuestión de tiempo hasta que el inconmensurable ejército penetre las murallas, que ya comienzan a ceder ante las máquinas de asedio, el fuego líquido y la presión insoportable de los orcos.

Cuando la esperanza parece perdida, el milagro sucede: aparece en el horizonte el rey Théoden que cabalga desde Rohan acompañado por sus Rohirrim en medio del sonido de cuernos y caballos. Aparece también Aragorn, heredero de Isildur, al frente de los Dúnedain del Norte y soldados de los feudos del sur de Gondor. Aunque no estaban en la escena original imaginada por Tolkien, el director Peter Jackson no soportó la tentación de incluir en la batalla a los muertos vivientes. Incluso ellos, muertos en otros tiempos y lugares, le parecieron indispensables para evitar el gran desastre: la caída de la ciudad blanca.

Son tiempos críticos para la fe cristiana. Los ataques a la Iglesia en las sociedades occidentales vienen de múltiples frentes —algunos honestos y realistas, otros cáusticos e incendiarios—. En la soledad de su propia experiencia, los creyentes individuales, las iglesias locales y las denominaciones intentan resistir la embestida con su escaso arsenal de doctrinas, ideas, argumentos y aprendizajes. Aunque agotan sus fuerzas defendiendo la muralla, el aluvión es imparable y la Iglesia sucumbe a las opciones más fáciles: la trinchera, la retirada o la rendición.

Ya hablamos de esto antes, pero vale la pena insistir. Los reformadores nunca hubieran caído en esa simplificación que se escucha a menudo entre muchos protestantes: Biblia, sí; tradición, no. Esa es una idea poco feliz heredada de las polémicas anticatólicas posteriores al Concilio de Trento.

En marzo de 1539, el cardenal Jacopo Sadoleto escribió a la ciudad de Ginebra para acusarla de haberse desviado de la tradición de la Iglesia y desafiarla a regresar a la fe católica. La brillante respuesta de Juan Calvino —que tenía apenas treinta años— fue precisamente que había sido el catolicismo romano el que se había desviado de su fuente y que los protestantes eran los verdaderos defensores de la tradición cristiana.

Tanto Lutero como los demás reformadores citaban incansablemente a los Padres Apostólicos y los Padres de la Iglesia, a filósofos paganos y cristianos, a los documentos confesionales, los credos antiguos, los primeros concilios ecuménicos y hasta los trabajos de los teólogos escolásticos. Sin duda, la figura más citada directa e indirectamente es Agustín, que funciona prácticamente como un telón de fondo para toda la teología protestante. Con el fin de iluminar la enseñanza de las Escrituras, los reformadores recurrían a los comentarios de múltiples intérpretes y fuentes de tradición, ¡incluso aquellos que estaban directamente conectados con el papado al que criticaban ácidamente!

Si los reformadores despotricaban contra el sistema religioso de su tiempo era porque una serie de "nuevas tradiciones" (surgidas en los siglos previos a la Reforma) habían enturbiado la verdadera tradición, enseñanza y doctrina que la Iglesia había sostenido desde el comienzo. En palabras del obispo inglés Lancelot Andrewes, «renovadores somos, no innovadores»[267]. Por eso hablamos de *Re-forma*: por la necesidad de recuperar una forma previa. Esa tradición anterior es la que los reformadores toman siempre como horizonte. Entendían que el pasado es un mapa que ayuda a caminar hacia el futuro.

Cuando las papas arden y ya no alcanzan las respuestas que ofrece nuestra propia espiritualidad, nuestro pequeño grupo social, nuestra denominación o herencia doctrinal, podemos aferrarnos a la autosuficiencia y la autonomía, a nuestra dudosa habilidad para aguantar el golpe y al orgullo de la pequeña quinta teológica en la que hemos crecido. Podemos aislarnos para defender la ciudad blanca con nuestros pocos soldaditos, pero yo no me haría muchas ilusiones.

O podemos, en un acto de valentía, humildad y solidaridad, prender las almenaras y convocar a la tradición cristiana. Que vengan las ideas y ayudas de los cuatro rincones de la *oikoumenē*, de toda tribu, lengua y nación. Que surjan las voces de épocas antiguas, medievales, modernas y posmodernas. Que respondan al grito desesperado desde la aljaba teológica de la tradición reformada, ortodoxa y católica. Que hagan un acto de presencia en un tiempo crítico y dejen atrás los partidismos, la mezquindad y el sectarismo, las rencillas del pasado y los intereses territoriales, la gloria de lo que fuimos o la vanidad heroica de lo que podemos llegar a ser.

*Dedicado a Diego Aspitia*

## TESIS 78

### ES EN VANO REPETIR LA POLÉMICA DE HACE CINCO SIGLOS: NI LOS EVANGÉLICOS DE HOY SON LUTERO, NI LOS CATÓLICOS ACTUALES SON EL PAPADO MEDIEVAL.

En los años que siguieron a la publicación de las noventa y cinco tesis, Lutero empezó a madurar una de las afirmaciones que se convertiría en sello de su Reforma: el papa era el anticristo. Semejante acusación no era nueva; ya los seguidores de Wyclif y Hus habían elevado esa crítica a la Iglesia católica romana. La diferencia fundamental con ellos es que Lutero no atacaba el comportamiento de un papa determinado —como su contemporáneo León X— ni se concentraba en los pecados de la curia —como habían hecho los husitas y los lolardos—. A Lutero le preocupaba la corrupción estructural de la institución.

Por eso, aunque afirmaba abiertamente que el papa era el anticristo, podía escribirle una carta a León X con todo respeto y afecto pidiéndole «que me tengas disculpado con esta carta y te convenzas que yo jamás he pensado nada malo con respecto a tu persona, y además, soy un hombre que te desea lo mejor para siempre jamás»[268].

A principios del siglo II, Ignacio de Antioquía utilizó el rótulo "Iglesia católica" para referirse a la Iglesia universal: la verdadera comunidad de los santos que está en todo el mundo. Aunque la ruptura con Roma fue inevitable, Lutero nunca dejó de ser católico. No fue un católico romano, por supuesto, pero sí se esforzó muchísimo por alinear su teología con la antigua tradición de la Iglesia universal. «Todos tenemos el mismo credo, el mismo Evangelio y el mismo sacramento»[269], escribía en 1520. Justamente por eso, podía reconocer que buena parte de las enseñanzas de la Iglesia católica romana seguían apuntando a la verdadera instrucción de los apóstoles:

> Nosotros confesamos que hay en el papado mucho que es cristiano y bueno; de hecho, todo lo que hay de cristiano y bueno puede encontrarse allí, y ha llegado hasta nosotros a través de esa fuente. [...] En

el papado hay verdadero cristianismo, aún más, la clase correcta de cristianismo, y muchos santos grandes y devotos.[270]

La palabra "ecumenismo" eriza la piel de muchos creyentes. Eso pasa porque probablemente la asocian con una serie de actitudes muy problemáticas para todos los que queremos seguir a Jesús: la afirmación nihilista de que todo da lo mismo, la enseñanza secularizada de que todas las religiones llevan a Dios, la tibieza de algunos que quitan valor al anuncio del Evangelio o al señorío de Cristo, o incluso la teoría de que existe un nuevo orden mundial con el papa a la cabeza.

El problema de llamar "ecumenismo" a cualquiera de esas cosas es que no hace justicia ni a la palabra ni a la historia de la Iglesia. El griego *oikoumenē* significa literalmente "tierra habitada"; el término se usaba en los primeros siglos de la era cristiana para nombrar toda la extensión de territorio que abarcaba el Imperio romano. Cuando la Iglesia perseguida pudo salir de las catacumbas y la clandestinidad, cuando pudieron verse la cara e identificarse como hermanos a pesar de las diferencias, reconocieron que esa Gran Iglesia que provenía de todo el globo era justamente *ecuménica*.

Parte del misterio de la vida cristiana tiene que ver con la incertidumbre que tenemos al responder una pregunta tan fundamental como imposible: ¿quiénes son parte de la verdadera Iglesia? Mientras sigamos en la espera de que la revelación definitiva de Jesucristo aclare todas las cosas, nuestro conocimiento será siempre incompleto. El trigo y la cizaña crecerán juntos. Es inevitable.

Algunas personas con ganas de esclarecer el panorama intentarán erradicar la cizaña sin demora: «¿Quieres, pues, que vayamos y la arranquemos?» (Mt. 13:28), preguntan los obreros de la parábola de Jesús. La respuesta del Señor pone en pausa el deseo de hacer justicia en nuestros propios tiempos y términos: «No, no sea que, al arrancar la cizaña, arranquéis también con ella el trigo. Dejad crecer juntamente lo uno y lo otro hasta la siega; y al tiempo de la siega yo diré a los segadores: "Recoged primero la cizaña, y atadla en manojos para quemarla; pero recoged el trigo en mi granero"» (vs. 29, 30).

El Imperio español dejó una huella hipercatólica en sus siglos de gobierno colonial sobre América Latina. El gran filólogo hispano

Marcelino Menéndez Pelayo lo dijo sin vueltas: «El dogma católico es el eje de nuestra cultura, y católicos son nuestra filosofía, nuestro arte y todas las manifestaciones del principio civilizador»[271]. Por ese motivo, incluso hasta el día de hoy, "católico" sigue siendo para muchos el antónimo de "protestante".*

Aunque tener un enemigo en común es una estrategia útil para unir a las personas de un mismo grupo, esta polémica tiene ya cinco siglos. Muchas cosas han cambiado desde entonces. Los procesos históricos que atravesaron el catolicismo y el protestantismo en estos quinientos años han transformado por completo los dilemas e identidades de cada grupo. Ni los evangélicos de hoy son Lutero, ni los actuales católicos son la encarnación del papado medieval.

Seguir replicando un molde del siglo XVI sin hacer un análisis honesto de la situación presente ni ofrecer un genuino *mea culpa* por los propios pecados es un tipo de polémica que nos distrae de reconocer algo muy evidente: en las filas propias y ajenas, hay trigo y cizaña que todavía coexisten. La auténtica unidad de los cristianos rechaza dos errores demasiado comunes: el sectarismo de los que creen que son los únicos iluminados con la verdad del Evangelio y el sincretismo de los que disuelven la Buena Noticia hasta hacerla irrelevante.

Jesús dijo: «Los que el Padre me ha dado vendrán a mí, y jamás los rechazaré. [...] Pues la voluntad de mi Padre es que todos los que vean a su Hijo y crean en él tengan vida eterna; y yo los resucitaré en el día final» (Jn. 6:37, 40).

Ningún entusiasmo sincrético puede salvar a quien el Padre no ha recibido.

Ningún fariseísmo sectario puede rechazar a quien el Hijo ha abrazado.

*Dedicado a Leonardo Biolatto*

---

* Cabe mencionar que se ha visto un acercamiento en los últimos años entre católicos y evangélicos, pero ha sido casi únicamente para formar un frente común contra ciertos posicionamientos ideológicos, políticos y éticos.

## LAS RENOVACIONES Y REFORMAS MÁS PODEROSAS SURGEN A MENUDO DE LAS EXPERIENCIAS DE HUMILLACIÓN.

Cuando en los comienzos de la Reforma le preguntaban a Lutero cómo se llamaba su movimiento, él decía que no le gustaba el rótulo "luterano" porque él mismo no era el eje de su mensaje. Prefería el mote "evangélico", porque afirmaba que ese nombre significa "centrado en el Evangelio". El término que finalmente trascendió a la posteridad fue "protestante", nombre que surgió de un documento que algunos príncipes y ciudades libres de Alemania presentaron a los enviados del emperador Carlos V en la Dieta de Espira de 1529. El documento era una queja ante los edictos imperiales que excluían a los partidarios de la Reforma de las decisiones sobre el futuro de la Iglesia. La Protesta de Espira decía así:

> Protestamos por medio de este manifiesto, ante Dios, nuestro único Creador, Conservador, Redentor y Salvador, y que un día será nuestro Juez, como también ante todos los hombres y todas las criaturas, y hacemos presente, que nosotros, en nuestro nombre, y por nuestro pueblo, no daremos nuestro consentimiento ni nuestra adhesión de manera alguna al propuesto decreto, en todo aquello que sea contrario a Dios, a su santa Palabra, a los derechos de nuestra conciencia, y a la salvación de nuestras almas.

Desde la Dieta de Espira se utilizó el rótulo "protestante" para describir a los seguidores de la Reforma. No fue un nombre elegido por los reformadores, sino un término acuñado por sus enemigos. Era una palabra despectiva, una manera de quitar validez al pedido de los "agitadores" alemanes. Sin embargo, a pesar de la intención estigmatizadora del término, la Reforma se apropió del adjetivo "protestante".

Algo similar había pasado tiempo antes con uno de los personajes que preparó el terreno para la Reforma. John Wyclif (c. 1324-1384) quería que la Biblia fuera accesible a las masas, así que trabajó para traducirla al inglés medieval. La Iglesia de su tiempo no solo se jactaba de tener las llaves del magisterio para "abrir" el verdadero sentido del texto, sino que rechazaba además toda traducción de la Biblia no autorizada por la curia. El concilio de Constanza (el mismo que sentenció a Jan Hus) declaró hereje a Wyclif y a sus seguidores, conocidos como "lolardos". Esa expresión —que significa algo así como "gruñones", apodo muy cercano a "protestantes"— era también un mote despectivo que los críticos daban al movimiento iniciado por Wyclif. De nuevo, los lolardos abrazaron el estigma como un honor.

Y si seguimos viajando al pasado, llegamos a Antioquía de Siria, donde los μαθητὰς ("discípulos") fueron por primera vez llamados Χριστιανούς ("cristianos"), según el testimonio de Hechos 11. Nos inspira pensar que "cristiano" significa "pequeño Cristo", como suele decirse a menudo. Sin embargo, el término no era un elogio, sino una burla. Cristianos eran los de la secta de Cristo, los mesianistas. De entre todos los grupos religiosos que había en la época, los discípulos de Jesús de Nazaret eran aquellos señalados despectivamente como partidarios del "Mesías": título que esas personas daban a un estrafalario predicador al que las autoridades romanas habían crucificado como un criminal.

Foucault llamaba "discurso reverso" a este mecanismo; también suele nombrarse como "reapropiación". Es una estrategia que se repite no solo en la historia de la Iglesia, sino también en la historia de las culturas. Pocos ejemplos recientes tienen tantas connotaciones como el inglés *nigga*, que era originalmente una expresión racista y muy peyorativa, pero fue reincorporada en las últimas décadas por la misma comunidad afroamericana.

Lo que fue insulto se vuelve identificación colectiva. La injuria lanzada para excluir y quitar legitimidad es desarmada al ser abrazada intencionalmente, casi como un movimiento de judo que tumba al adversario utilizando su propia fuerza.

Recuerdo estas cosas al pensar en el término "evangélico". Con el sostenido aumento demográfico de la Iglesia protestante en el mundo hispanohablante, con la explosión de visibilidad pública y tracción política de los evangélicos en toda América Latina, ante una preocupante radicalización nacionalista de algunos sectores del evangelicalismo estadounidense, el término "evangélico" se ha vuelto para muchos casi una mala palabra.

Los estereotipos enraizados en cinco siglos de hegemonía católica, los recelos de una generación más secularizada que nunca antes y el deseo de no quedar simbólicamente pegados a algunos famosos evangélicos (que, en más de una ocasión, no tienen mucho olor a Evangelio), todos estos frentes están convirtiendo a la palabra en una cosa despectiva.

No sé si el rótulo "evangélico" sobrevivirá al siglo XXI o si otro nombre lo irá desplazando progresivamente. Quizás una nueva reforma del cristianismo necesite romper con esas amarras para poder descubrir, con vigor y valentía, sus propios desafíos históricos. Sinceramente, no me interesa seguir abrazando el nombre "evangélico" si funciona únicamente como una palanca para la disputa política, la intolerancia religiosa o la manipulación de masas. Si ese es el futuro, quizás no sea una mala idea cambiar de carátula.

Sin embargo, habiendo dicho eso, no me desagrada pensar en una reapropiación sin timidez del mote "evangélico". Eso sí, con una condición: que encontremos allí, en el fondo de nuestro descrédito cultural, a un pueblo (una vez más) centrado en el Evangelio.

## TESIS 80

**CUANDO COMPARTIMOS LA SOLIDARIDAD QUE EXISTE AL INTERIOR DE LAS IGLESIAS CON "LOS DE AFUERA", NUESTRO TESTIMONIO HABLA POR NOSOTROS.**

D ebajo del variopinto paraguas que llamamos Iglesia evangélica hay lugar para todo tipo de expresiones humanas. El espectro protestante se extiende por Iberoamérica con una flexibilidad inmensa: de la más punzante intelectualidad a la celebración desvergonzada de la irracionalidad, desde una verticalidad en el liderazgo que hubiera agradado a los papas del Medioevo hasta experimentos de horizontalidad vanguardistas, de patrones de cosmovisión exacerbadamente posmodernos y secularizados a paradigmas decididamente premodernos.

En medio de esa incontenible multiplicidad, un factor distingue a las iglesias evangélicas: la solidaridad que existe entre sus miembros. Simpatizantes y detractores, propios y ajenos, todos saben que más allá de cualquier pecado o falencia, los evangélicos se ayudan y se cuidan.

Las comunidades protestantes han prosperado en entornos de profunda marginación social y económica. En los últimos cincuenta años, los evangélicos crecieron de manera sostenida en los intersticios del vapuleado tejido social de nuestros pueblos. Un poco como los israelitas en Egipto: «Cuanto más los oprimían, más se multiplicaban y se extendían» (Ex. 1:12; NVI).

En los barrios periféricos, lejos de las cámaras de televisión, donde la estructura de la Iglesia católica no logró contener las fracturas colectivas, surgieron espontáneamente los comedores, las cooperativas, los centros de rehabilitación y las horitas felices de las iglesias evangélicas. Los creyentes de a pie, anónimos y silenciosos, trabajan incansablemente por el bien de sus prójimos allí donde no se escuchan los discursos políticamente correctos de la academia, donde no llega el Estado ni se hace realidad el sueño americano.

En esta solidaridad inagotable de las iglesias evangélicas se ven los frutos de aquella exhortación de Pablo al final de su epístola a los gálatas: «No nos cansemos de hacer el bien. A su debido tiempo, cosecharemos numerosas bendiciones si no nos damos por vencidos. Por lo tanto, siempre que tengamos la oportunidad, hagamos el bien a todos, en especial a los de la familia de la fe» (Ga. 6:9, 10).

En los años posteriores al escándalo en torno a las indulgencias, Lutero fue precisando algunas consecuencias prácticas que tenían sus descubrimientos recientes. Su deconstrucción teológica no fue inmediata ni lineal; los documentos de la época reflejan sus vacilaciones y dudas. Un ejemplo de esto es el tratado *Juicio sobre los votos monásticos* de 1521. Tras su excomunión y salida del monasterio en el que había pasado quince años, Lutero tuvo que repensar su teología y su propia forma de vida.

Así comenzó a madurar su doctrina del sacerdocio de todos los creyentes y su enseñanza sobre la igualdad de las vocaciones religiosas y seculares. Lutero se empezó a sentir incómodo con la vida monástica: «El monje, dicen, ha muerto en cuanto al mundo y se ha consagrado a Dios; su único campo de actividad debe ser el monasterio; no le ha de interesar el que sus padres, prójimos, el mundo entero padezca necesidad o perezca o esté bien»[272].

Los monjes rechazaban ese tipo de críticas y afirmaban que vivir encerrados en el monasterio no les impedía la práctica diaria del amor al prójimo, solo que ese amor se expresaba exclusivamente entre los hermanos del convento. A Lutero ese tipo de piedad le parecía incompatible con la vida cristiana porque significaba abandonar el mundo a su suerte: «Ves, pues, que la obediencia y el amor son quitados de la vida pública y acantonados en el rincón de sus monasterios»[273].

Con la mejor de las intenciones y el mayor de los cariños, las iglesias evangélicas pueden convertir sus cuatro paredes en otro tipo de monasterio que, de igual manera, separen el amor y la obediencia de las necesidades de la vida pública. La inagotable solidaridad que vivimos al interior de las comunidades de fe puede volverse endogámica y autocentrada. Cuando eso pasa, perdemos en el camino una de las estrategias más pujantes para la misión. Al abrir nuestras redes de cuidado y ayuda a los de afuera, la Iglesia saca su esperanza a la calle, a la esquina del barrio, a la mesa del vecino agnóstico o indiferente.

Pocas cosas hablan con tanta fuerza a una época ruidosa y altanera como el testimonio silencioso y coherente de una familia de fe que no se cansa de hacer el bien.

## LA COMUNIDAD CRISTIANA DEBE SER UN LUGAR DE ACOGIDA PARA LA FRAGILIDAD HUMANA.

La inestabilidad extrema de grandes sectores del mundo motiva hoy una crisis migratoria a escala planetaria. El traslado masivo de pueblos enteros para escapar de la hambruna, la persecución política, las guerras de religión o la falta de trabajo proyecta a las décadas por venir consecuencias demográficas y culturales imprevisibles. Y casi como si fuera la tercera ley de Newton —el principio de acción y reacción—, la inmensa necesidad que motiva estos problemas migratorios ha despertado unos discursos de rechazo hacia todo lo extranjero también inmensos.

En buena parte de Occidente se viene observando desde hace años un fenómeno en ascenso. En Estados Unidos, Canadá, Australia, varios países de Europa —sobre todo Francia, Alemania y Gran Bretaña— y, de manera un poco distinta, también en América Latina crecen en convocatoria algunas figuras que promueven un nacionalismo exacerbado y una explícita intolerancia étnica y racial. Muchos teóricos de la posmodernidad creían que esas actitudes de purismo nacionalista estaban en vías de extinción en nuestras sociedades globalizadas, pero, como suele suceder, la evidencia de hoy se ríe de las mejores especulaciones de ayer.

El estallido de la Reforma en el siglo XVI también desató una crisis migratoria de proporciones inusitadas en muchos países de Europa. La nueva fe protestante ponía en jaque la hegemonía del papado, así que la proliferación de intereses religiosos, políticos y económicos —tanto a favor como en contra de la Reforma— no se hizo esperar. El mapa europeo se fue dividiendo así en territorios católicos y protestantes. El principio *cuius regio, eius religio* fue marcando líneas divisorias según la elección de cada gobernante.

El cambio de carátula religiosa de muchos territorios fue un fenómeno que favoreció la expansión de la Reforma, pero una pésima noticia para los ciudadanos. Quienes no compartían la fe profesada por el monarca tenían dos opciones: cambiar de fe o cambiar de territorio. La migración forzada para evitar la persecución religiosa cambió la demografía de países enteros.

Cuando Calvino y Farel se establecieron en Ginebra en 1536, la ciudad contaba con poco más de diez mil habitantes. Su llegada la convirtió en uno de los centros más importantes de la Reforma. Desde Ginebra, Calvino sistematizó las ideas de Lutero y las convirtió en pautas para organizar la sociedad.

La persecución de los protestantes franceses —conocidos como hugonotes— causó un intenso flujo migratorio hacia la ciudad suiza. En cuestión de dos décadas, la población se duplicó. Los ginebrinos nativos, desbordados por la llegada de tantos extranjeros, reaccionaron como era de esperarse: se sintieron invadidos y comenzaron a crear partidos políticos contrarios a la inmigración. La propuesta era dar suficiente pan a los emigrados para que volvieran a sus territorios con la promesa de que no regresarían.

Calvino conocía en carne propia lo que significaba ser inmigrante. Por eso convenció al concejo de la ciudad de que no soltaran la mano de los vulnerables recién llegados. Para responder a las necesidades, fundaron varios fondos: el francés, primero, y más adelante el italiano y el alemán. Los fondos cubrían gastos de «comida, medicinas, alquileres, entrenamiento vocacional, cuidado de viudas y huérfanos, desempleados, y otros»[274]. También convirtieron un antiguo convento en una instalación abierta a los necesitados que incluía un hospital, atención especial para los indigentes, una panadería y un centro para el cuidado de los huérfanos.

Calvino murió en 1564, veintiocho años después de llegar a Ginebra. Para el momento de su muerte, los inmigrantes no solo habían logrado rehacer su vida, sino que se habían convertido en ciudadanos de Ginebra con plenos derechos.

«¿Acaso soy yo el guardián de mi hermano?». Las palabras de Génesis han resonado por los pasillos de la historia cada vez que la necesidad o el egoísmo nos han volcado a proteger nuestra posición y privilegios a costa de los demás. Ante esa pregunta capciosa de Caín, la respuesta de Cristo, nuestro hermano mayor, fue indudablemente positiva: «Haz a los demás todo lo que quieras que te hagan a ti» (Mt. 7:12). Detrás de las pisadas del Maestro, la comunidad cristiana debe trabajar conscientemente para convertirse en un hogar que acoja la fragilidad humana y colabore en la transformación de las situaciones que la perpetúan.

De la indefensión de los emigrados a la pobreza material de los sectores bajos, de la crisis existencial de la mujer abusada a la vulnerabilidad de la niñez, del pantanoso terreno de la salud mental a las infranqueables murallas del pecado social, toda esa fragilidad es responsabilidad de los santos. El dolor del mundo no puede dejar indiferente a la Iglesia. En palabras de Lutero, «si Dios nos ha socorrido gratuitamente por Cristo, auxiliemos nosotros también al prójimo con todas las obras de nuestro cuerpo»[275].

# TESIS 82

## LA GRACIA DE DIOS NOS INVITA A ASUMIR UN ROL ACTIVO EN LA DEFENSA DE LA DIGNIDAD DE LAS PERSONAS.

En los medios de comunicación, los hashtags de Twitter, los eslóganes de marchas y los comentarios al pasar en las universidades públicas se escucha una y otra vez una palabra de reciente aparición: "Antiderechos". El término se repite como una especie de santo y seña del discurso progresista sin que nadie se detenga a pensar mucho en el asunto. Para una buena parte de la población, ese parece ser el nombre de pila y la mejor definición de los cristianos: un grupo de personas que sistemáticamente y por oscuras motivaciones religiosas desea impedir que los demás grupos sociales adquieran derechos.

Dejo para otra ocasión el análisis de la hostilidad previa que esconde esa palabra y la explícita mezquindad de muchos argumentos anticristianos. Tampoco quiero meterme con el inmenso desconocimiento de la psicología religiosa y de la demografía del cristianismo que trasluce un término como ese. Queda también pendiente la sugerente propuesta que hizo Samuel Moyn[276]: entender el auge de la lucha por los Derechos Humanos como una última utopía de las sociedades actuales tras la caída de los ideales nacionalistas y socialistas en el siglo pasado.

Lo que se mantiene en pie, más allá de todos esos atenuantes, es la triste disociación que existe a los ojos de un importante sector de la sociedad entre el cristianismo y los Derechos Humanos. Es triste porque semejante concepto no hace justicia a la historia.

El compromiso con la defensa de la dignidad humana no siempre ha sido parte del ADN de la sociedad occidental ni de la humanidad. El rabino Abraham Heschel señaló que, en la antigüedad, «la relación entre el hombre y sus dioses y la relación entre el hombre y sus prójimos representaban dos esferas sin relación entre sí. El hombre tenía ciertas obligaciones para con los dioses», pero esos compromisos «no se aplicaban a sus relaciones con el prójimo»[277]. Platón dejó constancia de la opinión corriente de su cultura sobre lo que significaba hacer el bien. La virtud, decía en el *Menón*, «consiste en estar en posición de administrar los negocios de su patria; y administrando, hacer bien a sus amigos y mal a sus enemigos»[278].

La idea de que todas las personas poseen un valor intrínseco y que la justicia debe administrarse sin distinciones le debe muchísimo a la tradición judía y cristiana. Aunque el relato de la Creación guarda ciertas similitudes con otras narraciones de su época, es en sus diferencias donde se ve con más claridad su potente declaración ética. En los relatos mesopotámicos y egipcios, el rey era la única criatura creada a imagen y semejanza del Creador; en el Génesis, toda la humanidad es dignificada con ese título.

En una entrevista, Jacques Derrida reconoció que la piedra angular de las leyes internacionales es la idea de que cada persona es sagrada por haber sido creada por Dios: «El concepto del crimen contra la humanidad es un concepto cristiano, y creo que no habría tal cosa en la ley de hoy día sin la herencia cristiana»[279]. A la luz de estas convicciones teológicas, el cristianismo ha declarado por dos milenios la inviolabilidad de la dignidad de todas las personas. Incluso en medio de las traiciones más despreciables y la corrupción estructural, el germen de la *imago dei* encontró maneras de permear en la Iglesia como un faro de justicia y esperanza.

La Reforma aportó dos grandes luminarias a la reflexión sobre la dignidad humana. En primer lugar, un énfasis en la libertad de conciencia, que no debe ser sometida ni suprimida por ninguna presión externa. Es la convicción que llevó a Lutero a afirmar: «Mi conciencia está cautiva de la Palabra de Dios. No puedo ni quiero retractarme de nada, puesto que no es prudente ni recto obrar contra la conciencia»[280].

Y segundo, una profunda experiencia con la gracia. La misericordia de Dios se extiende sobre la humanidad como un manto de cuidado, paciencia y perdón. La gracia no hace acepción de personas, dignifica todo lo que toca y se extiende con ternura hacia donde más se la necesita. No nos salvamos ni nos sanamos por nuestra propia grandeza o capacidad, sino porque la gracia de Dios lo hace posible.

Las sociedades secularizadas de Occidente quieren cortar amarras con el cristianismo, pero se encuentran en serios problemas para justificar ontológicamente el valor de una vida sin recurrir a su fuente religiosa. Aún no se ha comprobado la hipótesis de que pueda existir una ética totalmente divorciada de la religión. Si no hay nada más, si todo es discurso y es relativo, si nuestro paso por esta tierra es pura construcción social, entonces no hay bases legítimas para defender objetivamente los Derechos Humanos, la dignidad de nadie o la igualdad de todas las personas sin importar su raza, posición social, género o creencias.

José María Martínez escribió que el error de ciertos evangélicos ha sido «enfatizar tanto la pecaminosidad del hombre, que se han olvidado, hasta cierto punto, de que el pecado en sí no es el rasgo definidor del ser humano, sino que por el contrario se trata de la mancha que estropea su humanidad»[281]. Su comentario es, quizás, más pertinente hoy que cuando lo escribió hace medio siglo.

Recuperar el legado de dignidad y gracia del cristianismo es una forma muy concreta de crear puentes que permitan superar la hostilidad y el desconocimiento de los que apuntan a la Iglesia como un conglomerado de militantes antiderechos. Pero si ese pasado es pura nostalgia o una mera palmadita en la espalda, su poder de transformación se disuelve en hipocresía. La *imago dei* y la Sola Gracia no son un privilegio privado de los creyentes. Más bien: deben involucrarnos personal y comunitariamente en el cuidado de las personas, en la defensa de su dignidad, sin importar sus contextos, miserias o pecados.

## TESIS 83

## EL CRISTIANISMO NOS HACE MÁS HUMANOS, NO MENOS.

Cuando la honra de Dios está en juego, todos mostramos los dientes. Lo sagrado debe permanecer siempre como un tesoro inviolable. «"Dios" es un nombre prodigioso: el que consiga manipular la idea de Dios tendrá indudablemente una buena posibilidad de manipular la masa, para la que Dios es muy importante»[282].

En la tradición protestante, el lema *Soli Deo Gloria* —una alabanza a la majestad divina y un reconocimiento de la condición humana— ha sido frecuentemente el adalid para salir a la batalla. Cuando alguien pone en duda Su gloria, nos sentimos personalmente comprometidos con la defensa de su trono.

Por la gloria de Dios se emprendió la conquista de Tierra Santa, se argumentó el sometimiento de los nativos americanos, se justificaron las guerras de religión que sembraron Europa de cadáveres protestantes y católicos. Aunque no fue la única muerte firmada por la Reforma, la del científico y teólogo español Miguel Servet es la más tristemente célebre. Por las «execrables blasfemias con las que el libro [de Servet] está así dirigido contra Dios y la sagrada doctrina evangélica»[283], fue condenado a la hoguera en la Ginebra de Calvino. La gloria de Dios y la sana doctrina fueron las garantes de su sentencia.

La Reforma nació como una denuncia de Lutero contra la teología de la gloria: una teología «articulada en torno a una interpretación de la Ley de Dios, administrada a discreción por los poderes eclesiales»[284]. En otras palabras: un instrumento de poder. Historias como las de Servet han demostrado de forma gráfica y con mucha ironía que nadie está exento de esos pecados.

Me preocupa la creciente deshumanización de muchos creyentes, su extrañamiento y disociación de los rasgos que nos hacen humanos, la escasa empatía que muestran hacia los avatares y conflictos de nuestra existencia planetaria. Como si su encuentro con la fuente de la vida los hubiera alejado de nuestra raza, sus procesos, miserias y alegrías.

Experiencia humana y fe cristiana se van posicionando así en las antípodas. La primera queda asociada con el pecado; la segunda, con un rechazo de todos los asuntos temporales. Aunque Tomás de Aquino sintetizó la doctrina de la gracia y el pecado en un célebre adagio —«la gracia no anula la naturaleza, sino que la perfecciona»[285]—, pareciera que el imperativo de la gloria de Dios motiva a muchos a alejarse de nuestra naturaleza con el fin de penetrar en las esferas superiores.

Pero, como sugirió Eugene Peterson[286], no nos volvemos más espirituales al deshumanizarnos. El principio de que la gloria debe ser solo para Dios está muy lejos de esas prácticas heredadas del gnosticismo y el dualismo griego. *Soli Deo Gloria* no es una anulación de la persona o la especie: «Hombres somos, y nada de lo que es humano nos es extraño»[287], escribió Lutero en una ocasión citando a Terencio.

Que Dios merezca toda adoración y reconocimiento, y que nosotros seamos transformados al acercarnos a su presencia no esconde un germen deshumanizante. Más bien todo lo contrario: significa (entre muchas otras cosas) que ninguno de los mortales es más ni menos que nadie. El prójimo no debe estar arriba (para dominarme) ni debajo de mí (para someterse), sino a mi lado. Que Dios sea el único, el otro absoluto, el santo, el incomparable, nos convierte a todos los demás en prójimos.

Los reformadores fueron profundamente humanistas, pero sin caer en la independencia espiritual que proclamaban sus contemporáneos del Renacimiento —la que les hacía afirmar que el ser humano es la medida de todas las cosas, como el *Hombre de Vitrubio* de Leonardo sintetiza tan gráficamente—. La Reforma predicó, más bien, un humanismo no antropocéntrico, en el cual el ser humano encuentra su plenitud en la gracia divina. La Caída no es la última palabra sobre la humanidad. Mediante su encarnación, ejemplo y sacrificio, el Dios que eligió hacerse humano dignificó y llevará a su plenitud a nuestra raza.

Ninguna vida es más importante que otra; las sociedades secularizadas han incorporado el corolario de esa idea, pero eliminaron su fundamento teológico. De cualquier manera, el camino que nos trajo hasta acá fue pavimentado con sólida doctrina cristiana. O ¿acaso a algún siervo de otros tiempos y lugares se le hubiera ocurrido imaginar que su vida era equivalente a la de un monarca? El principio protestante que proclama que la gloria debe ser solo para Dios aportó a las sociedades occidentales una llave para imaginar relaciones humanas más dignas y justas.

Francis Bacon, el padre del empirismo científico moderno, fue criado en los principios de la Reforma. En una ocasión escribió a su amigo calvinista Isaac Casaubon: «Lo que me interesa es la vida y los asuntos humanos, con todos sus sinsabores y dificultades»[288]. En esas palabras encontramos la piedra angular del método científico. Tiempo después, Dietrich Bonhoeffer revelaría el denso sentido teológico que escondía esa intuición de Bacon:

> Dios ama a los hombres. Dios ama al mundo. No a un hombre ideal, sino al hombre tal cual es, no a un mundo ideal, sino al mundo real. [...] Mientras nosotros nos esforzamos por avanzar por encima de nuestro ser de hombres, por dejar al hombre tras nosotros, Dios se hace hombre y debemos saber que Dios quiere que también nosotros seamos hombres, seamos hombres reales.[289]

**TESIS 84**

# ANTES DE ABRIR LA BOCA, DEBEMOS DETENERNOS PARA ESCUCHAR CON ATENCIÓN EL CORAZÓN DE LA CULTURA.

Uno de los motivos fundamentales del éxito que tuvo la Reforma protestante en el siglo XVI fue su decidido arraigo popular. Lejos de los estrechos pasillos de la universidad de París, donde la élite intelectual de Occidente se medía en las turbulentas aguas de la teología escolástica, un monje abrió la cancha a una experiencia espiritual que trastornaría la historia. El Dios inalcanzable de la pirámide medieval, que se confundía prácticamente con el sistema político y económico, de pronto habitaba las calles, era adorado en lengua vernácula y daba de qué hablar en la mesa familiar.

Un panfletista de la época escribió que, mientras la Reforma llegaba a las ciudades de Europa, a su paso quedaba un tendal de «doncellas, estudiantes, peones, artesanos, sastres, zapateros, panaderos, toneleros, jinetes, caballeros, nobles y príncipes como los duques de Sajonia, que saben más acerca de la Biblia que todas las universidades, aun las de París y Colonia, y todos los papistas del mundo»[290].

Aunque la Reforma nació en los pasillos de las universidades, los reformadores entendieron «su acción como un movimiento popular, una verdadera revolución del pueblo llano contra las sofisticaciones de los intelectuales»[291]. Mientras traducía la Biblia al alemán, Lutero caminaba por las calles para escuchar cómo hablaba y pensaba su pueblo. Las canciones eran su forma preferida de enseñarles la Biblia; para componer sus himnos, el reformador se metía de incógnito en las tabernas. Allí aprendió las melodías pasionales y toscas con las que el pueblo alemán luego proclamaría *Ein feste Burg ist unser Gott:* Castillo fuerte es nuestro Dios.

Uno de los textos donde brilla más claro el espíritu popular de la Reforma es la *Carta sobre el modo de traducir* de 1530. Lutero se pregunta allí por la forma correcta de traducir Lucas 6:45, ya que creía que la gente no entendería fácilmente una frase como «De la abundancia del corazón habla la boca». Eso no es un «buen alemán», decía el reformador, porque en realidad «las amas de casa y el hombre sencillo se expresan así: "El que tiene el corazón lleno, se le sale por la boca"»[292].

Lutero ignoró olímpicamente el prestigio académico y el estatus del latín. Al traducir la Biblia, decía: «No debemos preguntarle al latín cómo se debe hablar alemán, más bien, debemos preguntarle a la madre en la casa, a los niños en las calles, al hombre común en el mercado sobre esto, y mirar sus bocas para ver cómo se debe hablar, y recién ahí hacer nuestra traducción»[293].

«Mirar sus bocas para ver cómo se debe hablar». Esa frase esconde un mapa hacia la misión de la Iglesia en el siglo XXI mucho más prometedor que muchos proyectos que andan todavía dando vueltas. Antes de abrir nuestra boca, debemos mirar atentamente las otras bocas, atender a lo que el mundo que nos rodea está preguntando, escuchar el corazón de la cultura que palpita por doquier.

¿Qué están diciendo las series, los tuits, las noticias? ¿Cómo se nombra el mundo en la gran aldea? ¿Y en la esquina de mi casa? ¿Cuáles son los dolores, las esperanzas, los grandes conflictos existenciales y las ínfimas preocupaciones banales de nuestros contemporáneos? Hay que escucharlos muy bien, con interés genuino y paciencia, para poder apreciar su idiosincrasia, sus valores y verdades.

Recién entonces, nuestra traducción del Evangelio podrá resultarles significativa.

# LA MEJOR ESTRATEGIA PARA RESISTIR A LA SECULARIZACIÓN ES TRABAJAR POR UNA COSMOVISIÓN CRISTIANA INTEGRAL QUE ABARQUE LA TOTALIDAD DE LA VIDA.

«La religión es el opio del pueblo» es una especie de mantra del ateísmo para principiantes: un latiguillo oído en los pasillos de los colegios para chicanear a los creyentes y acusarlos de que su religión es falsa y que, como el opio, despierta visiones fantasiosas y erradas. Pero Marx decía algo mucho más interesante que eso. Vale la pena volver a leerlo:

> La religión es la teoría general del mundo, [...] la realización quimérica de la esencia humana, porque la esencia humana no posee una verdadera realidad. Luchar contra la religión es pues, indirectamente, luchar contra ese mundo, del que la religión es el aroma espiritual. La miseria religiosa es a la vez expresión de la miseria real y protesta contra esa miseria real. La religión es el suspiro de la criatura agobiada, el alma de un mundo sin corazón, es el espíritu de una época privada de espíritu. La religión es el opio del pueblo. Negar la religión, esa felicidad ilusoria del pueblo, es exigir su auténtica felicidad. [...] La crítica de la religión contiene en germen la crítica del valle de lágrimas del que la religión es una aureola.[294]

Marx no admitía que la existencia de Dios fuera una posibilidad ni creía que hubiera un fundamento real detrás de las creencias religiosas. No obstante, su materialismo no le impedía ver el poder que tiene la religión para paliar el dolor de la existencia. Marx deseaba que la gente pudiera despertar del placebo religioso para dirigirse a la raíz misma de los mecanismos ideológicos que perpetuaban su dolor y sometimiento.

Arsenio Ginzo afirmó que toda «la filosofía alemana tiene entre sus señas de identidad la referencia, expresa o tácita, al legado espiritual de la Reforma»[295]. Nietzsche lo diría de forma mucho más gráfica: «El párroco protestante es el abuelo de la filosofía alemana»[296].

Trescientos años después de la muerte del Lutero y ya sin devoción cristiana de por medio, el materialismo marxista repitió como un eco la crítica que había motivado la escritura de las noventa y cinco tesis: la conciencia del reformador de que «la mayor parte de la gente es necesariamente engañada por esa indiscriminada y jactanciosa promesa de liberación de las penas»[297].

El protestantismo fue un factor central en la desacralización del mundo moderno, ya que negó la validez del sistema sacramental, habilitó la crítica a la religión organizada y dio el mismo valor a las vocaciones seculares que a las religiosas. En buena medida, aunque no fue la intención de Lutero, la secularización en la que vivimos hoy se remonta a la Reforma que hace cinco siglos acabó con el monopolio del catolicismo sobre Europa.

Al hablar de secularización, más de uno imagina a personas o gobiernos con una actitud anticristiana, antirreligiosa e incluso antiética. Todo lo que se opone a Dios. Sin embargo, vivir en una sociedad secular no tiene que ver en sí con la negación de lo religioso ni con un combate contra el cristianismo. El factor fundamental para entender el fenómeno de la secularización es la compartimentalización; en otras palabras: todo está en cajitas autónomas e independientes.

La religión tiene su cajita, la ciencia tiene la suya y la ética también; en un compartimiento van las verdades sobre la pareja y en otro las que tienen que ver con la vida en sociedad. Cada verdad es relativa a su cajita. Adentro de ella, las verdades son válidas, importantes y soberanas. Pero las conclusiones o implicaciones de cada una de esas verdades no pueden por nada del mundo salirse de los límites de su compartimiento.

Secularización es fragmentación. En otros tiempos la religión y la ciencia tuvieron la legitimidad para funcionar como un parámetro de referencia; hoy ya no existe un principio rector que logre convocar a todas las verdades en una cosmovisión integral de la existencia.

Nuestra mente fragmentada lidia como puede con un mundo demasiado grande. Información contradictoria nos bombardea constantemente y debilita la posibilidad de abrazar cierto equilibrio mental. Al adolecer de un punto arquimédico que le permita organizar la marea de datos que la rodea, la conciencia contemporánea navega a sus anchas entre la incoherencia y el nihilismo. En un escenario como ese, es común toparse con creyentes que mantienen una devoción de lo más intensa en un sector de su existencia, mientras, a la par, sus ideas sobre cualquier otro asunto siguen siendo perfectamente inmunes al mensaje del Evangelio.

Karel Dobbelaere señala que, «cuanto más pronunciada es la compartimentalización, menos religiosas son las personas»[298]. Es decir: mientras más cajitas tenemos, menos peso real tiene nuestro cristianismo. Amurallar la vida cristiana para evitar el avance de la contaminación no es una buena estrategia para resistir la secularización. El resultado de un esfuerzo como ese no será otro, sino la absoluta irrelevancia del Evangelio en la propia vida y en la sociedad. La fe será tan solo un compartimiento perfectamente aislado entre muchos otros sectores autónomos.

Uno de los grandes desafíos de nuestra generación es trabajar por una cosmovisión cristiana lo suficientemente flexible, bien informada y saludable como para que pueda permear en todos los compartimientos de nuestra vida posmoderna. Un Evangelio que no se conforme con gobernar a sus anchas en una cajita, sino que integre la marea de información que nos rodea con sentido y coherencia.

Cuando el cristianismo se vuelve cobarde y se repliega, su propio aislamiento lo hace eventualmente desaparecer. Por el contrario, cuando permitimos que el Evangelio toque con valentía cada rincón de nuestra vida, cada área de conocimiento, cada opinión y experiencia, la fe se fortalece y madura. El mensaje de la cruz se vuelve una llama poderosa que ilumina la totalidad de la existencia.

## NECESITAMOS VOLVER A INSISTIR EN LA IMPORTANCIA DE LAS VOCACIONES EN EL DESARROLLO DE LA MISIÓN CRISTIANA.

Cuando se hablaba de las vocaciones en la Iglesia de la Edad Media, quedaba en evidencia la profunda diferencia de clases que había entre los creyentes. Vocación era aquello que tenían los que habían recibido una llamada particular de Dios para vivir ascéticamente en un monasterio. Eran los profesionales de la fe que se apartaban del mundo para encontrar a Dios. «Ser un religioso, dicen ellos, es hallarse en un estado que es bueno de por sí»[299], señalaba Lutero. Los monjes se afeitaban la cabeza en torno a la coronilla como un signo físico de su santidad y separación del mundo. Los sacerdotes que no alcanzaban ese nivel de espiritualidad pertenecían a una categoría intermedia: la de los seglares*. Esos religiosos se dedicaban, según el ejemplo de Francisco de Asís y junto con el resto del pueblo, a "las cosas de este siglo".

Para comienzos del siglo XVI, la idea medieval de que había una llamada divina que distinguía a los monjes del resto de la gente entró en crisis. Erasmo de Róterdam la atacó primero al señalar que la inactividad y el aislamiento de los monasterios no representaba la verdadera vida cristiana. Siguiendo su ejemplo, Lutero se apropió del término "vocación"** y lo puso decididamente en el centro de la vida cotidiana.

Desde la primera década de la Reforma, dice Max Weber, la idea de vocación ya no es «la superación de la moralidad terrena por medio de la ascesis monástica, sino precisamente el cumplimiento en el mundo de los deberes que a cada cual impone la posición que ocupa en la vida, y que por lo mismo se convierte para él en "profesión"»[300]. Al responder a la llamada divina para trabajar en el servicio al

---

\* Del latín saecularis, de donde también viene "secular".
\*\* En alemán: Beruf.

mundo y al prójimo, los creyentes imitan al Padre celestial, que trabaja cotidianamente en los oficios más comunes:

> Dios es un sastre que le hace a un venado un manto que durará mil años. Es un zapatero que le proporciona botas a las que el venado no sobrevivirá. Dios es el mejor cocinero, porque el calor del sol proporciona todo el calor que existe para cocinar. Dios es un repostero que prepara un festín para los gorriones y gasta en ellos anualmente más que las rentas totales del rey de Francia.[301]

Lutero predicó insistentemente sobre la importancia de las vocaciones, que dignifican la cotidianidad, derriban las barreras que separan a los creyentes en niveles espirituales y dan valor a los trabajos seculares.

> Las obras de los monjes y de los sacerdotes, por sagradas y difíciles que sean, en nada se distinguen en absoluto ante los ojos de Dios de las obras de un labrador que trabaja en el campo ni de una mujer que atiende sus quehaceres domésticos, sino que ante el Señor todas se miden por una sola fe. [...] Es más: con frecuencia acontece que la obra doméstica y vil de una criada o un criado es más grata que todos los ayunos y las obras de un monje o sacerdote, por falta de fe.[302]

La vida real de las personas reales dejó de ser una fuente de culpa y se convirtió en una aventura: buscar creativamente a Dios en la vida que Él mismo creó y sostiene hasta hoy. La Iglesia no era el único lugar para encontrarse con el Creador; por el contrario,

> si Dios le había llamado a uno a ser leñador, entonces el lunes por la mañana debía encontrarse con Dios en el bosque. Si él lo había llamado a ser zapatero, entonces el lunes por la mañana, él esperaba encontrarle en el banco de trabajo. Si Dios la había llamado a una a ser ama de casa, una tenía que servir a Dios cuidando las plantas de la ventana.[303]

Lamentablemente, la Iglesia protestante ha descuidado su enseñanza sobre la sacralidad de las vocaciones. Lo que en su momento fue una marca teológica distintiva —que dignificaba cada trabajo, oficio y servicio como algo que podía ser realizado para dar gloria a Dios—, con los siglos fue perdiendo su pujante novedad. En más de una ocasión, hemos caído directamente en una separación que recuerda al magisterio medieval: según niveles de espiritualidad ("el ungido y su rebaño", "los líderes y el resto del pueblo"), según niveles de servicio ("es mejor ser pastor o misionero que arquitecta o albañil"), según momentos y lugares (el culto, el templo).

Muy pocas comunidades evangélicas están apostando a edificar a los creyentes sin pedirles —implícita o explícitamente— que se distancien de sus "vocaciones seculares" para dedicarse a "las cosas de Dios". Pareciera que el camino hacia la madurez cristiana se encuentra en un nuevo tipo de monasterio, lejos de los trabajos, rutinas, espacios y personas que componen nuestra vida real.

Pero la misión de la Iglesia en el siglo XXI no podrá ser realizada desde la distancia. La evangelización de una sociedad secularizada y fragmentada como la nuestra no necesita de una deslumbrante subcultura cristiana, sino de hombres y mujeres que sean como una levadura que se esconde en la cultura y la transforma de manera persistente, duradera, imperceptible. Artistas y profesionales, trabajadores anónimos y renombrados intelectuales, obreros, estudiantes. En pocas palabras: personas reales que lleven a Cristo a pasear por el mundo siendo nada más (y nada menos) que personas reales.

> Un árbol da gloria a Dios, ante todo, siendo un árbol. Porque al ser lo que Dios quiere que sea está imitando una idea que está en Dios y que no es distinta de la esencia de Dios, y por lo tanto un árbol imita a Dios siendo un árbol.
>
> THOMAS MERTON

# TESIS 87

## LA IGLESIA NO ES UN FACTOR OPCIONAL EN LA EXPERIENCIA DE FE.

La religión en tiempos posmodernos ya no es lo que solía ser. Massimo Introvigne ha sintetizado la tendencia de la religiosidad actual en cuatro movimientos, que van de lo más tradicional a lo más secularizado: *Cristo sí*, la Iglesia no; *Dios sí*, Cristo no; *Religión sí*, Dios no; *Sacro sí*, religión no. La gente quiere una fe sin culpas ni responsabilidades, a la medida de sus necesidades: «Una religión incoherente, brumosa, subterránea, que no acabe nunca. Como una novela, no como una teología»[304].

Las masivas campañas evangelísticas repitieron por décadas una invitación que expresaba una espiritualidad típicamente posmoderna. «No te hablo de una iglesia ni de una institución, te hablo de Jesús», decían. Y repetían también que «el cristianismo no es una religión, sino una relación». Deseaban poder distinguirse de la imagen tradicional y verticalista que el catolicismo tenía en nuestras tierras. Contra eso polemizaban.

Pero la semilla que plantaron creció. La comunidad cristiana se volvió para muchos un factor opcional. Algo valioso, pero prescindible. Para recuperar una vieja categoría teológica, lo importante es pertenecer a la Iglesia invisible: estar personalmente en paz con Dios sin darle mucha importancia a las ataduras terrenales. El número de cristianos que cree que la Iglesia es un apéndice de su fe va en aumento y no parece que la tendencia vaya a cambiar en el corto plazo.

La teología bíblica insiste en una intuición fundamental: que «Dios se busca, de entre todas las naciones del mundo, un pueblo único, con la intención de hacer de este pueblo un signo visible de la salvación»[305]. Desde la casa de Abraham —convocada para ser bendición a «todas las familias de la tierra» (Gn. 12:3)— hasta la ciudad santa al final de la Biblia —que guía con su luz a todas las naciones (Ap. 21:24)—, el esquema se repite una y otra vez. Más que místicos sobresalientes, intelectuales de la fe o gobernantes piadosos, lo que Dios busca es un pueblo.

Antes del éxodo, el Señor le propuso un pacto a Israel: «Te libertaré de la opresión que sufres y te rescataré de tu esclavitud en Egipto. Te redimiré con mi brazo poderoso y con grandes actos de juicio. Te tomaré como pueblo mío y seré tu Dios. Entonces sabrás que yo soy el Señor tu Dios» (Éx. 6:6, 7). Dios se comprometía a tratarlos como «su pueblo, su tesoro especial», y ellos a «andar en sus caminos y obedecer sus decretos, mandatos y ordenanzas, y hacer todo lo que él» dijera (Dt. 25:17, 18). Ese pacto fue ratificado en el Sinaí.

Pero incluso en ese instante fundacional, el pueblo incumplió los términos del acuerdo. Quizás nadie ha contado esa historia con palabras más poéticas que Leopoldo Marechal:

> Las cicatrices de la fusta sangraban todavía en tu piel, y el barro del Nilo estaba fresco aún en tus talones; y el maná del cielo se derretía en tu boca, y en tu garganta la frescura del prodigioso manantial. ¡Y ya olvidabas, hombre duro! ¡Ya rendías tu incienso al animal de oro y le besabas las pezuñas fundidas con el metal de tus aros y las ajorcas de tus hembras![306]

Por gracia de Dios, en medio de pruebas, muertes y deslealtades, Israel llegó a la tierra prometida. El propósito fundamental de su residencia en esa tierra era el que resumió Josué en la simbólica entrada a la promesa cruzando el río Jordán: «Para que todas las naciones de la tierra supieran que la mano del Señor es poderosa, y para que ustedes temieran al Señor su Dios para siempre» (Jos. 4:24).

Para llamarlos al arrepentimiento, Dios levantó una serie de personajes que conocemos como profetas. En ciertas ocasiones, los profetas bíblicos dirigieron su mensaje de juicio y denuncia *extramuros*, a las naciones que no pertenecían al pacto, como Babilonia o Asiria. Sin embargo, su ocupación principal fue *intramuros*: acusar al pueblo de Dios de su infidelidad hacia el pacto y recordarles su compromiso con el Señor.

Cuando Jesús explicó su misión, lo hizo según el modelo de los profetas: su ministerio se concentraría únicamente en «las ovejas perdidas de Dios, el pueblo de Israel» (Mt. 15:24). Jesús entendía a Israel como un pueblo separado de entre las naciones, santo, llamado para ser una sociedad de contraste. Su esperanza era que la justicia y piedad del pueblo de Dios atrajera a todos como «una ciudad en lo alto de una colina que no puede esconderse» (Mt. 5:14). La elección de los Doce fue una forma muy gráfica de simbolizar el reencuentro de todo Israel.

Después de la Pascua, la Iglesia siguió entendiendo su misión según el modelo de Jesús. El Nuevo Testamento y los Padres Apostólicos dedicaron muchas energías a demostrar la continuidad que existía entre la misión de Israel y la de la Iglesia. Los gentiles habían recogido el manto dejado por la apostasía de Israel. Aunque habían ampliado su conciencia étnica y reenfocado su percepción misionera, los primeros cristianos nunca perdieron de vista que su identidad era ser un pueblo santo, diferente de los demás: un signo eficaz de la presencia de Dios entre nosotros.

Lutero pasó a la historia por rebelarse contra la Iglesia. Criticó ácidamente el uso que los papas de su tiempo daban a una famosa frase de Cipriano de Cartago: *Extra Ecclesiam nulla salus.* «Fuera de la Iglesia no hay salvación»[307]. Pero nada de esto significa que Lutero haya creído que la vida en comunidad fuera un elemento opcional o secundario en la experiencia cristiana. El reformador fue siempre un hombre de Iglesia.

> Quien quiera encontrar a Cristo debe encontrar primero a la Iglesia. ¿Cómo podría alguien saber dónde está Cristo y la fe, si no sabe dónde están sus creyentes? Y quien quiera saber algo sobre Cristo no debe confiar en sí mismo ni construir su propio puente hacia el cielo por su propia razón; sino que debe ir a la Iglesia, atenderla y preguntarle. Ahora bien, la Iglesia no es madera y piedra, sino los que creen en Cristo. Hay que aferrarse a ellos y ver cómo creen, viven y enseñan los que tienen a Cristo con ellos. Porque fuera de la Iglesia cristiana no hay verdad, ni Cristo, ni salvación.[308]

El individualismo y la secularización atomizan la espiritualidad cristiana hasta volverla un vapor intrascendente. El Cuerpo de Cristo no puede disolverse también hasta convertirse en una experiencia interior y privada. Nuestra propia salvación y la de nuestros semejantes se hará real cuando la Iglesia abrace, en conjunto, su identidad fundamental: la de un pueblo que apunta —de manera visible y profética— al Reino de Dios.

## PARA AFRONTAR SU MISIÓN EN EL SIGLO XXI, LA IGLESIA DEBE APOSTAR A LA FORMACIÓN ACADÉMICA DE INTELECTUALES Y TEÓLOGOS E INCORPORARLOS A SU *STAFF*.

Estudiar teología de forma seria y oficial en América Latina es una misión (casi) imposible. Hay algunas opciones de estudio —locales o a distancia—, pero no hace falta indagar mucho para descubrir que las posibilidades se reducen a una "Preparación para el ministerio". En pocas palabras y sin tantos eufemismos: lo necesario para cumplir la tarea pastoral en una iglesia local. Hay varios institutos bíblicos y algunos seminarios teológicos que hacen una tarea muy necesaria, pero escasean las facultades de teología acreditadas, los títulos oficiales y la preparación académica de calidad.

¿De dónde viene semejante escasez? Sencillo: de la desconfianza de las iglesias evangélicas hacia la tarea intelectual. El desprecio que muchos líderes y comunidades han tenido durante décadas hacia todo lo relacionado con pensar la fe (más allá de la repetición de ciertos conocimientos de manual) ha dejado un saldo negativo del que será muy difícil salir. Las iglesias no han invertido tiempo ni recursos en formar intelectuales o centros de educación de calidad dedicados a la labor teológica. Por lo general, más bien, han minado los pocos esfuerzos que han aparecido y los han acusado de poco espirituales y tibios.

Las cosas, también en este aspecto, eran muy diferentes hace cinco siglos. Lejos de ser personas ajenas al mundo intelectual, los reformadores tenían algunas de las mentes más dotadas de su generación. La mayoría de ellos ejerció su vocación a mitad de camino entre el pastorado y la docencia, la iglesia y la universidad.

«No tengo otro consejo que el de rogar humildemente a Dios para que él nos dé doctores en teología»[309], rogaba Lutero en 1520. Para sobrevivir a esos tiempos tan duros, la Iglesia necesitaba intelectuales. El corazón de la Reforma no fue una parroquia, sino dos instituciones educativas: la Universidad de Wittenberg (en la Alemania luterana) y la Academia de Ginebra (en la Suiza calvinista).

En los mil quinientos años previos a la Reforma, no había sido necesario que los sacerdotes tuvieran educación para ser ordenados, pero en cuestión de un par de décadas «los estudios teológicos formales vinieron a ser requisito para la ordenación»[310]. Todo el que quisiera servir al pueblo de Dios mediante la enseñanza de la fe cristiana debía primero tomarse un buen tiempo para aprenderla.

Las comunidades cristianas que quieran sobrevivir al siglo XXI sin perder su identidad y su relevancia no pueden darse el lujo de prescindir del consejo y la mirada de intelectuales versados en teología y cultura que le ayuden a entender su fe, evaluar su contexto, revisar sus métodos y potenciar su misión. Las cosas están demasiado complicadas para despreciar esos dones. En la viña del Señor hay lugar para todo tipo de gente rara, ¡inclusive para quienes han dedicado su vida (y sus pestañas) a la teología!

Esos personajes extraños —que pueden hablar larga y apasionadamente de la literatura del segundo templo, la cláusula Filioque, la hipótesis documentaria o alguna cosa por el estilo— son fundamentales para acompañar a la Iglesia en su peregrinaje por un siglo extremadamente confuso y agotador.

Y resulta interesante que la situación sea recíproca. Sin el cuidado y la exhortación del pueblo de Dios, sin el contacto estrecho con los problemas y las opiniones de su comunidad de fe, condenado al exilio en su torre de marfil, el teólogo también se pierde en su propio laberinto de especulaciones. «Cada parte, al cumplir con su función específica, ayuda a que las demás se desarrollen, y entonces todo el cuerpo crece y está sano y lleno de amor» (Ef. 4:16).

En los últimos cincuenta años, las iglesias se han visto en la necesidad de incorporar a técnicos especialistas en sonido, iluminación y multimedia a su *staff*. Fue una inversión necesaria para poder seguir el ritmo frenético de las innovaciones tecnológicas. De igual manera, las comunidades cristianas necesitan incorporar a sus equipos de trabajo a intelectuales y teólogos sólidamente capacitados que puedan ayudarles a surfear la ola de nuestra época desde la sabiduría eternamente actual del Evangelio.

Por supuesto que las iglesias y ministerios pueden sobrevivir y prosperar sin las herramientas que ofrecen la labor intelectual, el estudio profesional de las Escrituras y la teología cristiana. Los ejemplos sobran. Si va a ser ese nuestro camino, no nos quejemos entonces de que nuestra voz —como suele pasar cuando falta el sonidista que realmente sabe— se escuche mal, se entienda poco y haga mucho ruido.

## TESIS 89

**LA VANGUARDIA TEOLÓGICA NO PUEDE NUNCA PERDER DE VISTA AL PUEBLO DE DIOS.**

## TESIS 90

**PARA ACOMPAÑAR A LA IGLESIA EN EL CAMINO HACIA LA REFORMA, SE NECESITAN AMOR, PACIENCIA Y ESTRATEGIAS PEDAGÓGICAS.**

Me pasa muy seguido, casi cotidianamente, de quedar pasmado al escrolear en las redes y descubrir lo que piensan muchos de mis hermanos en la fe. Los grupos de Facebook y los comentarios en YouTube son la tierra fértil en la que proliferan todo tipo de falacias argumentativas, interpretaciones bíblicas sin contexto, groseros errores doctrinales, repetición de teorías conspirativas y, sobre todo, un fuego consumidor por convencer al otro de su error (que raramente toma conciencia de las propias incoherencias).

Como en un arrebato heroico ante tanta confusión, a veces me dan ganas de romper con todo, de dar la espalda a ese universo y dedicarme, sin tanto esfuerzo, a hablarle a la tribuna: los que ya piensan como yo, los que viven la fe como yo, los que leen los libros que me gustan, los que ven el mundo con anteojos parecidos a los míos.

La que describo es una experiencia común a muchos miembros de mi generación. Exhaustos y airados, impotentes ante semejante batallón de ideas, deciden romper con un sector grande del pueblo de Dios. Muchos de ellos llegaron a esa decisión tras haber aprendido a leer la Biblia de una forma un poco más integral. O quizás luego de haber comprendido algunas cosas sobre la historia de la Iglesia y la teología sistemática. A veces el cambio llegó al entrar en contacto con tradiciones de fe que no pertenecen al pequeño universo doctrinal en el que fueron criados.

Marcados por el dolor, la incomprensión y la sospecha de sus hermanos, muchos se van desiglesiando. Se asumen como una vanguardia teológica e intelectual que debe, con fervor profético y desde afuera, denunciar los vicios de la comunidad cristiana. El anhelo de *derrumbar mi casa y empezar de nuevo* se va imponiendo como un grito incontrolable. La claridad, la erudición y la coherencia de algunas de estas voces han hecho que muchos otros, situados también en el margen de la institución eclesial, hayan decidido dar un paso al costado y mirar a la Iglesia desde la distancia.

Toda vanguardia —ya sea intelectual, artística, política o teológica— corre siempre un enorme peligro: la (auto)marginación del pueblo al que intenta orientar. Las "minorías proféticas" «son propensas a generar anticuerpos mucho antes de que sus propuestas ganen el oído»[311]. La indignación frente al inmenso desconocimiento, la impotencia ante la desconfianza de los pares y a veces cierta soberbia por lo aprendido van endureciendo diariamente el discurso.

«Soy hijo, nieto y bisnieto de agricultores»[312], decía Lutero en una de sus charlas de sobremesa. Antes de llenar Wittenberg con su teología de vanguardia, el reformador se crio en Mansfeld, una pequeña ciudad minera «con caminos fangosos llenos de vagonetas de carbón y el olor al fuego de las fundiciones flotando en el aire»[313]. Lutero era vulgar, tosco, mal hablado, bebedor de cerveza y alemán hasta la coronilla. Nunca ocultó su origen popular. Más bien, valoraba ese pasado humilde porque le recordaba que la vida era una aventura. Su Reforma hizo en unos pocos años lo que la curia medieval había demorado un milenio: arrebatar la Iglesia del control de la élite y ponerla de nuevo en las manos del pueblo de Dios.

La historia ha ampliamente demostrado que una minoría profética que intente caminar sin el apoyo de las comunidades cristianas y la vitalidad del pueblo de Dios está condenada a secarse, a volverse ácida y triste, y eventualmente a desaparecer. Una vanguardia que intente de verdad cambiar las cosas, que apunte a reformar las instituciones caducas de manera duradera, no solo tiene que estar empapada de las preocupaciones y realidades de su pueblo. Además, debe esforzarse por desarrollar estrategias que logren convocar a las mayorías y convertirlas en protagonistas.

Por más verdad o pertinencia que haya en los reclamos de avanzada, si no logran incorporar al pueblo dentro de su horizonte de acción, las grandes ideas quedarán siempre reducidas a charlas de café. «La palabra de Dios no puede existir sin el pueblo de Dios; por otra parte, el pueblo de Dios no puede existir sin la palabra divina»[314].

Lutero entendió que el camino para acompañar a la Iglesia de a pie hacia la Reforma incluía hacerse cargo de su responsabilidad como educador. Ese fue el motivo que lo llevó a publicar en 1526 la *Misa alemana*. Hasta ese entonces, los feligreses eran espectadores de un ritual realizado en una lengua que difícilmente entendían. El nuevo modelo de liturgia de Wittenberg, por el contrario, tenía un énfasis decididamente pedagógico. La Reforma convirtió a la iglesia «no solo en casa de oración y alabanza, sino también en sala de clase»[315].

Lutero reemplazó el canto gregoriano por canciones que tenían una instrumentación sencilla y efectiva. En oposición a las sílabas interminables y difíciles de cantar del gregoriano, las canciones de la Reforma solo usaban una nota por sílaba. La idea era que la gente pudiera entender lo que estaba cantando.

Otra diferencia con los cantos medievales era la participación de la comunidad. Si antiguamente el coro y el celebrante interpretaban casi toda la liturgia y la congregación solo respondía unas pocas veces, las nuevas canciones manifestaron con toda claridad las implicaciones que tenía la doctrina del sacerdocio de todos los creyentes.

Cuando le preguntaban a C. S. Lewis qué pensaba de las reuniones de su comunidad de fe, no dudaba en responder: «Sus himnos me disgustan mucho; los considero unos poemas de quinta categoría con una música de sexta categoría». Sin embargo, decía, al ir más allá de las formas y lograr ver a las personas, su soberbia se desvanecía. «Esos himnos (aunque fueran música de sexta categoría) eran cantados con la devoción y la experiencia de un viejo santo con botas elásticas, sentado en el banco opuesto. Ahí me doy cuenta de que no soy digno de limpiar esas botas. Me sacan de mi solitaria presunción»[316].

La Iglesia real no se parece a mis utopías. La Iglesia real está compuesta por personas que diseñan sus carteles con WordArt, comparten versículos bíblicos con imágenes pixeladas de Piolín, se enervan al comentar videos en YouTube y ven conspiraciones por todos lados. Mal que le pese a mis ideas de vanguardia y reforma, esa es la Iglesia a la que Cristo amó hasta la sangre: la que está compuesta por «lo despreciado por el mundo —lo que se considera como nada—», pero que Dios usa para convertir «en nada lo que el mundo considera importante» (1 Co. 1:28).

El Reino pertenece a los pequeños. La Iglesia se debe entera a los pequeños. Si yo quiero ser parte de la obra de Dios en el mundo, debo identificarme con ese pueblo. *Yo canto para esa gente porque también soy uno de ellos; ellos escriben las cosas y yo les pongo melodía y verso.* La vanguardia teológica de la fe cristiana no puede perder de vista al pueblo de Dios si no quiere perderse también, en el proceso, lo que el Espíritu está haciendo ahora mismo entre nosotros.

«Consideren a los demás como mejores que ustedes», dice Filipenses 2. Cualquier construcción ideal de lo que la Iglesia debería ser, que no asuma su contexto como primera medida, «falsea la realidad y afirma la complacencia de quienes creen que su obligación es pensar lo nuevo y esperar dirigirlo una vez que otros lo pongan en práctica»[317]. Alejar al pueblo de Dios por no estar —según mis criterios— a la altura de las circunstancias es un viaje de ida a la obsolescencia.

Toda crítica implacable e impaciente, por honesta que sea, no logrará hacer mella en la comunidad de los santos si no nace de un amor desbordante hacia la maestra de la escuela dominical y el ujier que no terminó la secundaria. Para que la reforma llegue adonde más hace falta, necesitamos ser intencionales en los esfuerzos de divulgación, pacientes en los programas de educación y amorosos en los métodos pedagógicos.

Si alguna gracia podemos encontrar aquellos que hemos leído unos pocos libros, hemos estudiado algunas asignaturas o hemos descubierto una o dos verdades transformadoras, la encontraremos justamente en el servicio al pueblo de Dios.

## TESIS 91

**TENEMOS QUE HACERNOS CARGO DE NUESTRAS CONVICCIONES.**

## TESIS 92

**LA REFORMA SE DESVANECE SI NO LOGRA PASAR DE LA POLÉMICA CONTRA LO VIEJO A LA CREACIÓN DE ALGO NUEVO.**

Todo tiempo de cambio —en nosotros mismos, la Iglesia o la sociedad— comienza con una polémica. El primer paso para la transformación es la capacidad de nombrar el problema, visibilizar los dolores y hacer explícitos los mecanismos viciados. La consecuencia natural de esa toma de conciencia es la reacción del *statu quo*: lo viejo se encrespa y se protege ante la posibilidad de que las cosas cambien. Ahí comienza el tironeo de opiniones y argumentos, la dialéctica en la que se juega el futuro de las buenas intenciones.

A menudo la polémica se desata por un tema menor, un asunto periférico que simboliza todo un movimiento. En el caso de Martín Lutero, la polémica estalló por una cuestión de importancia secundaria: la venta de indulgencias. En el caso de Martin Luther King Jr., la disputa se centró en dos eventos aparentemente intrascendentes: la negativa de Rosa Parks de ceder su asiento a un hombre blanco en el colectivo (en 1955) y una pacífica caminata entre las ciudades de Selma y Montgomery, en el estado de Alabama (en 1965). La polémica que enmarcó buena parte del ministerio de Pablo tenía que ver con la circuncisión de los nuevos creyentes y, en el caso de Jesús, su postura sobre el sábado y la pureza ritual.

Esas cuestiones menores, secundarias, pusieron sobre la mesa un debate más amplio, largamente esperado y que transformaría profundamente las estructuras sociales de su tiempo: la crítica al papado y al sistema sacramental del Medioevo, el racismo arraigado en la cultura norteamericana, la distinción entre el judaísmo y el naciente cristianismo y las atribuciones mesiánicas de Jesús.

En nuestra generación, de forma similar, la polémica por la espiritualidad cristiana y la reforma de la Iglesia también suele estallar por cuestiones pueriles. ¿Quién puede o no subirse a la plataforma? ¿Necesitamos una plataforma? ¿Cómo se organizan las sillas en los templos? ¿Puede o debe un cristiano participar en una marcha política? ¿Quién decide lo que se hace con las ofrendas? ¿Cómo se administra la disciplina? ¿Por qué el pastor es una figura tan omnipresente en muchas comunidades? ¿Es normal que los sermones se parezcan tanto a una charla de autoayuda? ¿No es extraño que el consejo de la juventud no tenga prácticamente injerencia en las decisiones eclesiales? ¿Votar a cierto candidato significa "estar del lado de Dios"? ¿La forma en la que determinada congregación trata a las mujeres, los niños, los ancianos o los menos favorecidos es coherente con el Evangelio? Todas esas pequeñas polémicas (y muchas otras más) son el murmullo de un río que arrastra piedras enormes, los chispazos que intentan encender un campo ya preparado para la cosecha.

Erasmo de Róterdam fue un referente en los años formativos de Lutero, uno de sus mentores en la búsqueda de la renovación espiritual de la Iglesia. Sin embargo, hacia 1524 la Reforma había tomado un rumbo que el temperamento conciliador y sosegado de Erasmo no podía celebrar. Para tomar distancia de Lutero, publicó *De libero arbitrio diatribe sive collatio*, un tratado sobre la naturaleza humana, el albedrío, la justicia divina y el problema del mal. La respuesta de Lutero, publicada al año siguiente, reconocía el valor de la dura crítica que le había hecho Erasmo:

> De todos mis adversarios, tú eres el único que atacó el problema mismo, esto es, el punto esencial de mi doctrina, y que no me cansó con aquellas cuestiones periféricas acerca del papado, del purgatorio, de las indulgencias y otras por ese estilo que son bagatelas más bien que cuestiones serias, con las cuales hasta el momento casi todos trataron de darme caza, si bien en vano. Tú, solamente tú llegaste a discernir el punto cardinal de todo lo que actualmente está en controversia, y me

echaste la mano a la garganta, por lo que te agradezco desde lo profundo de mi corazón.[318]

Todas esas "bagatelas" habían sido las polémicas que más visibilidad y fama habían dado a la Reforma, pero eran en realidad cuestiones secundarias.

Karl Barth reconoció que, aunque ninguna teología empieza siendo una dogmática, debe terminar siéndolo. El proceso natural de una teología saludable conduce al desarrollo de fundamentos sólidos. Los espíritus reformadores suelen resistir instintivamente a todo lo que se identifique con dogmas, doctrinas, sistemas, estructuras y ortodoxia. A fin de cuentas, es contra un núcleo duro como ese que elevan su protesta. Pero, aunque la victoria simbólica que abre la puerta a la reforma se juega en el calor de la polémica, es necesario que exista algo más sólido y sustancial después del fogonazo inicial para que la transformación perdure.

La primera fila de combate no es la que ganan la batalla. Detrás de ella deben venir sucesivas olas que logren mantener la victoria y ordenar el territorio conquistado. En la historia de la Reforma eso se ve clarísimo. Lutero fue el chispazo pasional y más llamativo, pero no fue él quien logró sistematizar la teología protestante, sino la generación siguiente. Calvino no tenía el carácter magnético del reformador alemán ni su ímpetu incendiario para defender ideas. Sin embargo, fue su metódica dedicación a la causa —y la de otros pensadores como Flacio, Bullinger, Bucero o Melanchtón— la que logró que las ideas de la Reforma perduraran.

Pienso en todas estas cosas al leer las palabras de Pablo a los corintios:

> Todos los atletas se entrenan con disciplina. Lo hacen para ganar un premio que se desvanecerá, pero nosotros lo hacemos por un premio eterno. Por eso yo corro cada paso con propósito. No solo doy golpes al aire. Disciplino mi cuerpo como lo hace un atleta, lo entreno para que haga lo que debe hacer. De lo contrario, temo que, después de predicarles a otros, yo mismo quede descalificado (1 Co. 9:25-27).

Hace rato que se cocina a fuego lento una nueva reforma de la Iglesia. Es un grito generacional: una renovación intensamente polemizada contra estructuras caducas, prácticas alejadas del testimonio de Jesús y una teología demasiado influida por la cultura de aquellos que nos presentaron el Evangelio. Pero, para que la renovación sea algo más que un discurso heroico, es necesario dar un salto de fe: convertir las ideas en realidad.

Y creo que es precisamente ahí donde reside nuestro problema. Estoy rodeado de hombres y mujeres llenos de amor y carismas, que reconocen la necesidad de renovación, apuntan a errores similares y alcanzan a ver soluciones parecidas. Pero la polémica no termina de madurar. Aunque tenemos el diagnóstico y también un posible tratamiento, muy pocos se animan a ponerlo en práctica. Tiramos piedras y no ponemos el cuerpo.

Quizás sea un inmenso temor al fracaso o simplemente apatía y cinismo. Tal vez no queremos abandonar una actitud cómoda ni tener que hacernos cargo de lo que realmente creemos. Poner nuestras ideas en obra implicaría tomar responsabilidad sobre otros, recibir críticas y saber que nos vamos a equivocar más de una vez. Es posible que lo realmente paralizante sea la idea de convertirnos en aquello que tanto queremos dejar atrás. O una intuición equivalente: que los que vendrán después de nosotros también señalarán nuestros defectos y nos exigirán respuestas —así como nosotros hoy exigimos las nuestras—.

Sea como fuere, entre el discurso de reforma y la reforma real hay un abismo inmenso, y pocos se están arriesgando a dar pasos concretos para que las cosas cambien. Los *baby boomers*, para bien o para mal, al menos lo intentaron.

La expresidenta argentina Cristina Kirchner pronunció en 2011 una frase que resume, de alguna manera, el desafío latente. Después de años de recibir ácidas críticas de la oposición por sus decisiones políticas y económicas, les arrojó de vuelta un desafío: «Si quieren cambiar el modelo, lo que deben hacer es armar un partido y ganar las elecciones».

Así de fácil. Si son tan claros los problemas a resolver, si las soluciones que intuimos son tan urgentes, entonces no nos queda otra más que poner en movimiento las convicciones para materializarlas en nuestras iglesias, en comunidades nuevas, en proyectos, acuerdos, sistemas, producciones, palabras, gestos y obras que hagan una diferencia. Bien podemos apropiarnos de las palabras del propio Lutero: «Si es de Dios lo que he comenzado, nadie lo sofocará. Si no es de él, que lo mantenga otro; yo no lo mantendré, por supuesto»[319].

Si la polémica no produce frutos, se muere. Cuando la cobardía nos amordaza las convicciones, su poder para transformar la realidad se desvanece en el pecho. Nos volvemos resentidos, cínicos, nos juntamos solo para lamentar que nadie se anima a hacer lo que tanto esperamos. Romanos dice que «todo lo que no se hace por convicción es pecado» (14:23; NVI). Si no tenemos convicción de estar donde estamos, de hacer lo que hacemos, de defender lo que defendemos, estamos pecando.

Los que vendrán detrás de nosotros obviamente revisarán nuestro legado, criticarán nuestras decisiones, echarán luz sobre nuestros olvidos, ignorarán algunas de nuestras conquistas más preciadas y nos llamarán anticuados. Las próximas generaciones serán las responsables de sopesar nuestros triunfos y derrotas. Pero, parafraseando a Chesterton[320], hay que haber vivido lo suficiente para que nos llamen "anticuados". Las modas intrascendentes nunca se ganan el derecho de recibir ese desprecio. El desafío de vivir en constante reforma significa justamente eso: revisar el legado de los que nos precedieron y saber que, algún día, alguien revisará también el nuestro.

Si Dios encendió la mecha, si lo estamos viendo, si no podemos hacernos los tontos por más tiempo de lo que hemos visto y oído, entonces ¡dejemos el miedo! Hagámonos cargo de nuestras convicciones: reunámonos para debatir, comencemos esa comunidad con la que tanto soñamos, congreguémonos en torno a las ideas que nos mueven el corazón, pongamos en marcha nuestro servicio a la sociedad, escribamos ese libro, grabemos ese podcast, fundemos ese centro cultural, compartamos lo que el Espíritu está haciendo entre nosotros.

*No es momento para ser cobardes.*

## TESIS 93

# SIN UNA ENTREGA EXISTENCIAL Y CONFIADA EN LOS BRAZOS DE DIOS, EL CRISTIANISMO NO TIENE SENTIDO NI VALE LA PENA.

En los últimos años ha brotado un interés inmenso entre la juventud cristiana por la apologética. De pronto, las *Quinque viae* para demostrar la existencia de Dios se han puesto de moda a setecientos cincuenta años de la *Summa* de Tomás y pareciera que el futuro de la fe cristiana se juega en la posible refutación del argumento Kalām.

Esto nace de la experiencia de dar razón de la propia fe en el contexto de nuestras sociedades secularizadas, poscristianas, hostiles en particular a todo lo que se asocie con el cristianismo. Es también una reacción de muchos jóvenes que crecieron viendo las contradicciones y la tendencia a la irracionalidad de algunas iglesias y necesitan entender en qué creen (antes que nada, para sí mismos).

No obstante, creo que este auge de la apologética se vuelve más entendible cuando lo entendemos a la luz de la cultura *Turn Down For What* que ha empapado el mundo digital en los últimos años. Nuestra generación está fascinada con la refutación de los demás. La sensación de distanciamiento e impunidad que nace de la interacción con una pantalla, la lógica de los *likes* al comentario más ingenioso en redes sociales, las video-reacciones en YouTube a casi cualquier cosa, el cinismo cotidiano de los memes que logran trivializar los dilemas éticos más complejos, las frases devastadoras y el *mic drop* de las batallas de *freestyle*, todas estas cosas han forjado un *ethos* generacional combativo y altanero.

Tomás de Aquino era el capitán en jefe de la argumentación racional de la fe en la época previa de la Reforma (y lo siguió siendo por varios siglos más). La *Suma Teológica* había propuesto una síntesis entre el conocimiento filosófico y el teológico, el natural y el revelado, hasta el punto en el que parecía que no había fisuras entre la cosmovisión cristiana y la observación de la realidad. Pero la perfecta armonía lograda por Tomás de Aquino les pareció un corsé demasiado ajustado a algunos de sus sucesores.

Ya en el 1300, Duns Escoto y Guillermo de Ockham afirmaron que forzar la mutua dependencia entre fe y razón era perjudicial tanto para una como para la otra. Dios y mundo no debían confundirse, decían. Aunque la teología y la filosofía pueden iluminar mutuamente sus respectivos caminos, deben ser independientes en la búsqueda de la verdad. Escoto y Ockam creían que ni la argumentación racional llevaría realmente a la fe, ni la experiencia espiritual podía ser tomada como un conocimiento científico válido.

«Mi querido maestro»[321]. Así hablaba Lutero de Guillermo de Ockham. De él aprendió a desconfiar de la razón como camino para alcanzar a Dios. Fueron los místicos los que le enseñaron una puerta más confiable: *Sola Fide*. La fe no era para Lutero un asentimiento de la razón ni una fórmula del entendimiento. Era, más bien, *fiducia*: la plena confianza del hijo que se arroja en los brazos de su Padre.

En el *Catecismo mayor*, Lutero hizo las dos preguntas definitivas de la apologética: ¿Qué es Dios? Y ¿qué significa creer en Dios? Su respuesta está en las antípodas de la racionalidad escolástica y refleja, más bien, una profunda experiencia de amor y ternura: «Dios es aquel de quien debemos esperar todos los bienes y en quien debemos tener amparo en todas las necesidades. Por consiguiente, "tener un Dios" no es otra cosa que confiarse a él y creer en él de todo corazón». Por eso advertía que debemos estar atentos, porque «en aquello en que te confíes, eso será propiamente tu Dios»[322].

Afirmar todas estas cosas no va en desmedro de los esfuerzos de valientes apologistas que, para sí mismos y para otros, han intentado explicar la racionalidad del cristianismo. No obstante, ha habido personas «que se tomaron tanto interés en demostrar la existencia de Dios que llegaron a desinteresarse completamente de Dios... ¡Como si el Señor bueno no tuviera otra cosa que hacer que existir!»[323]. El corazón de la fe cristiana es el acto de entrega y dependencia, el drama existencial de la confianza, el idilio en el que el alma se abraza a la cruz como único madero para evitar ahogarse.

Es el tipo de seguridad que puede decir, sin siquiera pestañear: «Si vivimos, para el Señor vivimos; y, si morimos, para el Señor morimos. Así pues, sea que vivamos o que muramos, del Señor somos» (Ro. 14:8). Una paz como esa no es el fruto de argumentos, por más válidos y científicos que puedan estos resultar.

Si sacamos de la ecuación a esa experiencia transformadora con el amor que creó el universo, la propuesta integral del cristianismo no convence a nadie. Y, sinceramente, tampoco vale la pena. Solo aquellos que hemos descubierto que Dios es nuestro castillo fuerte «podemos decir con toda confianza: "El Señor es quien me ayuda, por tanto, no temeré. ¿Qué me puede hacer un simple mortal?"» (Heb. 13:6).

## TESIS 9.4

## EL CRISTIANISMO SERÁ UNA RELIGIÓN DE ALEGRÍA Y PLENITUD O NO SERÁ.

«De las tontas devociones y los santos de agrio rostro, líbranos, Señor»[324], dijo una vez Teresa de Ávila, esa mística española que nació dos años antes de las noventa y cinco tesis. Su advertencia sigue resonando a cinco siglos de distancia mientras el cristianismo lucha, una vez más, por encontrar su vitalidad sin perder en el camino su identidad y propósito.

Al percibir la hostilidad al Evangelio de la cultura del siglo XXI, muchos santos se ponen la máscara más agria. Se vuelven pacatos, serios, chatos, son inundados por el juicio y la reprobación. A su alrededor no pueden ver más que un mundo poscristiano en decadencia, un teatro de bajezas. Sienten que lo único que les queda por hacer es echar en cara a todo el mundo lo horribles que son sus pecados y lo inhumanos que son sus deseos.

Uno de los documentos fundamentales para entender a Lutero son sus *Charlas de sobremesa*: cientos de páginas de notas que sus estudiantes y amigos fueron recopilando durante décadas mientras conversaban casualmente con el reformador. La gente viajaba de toda Alemania para visitarlo en su casa de Wittenberg. Lutero era famoso por su hospitalidad, por las reuniones ruidosas con amigos y visitantes, por el humor de sus anécdotas y la cerveza que hacía su esposa Katharina. En la intimidad de la sobremesa aflora el costado más humano, generoso y pícaro del reformador.

«Dios quiere que estemos alegres y aborrece la tristeza», decía en una de esas charlas: «Si realmente quisiera que estuviéramos tristes, no nos regalaría el sol, la luna y los frutos de la tierra, todos dones que nos da para nuestra alegría. Al contrario: habría hecho todo tenebroso»[325]. Lutero creía que la tristeza es diabólica porque lleva a la muerte y el Dios cristiano es un Dios de los vivos. Aseguraba también que el Señor se goza con nosotros cuando comemos, dormimos, jugamos, bailamos, cantamos y nos reímos. Todas esas cosas expresan la alegría que nos produce disfrutar del fascinante mundo que creó nuestro Padre.

Yo desconfío un poco de los santos sin sentido del humor. Me da la impresión de que no le entendieron la gracia a Dios. No cazaron el chiste. No percibieron la ironía de predicar que a nosotros —¡justamente a nosotros!— se nos ha invitado a ser colaboradores del rey del universo. No veo la hora de poder reírme con la gracia de Dios en una de las charlas de sobremesa que tendremos en el banquete escatológico.

Hay una paradoja hermosa en el corazón del cristianismo: del vientre de la angustia existencial crece la alegría más poderosa. La religión de la cruz es también la de la resurrección. Y lo que triunfa, al final del día, es precisamente la resurrección.

Tan optimista era la Iglesia primitiva sobre la vida cristiana que decidieron que su mensaje se llamaría "Buena Noticia". Y cuando le preguntaron a Jesús por el sentido de su vida, el Señor respondió: «Mi propósito es darles una vida plena y abundante» (Jn. 10:10). Toda la experiencia es iluminada por esa declaración: la dimensión física y la emocional, las relaciones, la mente, la sexualidad, el trabajo y el ocio.

Cuando el cristianismo deja de ser una religión de alegría y plenitud, de vitalidad y esperanza, cuando se olvida de ser un espasmo de energía que corre por la vida con urgencia y entusiasmo, se convierte irremediablemente en una sombra de sí mismo. Se repliega y se erige como puntilloso moralista del pecado ajeno. Se vuelve un agrio superyó de la sociedad, un protector de las reglas antiguas, un agresivo comisario del orden.

No nos toca a nosotros ser policías de la moral, sino testigos de la Buena Noticia. Nuestra misión no es andar como carceleros y verdugos de la culpa, sino como pequeñas llamas que han sido encendidas por la plenitud del Evangelio y, por eso, pueden encender a otras.

## TESIS 95

# LA GRACIA DE DIOS SE RENUEVA CON CADA FRACASO.

¿Cómo no sentir un peso inconmensurable en nuestras espaldas al llegar finalmente a la tesis noventa y cinco? Después de semejante procesión de ideas, la tarea suena mucho más grande que nuestros mejores esfuerzos. Mirar hacia arriba, desde el pie de la montaña, desalienta hasta al más osado. Lidiar con tanta información puede ser algo abrumador.

Cada uno de los ensayos que componen este libro responde a una estructura muy sencilla: identifica algunos problemas generacionales por resolver y lanza una serie de desafíos a quienes tengan oídos para oír y estén dispuestos a hacerse cargo del reto. Es imposible haber atravesado todas estas páginas sin haber recibido en el camino uno (o muchos) palos. *Nadie sale ileso de una guerra así.* Yo tampoco, por supuesto. Escribir este libro ha sido una manera muy concreta de batallar contra mis propios miedos, enojos, pecados y apatía.

Jon Sobrino dijo que «la Iglesia verdadera es aquella que, cuando se cuenta su historia, se parece a la de Jesús»[326]. Nos miramos a nosotros mismos, miramos a nuestras comunidades, a la Iglesia a lo largo de los siglos, al cristianismo actual a nivel global, y nos cuesta no sentir la distancia inmensa que existe entre Jesús y nuestro precario testimonio. Queremos que nuestra historia se parezca a la suya, pero es tan grande el abismo que dan ganas de resignarse y tirarse al abandono.

Si este es el caso, tengo una buena noticia: cada uno de nuestros fracasos es una nueva oportunidad para que la gracia de Dios sobreabunde. Reconocer los problemas y desafíos que tiene el cristianismo por delante no debería ser una invitación a la resignación y la apatía, a tirar la toalla ante una Iglesia milenaria que a veces parece imposible de reformar. No debería sentirse tampoco como una ofensa personal ni un ataque malintencionado. Todo lo contrario: es parte fundamental de la tarea de velar por la salud de la Iglesia.

Los mismos profetas del Antiguo Testamento nos enseñan que las exhortaciones más duras surgen a menudo de aquellos que aman a Dios y a su pueblo de la forma más radical. Y, como deja entrever Romanos, los tiempos de juicio, crisis y cambios no son un certificado de defunción, sino la forma en la que Dios da celos a su pueblo para llamarlo al arrepentimiento: «¿Acaso el pueblo de Dios tropezó y cayó sin posibilidad de recuperarse? ¡De ninguna manera! El pueblo fue desobediente, por eso Dios puso la salvación al alcance de los gentiles. Sin embargo, él quería que su propio pueblo sintiera celos y la reclamara para sí» (Ro. 11:11).

Una de las imágenes finales de *Ben Hur*, el clásico de William Wyler de 1959, muestra a Cristo crucificado. Su sangre, entremezclada con la lluvia, se va extendiendo hacia todos los rincones, llevando sanidad y salvación entre el barro y las rocas. La gracia de Dios, al igual que la sangre de Jesús, sigue fluyendo hoy hacia donde más se la necesita. Hay misericordias nuevas para todos aquellos que piden perdón.

Si como individuos, como comunidades de fe o como Iglesia cristiana en conjunto «afirmamos que no tenemos pecado, lo único que hacemos es engañarnos a nosotros mismos y no vivimos en la verdad; pero si confesamos nuestros pecados a Dios, él es fiel y justo para perdonarnos nuestros pecados y limpiarnos de toda maldad» (1 Jn. 1:8, 9). Lo peor de todo no es meter la pata, sino hacer como si nada pasara. Hay esperanza para las personas y las iglesias que, en medio de sus fracasos teológicos, vuelven a pedir: ¡*Otra oportunidad!*

Lutero escribió que «la vida cristiana consiste propiamente en reconocer que somos pecadores y en pedir gracia»[327]. Es verdad: estamos cansados, tristes, decepcionados, débiles. Sentimos el peso de la noche sobre nosotros. La frustración y los fracasos hacen mella en nuestra autoestima. Pero en tu palabra, Maestro, volveremos a echar las redes.

# EPÍLOGO

A lo largo de estos meses de frenética escritura, he ido saltando de tanto en tanto entre percepciones incompatibles. Por momentos, sentía que la tarea de imaginar y perpetrar todos estos ensayos era casi inverosímil: una labor maratónica que, tarde o temprano, me agotaría la paciencia y la creatividad. En otras ocasiones, por el contrario, tenía la impresión de que noventa y cinco era muy poco y que necesitaría muchos más ensayos para seguir desenrollando el hilo de ideas de mi mente.

Cuando Lutero envió sus tesis no estaba invitando a una clase magistral, sino a un debate. Quería juntar a sus amigos de la universidad de Wittenberg para conversar y pensar juntos sobre un tema crucial para la fe de su época. Tenía algunas ideas, unas pocas convicciones, un montón de dudas. Mi libro tampoco intenta ser un proyecto definitivo: un catálogo de cosas por hacer o evitar para mi generación o las que vendrán. Es, más bien, una invitación a pensar juntos: una meditación en voz alta que intenta distinguir la guía del Espíritu de Dios entre el ruido, la confusión y los extremismos que pululan por doquier.

Como prometí al inicio de este viaje, es probable que no todas estas tesis hayan resultado igualmente pertinentes o estimulantes para todos los lectores. No tengo dudas de que la gracia cubrirá multitud de mis pecados. «No puedo declarar sobre mí otra cosa, sino lo que hasta ahora he enseñado y escrito con simplicidad de corazón, teniendo en vista solo la gloria de Dios y la sincera instrucción de los fieles cristianos»[328]. Y si en algo me equivoco —como diría un poeta de mis pagos— «contradíganme con amor, porque con amor digo»[329].

Esta no es la primera vez que alguien intenta actualizar el gesto de Lutero y ofrecer otras tesis sobre la fe, la reforma de la Iglesia y la espiritualidad cristiana. Ojalá tampoco sea la última. Ojalá que estas páginas movilicen conciencias y voluntades, despierten la creatividad y la pregunta, traigan nueva luz y sed de Dios. Ojalá nos ayuden a abrazarnos más al Maestro y a caminar, humildemente, en compañía de todos los hombres y mujeres que en pleno siglo XXI todavía buscan el Reino de Dios y su justicia.

Acá se terminan mis 95 tesis. Ahora es tu turno.

# APÉNDICE
## TABLA CRONOLÓGICA DE LA VIDA DE MARTÍN LUTERO

| | | |
|---|---|---|
| 1483 | 10 de noviembre | Nacimiento en Eisleben. |
| 1484 | | La familia se traslada a Mansfeld. |
| 1497 | | Va a la escuela en Magdeburgo. |
| 1498 | | Va a la escuela en Eisenach. |
| | 23 de mayo | Savonarola es quemado por hereje en Florencia. |
| 1501 | abril | Se matricula en Erfurt. |
| 1502 | 29 de septiembre | Bachiller en Artes. |
| 1505 | 7 de enero | Maestro en Artes. |
| | 2 de julio | Por miedo a morir en una tormenta, promete hacerse monje. |
| | 17 de julio | Entra en el monasterio agustino de Erfurt. |
| 1507 | 2 de mayo | Primera misa. |
| 1510 | noviembre | Viaje a Roma. |
| 1511 | abril | Se traslada a Wittenberg para estudiar teología. |
| 1512 | 3 de mayo | Comienza en Roma el Quinto Concilio Lateranense. |
| | 19 de octubre | Doctor en Teología. |
| 1513 | 11 de marzo | Tras la muerte de Julio II, León X es elegido papa. |
| | 16 de agosto | Empieza a dar clases sobre los Salmos. |
| 1515 | abril | Empieza a dar clases sobre la epístola a los Romanos. |
| 1516 | 27 de octubre | Empieza a dar clases sobre la epístola a los Gálatas. |
| 1517 | 16 de marzo | Concluye el Quinto Concilio Lateranense. |

| | | |
|---|---|---|
| | septiembre | Publica 97 tesis contra la teología escolástica. |
| | 31 de octubre | Publica las 95 tesis contra las indulgencias. |
| 1518 | 26 de abril | *Disputación de Heidelberg.* |
| | 7-8 de agosto | Es citado por el papa a Roma, pero apela a Federico. |
| | 25 de agosto | Llegada de Felipe Melanchtón a Wittenberg. |
| | 12-14 de octubre | Entrevista con el cardenal Cayetano, legado papal. |
| | 28 de noviembre | Carta al papa León X. Apela a un concilio para tratar su caso. |
| 1519 | 4-6 de enero | Entrevista con Karl von Miltitz, nuncio papal. |
| | 12 de enero | Muerte del emperador Maximiliano. |
| | 28 de junio | Carlos V es elegido como nuevo emperador. |
| | 4-14 de julio | *Disputación de Leipzig* contra Juan Eck. |
| | | Segunda edición del Nuevo Testamento de Erasmo. |
| 1520 | 15 de junio | Publicación de la bula contra Lutero *Exsurge Domine.* |
| | agosto | Publica *Discurso a la nobleza alemana.* |
| | 6 de octubre | Publica *La cautividad babilónica de la Iglesia.* |
| | 10 de octubre | Recibe la bula del papa. |
| | noviembre | Publica *La libertad cristiana.* |
| | 10 de diciembre | Quema la bula del papa y el Derecho Canónico. |
| 1521 | 3 de enero | Excomunión de Lutero (bula *Decet Romanum Pontificem*). |
| | 27 de enero | Comienza la Dieta de Worms. |
| | 17-18 de abril | Audiencia de Lutero ante la Dieta de Worms. |
| | 4 de mayo | Comienza su exilio en Wartburgo. |
| | 25 de mayo | Publicación del Edicto de Worms. |
| | 3-4 de diciembre | Viaje relámpago a Wittenberg para apaciguar un tumulto. |

| | | |
|---|---|---|
| | diciembre | Comienza la traducción del Nuevo Testamento al alemán. |
| | 25 de diciembre | Se reparte vino a los laicos en la misa. |
| | 27 de diciembre | Llegan a Wittenberg los profetas de Zwickau. |
| 1522 | 9 de enero | Tras la muerte de León X, Adriano VI es elegido papa. |
| | 1 de marzo | Fin del exilio en Wartburgo, retorno a Wittenberg. |
| | septiembre | Publica el Nuevo Testamento en alemán. |
| 1523 | marzo | Publica *La autoridad secular*. |
| | 1 de julio | Primeros mártires de la Reforma. |
| | 19 de noviembre | Tras la muerte de Adriano VI, Clemente VII es elegido papa. |
| 1524 | 26 de mayo | Primeros estallidos de la revuelta campesina. |
| | 7 de agosto | La organización de Müntzer se suma a la rebelión campesina. |
| | septiembre | Erasmo publica *De libero arbitrio*. |
| | | Publica *Comercio y usura*. |
| 1525 | enero | Publica *Contra los profetas celestiales*. |
| | 19 de marzo | Se publican los *Doce artículos* con el reclamo campesino. |
| | 19 de abril | Publica *Exhortación a la paz a propósito de los doce artículos del campesinado en Suabia*. |
| | 5 de mayo | Publica *Contra las asesinas y ladronas hordas de campesinos*. Ese mismo día muere su mecenas, Federico, el Sabio. |
| | 27 de mayo | Thomas Müntzer es decapitado. |
| | 13 de junio | Se casa con Catalina von Bora. |
| | septiembre | La revuelta de los campesinos es totalmente aplastada. |
| | diciembre | Publica su refutación a Erasmo: *De servo arbitrio*. |
| 1526 | 7 de junio | Nace Hans, su primer hijo. |
| | | Publica la *Misa alemana*. |
| 1527 | verano | Enfermedad y depresión severa. *Compone Castillo fuerte*. |

| | | |
|---|---|---|
| | 10 de diciembre | Nace Isabel, su segunda hija. |
| 1528 | 3 de agosto | Muere su hija Isabel. |
| 1529 | 19 de abril | Protesta ante la Dieta de Spira. |
| | sept.-oct. | El ejército otomano sitia Viena. |
| | 1-4 de octubre | Coloquio de Marburgo. |
| | octubre | Publica *Catecismo mayor* y *Catecismo menor*. |
| | 17 de diciembre | Nace Magdalena, su tercera hija. |
| 1530 | 25 de junio | Se presenta la Confesión de Augsburgo. |
| 1531 | 27 de febrero | Se crea la Liga de Esmalcalda. |
| | 11 de octubre | Muerte de Zwinglio en batalla. |
| | 9 de noviembre | Nace Martín, su cuarto hijo. |
| 1533 | 28 de enero | Nace Pablo, su quinto hijo. |
| 1534 | febrero | Teocracia anabautista ("la nueva Jerusalén") en Münster. |
| | | Publica la Biblia completa en alemán. |
| | 13 de octubre | Tras la muerte de Clemente VII, Paulo III es elegido papa. |
| | 17 de diciembre | Nace Margarita, su sexta hija. |
| 1536 | 12 de julio | Muerte de Erasmo. |
| 1537 | | Publica los *Artículos de Esmalcalda*. |
| 1542 | 20 de septiembre | Muere su hija Magdalena. |
| 1543 | | Publica *Sobre los judíos y sus mentiras*. |
| 1545 | 13 de diciembre | Comienza el Concilio de Trento. |
| 1546 | 18 de febrero | Muere en Eisleben con 62 años. |

# BIBLIOGRAFÍA

Adorno, Th. y Horkheimer, M. (1994). *Dialéctica de la Ilustración*. Madrid: Trotta.

Alaguibe, P. (2019). La obligación de caminar sobre el agua [tarjeta-poema]. Mar del Plata: Ediciones del Altillo.

Alcántara Mejía, J. (2017). La Reforma, la teología de la cruz y las artes en Latinoamérica. En: Bullón, H. & Panotto, N. (Ed.). *¿Hacia dónde va el protestantismo en América Latina? Una visión multidisciplinaria y prospectiva a los 500 años de la Reforma*. Florida: Ediciones Kairós.

Altmann, W. (1987). *Confrontación y liberación. Una perspectiva latinoamericana sobre Martín Lutero*. Buenos Aires: ISEDET.

Atwood, M. (2017). *El cuento de la criada*. Barcelona: Salamandra.

Avendaño, J. (2021). *La sombra religiosa americana. Cómo el protestantismo de los EE. UU. impacta el rostro de la Iglesia latinoamericana*. Viladecavalls: Editorial CLIE.

Bacon, F. (1988). *El avance del saber*. Madrid: Alianza Editorial.

Bainton, R. (1955). *Lutero*. Buenos Aires: Editorial Sudamericana.

Barrett, M. (Ed.). (2017). *Reformation Theology: A Systematic Summary*. Wheaton: Crossway.

Baudrillard, J. (1978). *Cultura y simulacro*. Barcelona: Kairós.

Bayer, O. (2020). *La teología de Martín Lutero*. Salamanca: Sígueme.

Bedford, N. (2017). La Reforma como epistemología teológica. En: Bullón, H. & Panotto, N. (Ed.). *¿Hacia dónde va el protestantismo en América Latina? Una visión multidisciplinaria y prospectiva a los 500 años de la Reforma*. Florida: Ediciones Kairós.

Beer, T. (2019). La "theologia crucis" de Lutero. En: Cervantes-Ortiz, L. (Ed.). *Antología de Martín Lutero. Legado y trascendencia. Una visión antológica*. Viladecavalls: Editorial CLIE.

Bellah, R. (1989). *Hábitos del corazón*. Madrid: Alianza Editorial.

Boff, C. (1980). *Teología de lo político. Sus mediaciones*. Salamanca: Sígueme.

Boff, C. (2001). Cómo veo la teología latinoamericana 30 años después. En: Bosch Navarro, J. & Tamayo-Acosta. J. J. (Eds.). *Panorama de la teología latinoamericana*. Estella: Verbo Divino.

# BIBLIOGRAFÍA

Boff, L. (1984). Lutero: entre la Reforma y la Liberación. En: *Revista Latinoamericana de Teología*, N° 1 (enero-abril).

Bonhoeffer, D. (2000). *Ética*. Madrid: Editorial Trotta.

Bonhoeffer, D. (2004). *El precio de la gracia. El seguimiento*. Salamanca: Sígueme.

Borges, J. L. & Ferrari, O. (2005). *En diálogo*. México: Siglo XXI Editores.

Borges, J. L. (2011). *Obras completas*. Buenos Aires: Sudamericana.

Brueggemann, W. (1986). *La imaginación profética*. Santander: Editorial Sal Terrae.

Bullón, H. & Panotto, N. (Ed.). (2017). *¿Hacia dónde va el protestantismo en América Latina? Una visión multidisciplinaria y prospectiva a los 500 años de la Reforma.* Florida: Ediciones Kairós.

Campbell, J. (1959). *El héroe de las mil caras. Psicoanálisis del mito*. Buenos Aires: Fondo de Cultura Económica de Argentina.

Cassese, G. & Pérez Álvarez, E. (Ed). (2005). *Lutero al habla. Antología*. Buenos Aires: Ediciones La Aurora.

Cervantes-Ortiz, L. (Ed.). (2019). *Antología de Martín Lutero. Legado y trascendencia. Una visión antológica*. Viladecavalls: Editorial CLIE.

Chesterton, G. K. (1942). *El hombre eterno*. Buenos Aires: Editorial Poblet.

Chesterton, G. K. (1943). *Ortodoxia*. Buenos Aires: Editorial Excelsa.

Chesterton, G. K. (2003). *Autobiografía*. Barcelona: Acantilado.

Chesterton, G. K. (2006). *Un hombre vivo*. Buenos Aires: El Río.

Chesterton, G. K. (2007). *Herejes*. Barcelona: ElCobre Ediciones.

Cipriano de Cartago. (1807). *Obras de san Cypriano obispo y mártir*. Valladolid: Arámburu y Roldán.

Colón, C. (2004). *Los cuatro viajes. Testamento*. Madrid: Alianza Editorial.

Cortázar, J. (1970). *Los reyes*. Buenos Aires: Editorial Sudamericana.

Cortés, H. (1828). *Historia de Méjico*. Nueva York: White, Gallaher y White.

Cortés, H. (1990). *Documentos cortesianos, 1518-1528*. México: Universidad Nacional Autónoma de México & Fondo de Cultura Económica.

Cruz, A. (1996). *Postmodernidad: el Evangelio ante el desafío del bienestar*. Terrassa: Editorial CLIE.

Cruz-Villalobos, L. (2017). *Teoría de la infelicidad*. Santiago de Chile: Hebel Ediciones.

De Certeau, M. & Domenach, J. M. (1976). *El estallido del cristianismo*. Buenos Aires: Editorial Sudamericana.

De Lubac, H. (1979). *Paradosso e mistero de la Chiesa*. Milano: Jaca Book.

De Lubac, H. (1989). *Paradossi e nuovi paradossi.* Milano: Jaca Book.

Dobbelaere, K. (1999). Towards an Integrated Perspective of the Processes Related to the Descriptive Concept of Secularization. En: *Sociology of Religion,* Vol. 60, N° 3, pp. 229-247.

Duchrow, U. (2016). El posicionamiento de Lutero hacia el individualismo del moderno sujeto del dinero. En: Hoffmann, M.; Beros, D. & Mooney, R. (Eds.). *Radicalizando la Reforma. Otra teología para otro mundo.* San José: Sebila; Buenos Aires: La Aurora.

Dulles, A. (1975). *Modelos de la Iglesia. Estudio crítico sobre la Iglesia en todos sus aspectos.* Santander: Sal Terrae.

Eco, U. (1985). *La estructura ausente. Los fundamentos de la investigación semiótica.* México: Editorial Artemisa.

Eco, U. (2012). *El péndulo de Foucault.* Buenos Aires: Sudamericana.

Ellul, J. (2019). Actualidad de la Reforma. En: Cervantes-Ortiz, L. (Ed.). *Antología de Martín Lutero. Legado y trascendencia. Una visión antológica.* Viladecavalls: Editorial CLIE.

Febvre, L. (1956). *Martín Lutero. Un destino.* México: Fondo de cultura económica.

Fitzer, G. (1972). *Lo que verdaderamente dijo Lutero.* Madrid: Editorial Aguilar.

Fonseca, J. (2017). Los movimientos cristianos de renovación en Latinoamérica. Una interpretación desde la Reforma radical como clave histórica y teológica. En: Bullón, H. & Panotto, N. (Ed.). *¿Hacia dónde va el protestantismo en América Latina? Una visión multidisciplinaria y prospectiva a los 500 años de la Reforma.* Florida: Ediciones Kairós.

Fonti, D. (2019). *Apostasías. Lo que queda para la religión en el laicismo democrático.* Buenos Aires: Crujía.

Foster, R. (2010). *Ríos de agua viva. El retorno a la fuente de la renovación perdurable.* Buenos Aires: Editorial Peniel.

Frye, N. (1988). *El gran código. Una lectura mitológica y literaria de la Biblia.* Barcelona: Editorial Gedisa S.A.

Ginzo Fernández, A. (2009). Heidegger y la reforma protestante. En: *Revista de Filosofía,* Vol. 27, n° 62, pp. 7-47.

Girondo, O. (1991). *Veinte poemas para ser leídos en el tranvía y otras obras.* Buenos Aires: Centro Editor de América Latina.

González, A. (2003). *Reinado de Dios e imperio. Ensayo de teología social.* Santander: Editorial Sal Terrae.

González, J. (2003). *Historia de la Reforma.* Miami: Editorial Unilit.

González, J. (2007). *Breve historia de las doctrinas cristianas.* Nashville: Abingdon Press.

González, J. (2010). *Historia del pensamiento cristiano.* Viladecavalls: Editorial CLIE.

González, J. (2019). Breve historia de la preparación ministerial: La Reforma protestante. En: Asociación Presbiteriana Reformada de Instituciones Teológicas (APRIT). *Reforma protestante y Educación Teológica*. México: APRIT.

González Faus, J. & Vives, J. (1985). *Creer, solo se puede en Dios. En Dios solo se puede creer*. Santander: Sal Terrae.

González Ruíz, J. (1970). *Dios es gratuito, pero no superfluo*. Madrid: Ediciones Marova.

Grau, J. & Martínez, J. M. (1973). *Iglesia, sociedad y ética cristiana*. Barcelona: Ediciones Evangélicas Europeas.

Hansen, G. (2019). El uso político de la cruz: poder y contra-poder en la "theologia crucis" de Lutero. En: Cervantes-Ortiz, L. (Ed.). *Antología de Martín Lutero. Legado y trascendencia. Una visión antológica*. Viladecavalls: Editorial CLIE.

Heine, H. (1960). *Alemania*. México: Universidad Nacional Autónoma de México.

Heschel, A. (1973). *Los profetas*. Buenos Aires: Paidós.

Hoffmann, M. (2014). *La locura de la cruz: la teología de Martín Lutero. Textos originales e interpretaciones*. San José: DEI.

Hoffmann, M. (2016). Radicalizando la Reforma. Provocados por la Biblia: Las 94 tesis. En: Hoffmann, M.; Beros, D. & Mooney, R. (Eds.). *Radicalizando la Reforma. Otra teología para otro mundo*. San José: Sebila; Buenos Aires: La Aurora.

Hoffmann, M. (2017). La Reforma, un nuevo paradigma de la teología. En: *Revista Espiga*, n° 33, pp. 19-32.

Hoffmann, M.; Beros, D. & Mooney, R. (Eds.). (2016). *Radicalizando la reforma: Otra teología para otro mundo*. San José: Sebila; Buenos Aires: La Aurora.

Hurtado, L. (2017). *Destructor de los dioses. El cristianismo en el mundo antiguo*. Salamanca: Ediciones Sígueme.

Illescas, F. (2019). La disputa de Leipzig, momento culminante en el rompimiento de Martín Lutero con la Iglesia romana (1517-1521). En: Cervantes-Ortiz, L. (Ed.). *Antología de Martín Lutero. Legado y trascendencia. Una visión antológica*. Viladecavalls: Editorial CLIE.

Introvigne, M. (1990). *I nuovi culti*. Milano: Oscar Mondadori.

James, H. (1917). *The Varieties of Religious Experience. A Study in Human Nature*. New York, London, Bombay, Calcutta, and Madras: Longmans, Green, And Co.

Keller, T. (2012). *Iglesia centrada. Cómo ejercer un ministerio equilibrado y centrado en el Evangelio en su ciudad*. Miami: Zondervan.

King, M. L. (2014). *Tengo un sueño y otros textos*. México: Universidad Autónoma del Estado de Morelos.

Küng, H. (1997). *El cristianismo. Esencia e historia*. Madrid: Editorial Trotta.

Küng, H. (2019). Martín Lutero: retorno al Evangelio como ejemplo clásico de cambio de paradigma. En: Cervantes-Ortiz, L. (Ed.). *Antología de Martín Lutero. Legado y trascendencia. Una visión antológica*. Viladecavalls: Editorial CLIE.

Jauretche, A. (1967). *Los profetas del odio y la yapa (La colonización pedagógica)*. Buenos Aires: A. Peña Lillo Editor.

Lacan, J. (2011). *Seminario 16. De un Otro al otro*. Buenos Aires: Editorial Paidós.

Lampedusa, G. (2004). *El gatopardo*. Buenos Aires: Editorial Losada SA.

Leopardi, G. (2000). *Obritas morales. Diccionario leopardiano*. Córdoba: Facultad de Lenguas de la Universidad Nacional de Córdoba.

Levoratti, A. (Ed.). (2007). *Comentario Bíblico Latinoamericano*. Navarra: Verbo Divino.

Lewis, C. S. (1970). *God in the Dock: Essays on Theology and Ethics*. Grand Rapids: Eerdmans.

Lewis, C. S. (1977a). *El problema del dolor*. Miami: Editorial Caribe.

Lewis, C. S. (1977b). *Cristianismo y nada más*. Miami: Editorial Caribe.

Lewis, C. S. (1993). *Cartas del diablo a su sobrino*. Madrid: Ediciones Rialp.

Lewis, C. S. (2006a). *El gran divorcio*. Nueva York: Ediciones Rayo.

Lewis, C. S. (2006b). *Los milagros*. Nueva York: Ediciones Rayo.

Lohfink, G. (1986). *La Iglesia que Jesús quería. Dimensión comunitaria de la fe cristiana*. Bilbao: Desclée De Brouwer.

Lortz, J. (1965). *Historia de la Iglesia en la perspectiva de la historia del pensamiento*. Madrid: Ediciones Cristiandad.

Lutero, M. (2017a). *Obras de Martín Lutero*. 10 volúmenes. Buenos Aires: La Aurora. [Citado como *Obras*]

Lutero, M. (2017b). *Discorsi a tavola*. Milano: Garzanti.

Maestro Cano, I. (2019). Protestantismo, pensamiento y cultura en Alemania. En: Cervantes-Ortiz, L. (Ed.). *Antología de Martín Lutero. Legado y trascendencia. Una visión antológica*. Viladecavalls: Editorial CLIE.

Magnin, L. (2018). Transformar la fe para cambiar el mundo. Una relectura contextual de las implicaciones históricas de la Reforma protestante. En: *Anatéllei — Se Levanta*. Año XX, N° 39, junio. ISSN 1850-4671, pp. 77-93.

Magnin, L. & Padula, J. (2017). *Lutero era punk* [Audio podcast]. Recuperado de https://open.spotify.com/show/5IGx9FTr1pSwGYuKZWUEwF?si=Z_t4oNlQTreYeysp3E9Gtg

Mangalwadi, V. (2011). *El libro que dio forma al mundo. Cómo la Biblia creó el alma de la civilización occidental*. Nashville: Grupo Nelson.

Manning, B. (2015). *El evangelio de los andrajosos*. Florida: Casa Creación.

Manson, T. W. (1975). *Cristo en la teología de Pablo y Juan*. Madrid: Ediciones Cristiandad.

Marechal, L. (1970). *Adán Buenosayres*. Buenos Aires: Editorial Sudamericana.

Martínez Guerra, J. (2017). La reforma anabaptista en América Latina. Aportes de la Reforma radical al protestantismo popular latinoamericano. En: Bullón, H. & Panotto, N. (Ed.). *¿Hacia dónde va el protestantismo en América Latina? Una visión multidisciplinaria y prospectiva a los 500 años de la Reforma*. Florida: Ediciones Kairós.

# BIBLIOGRAFÍA

Marx, K. (2009). *Crítica a la Filosofía del derecho de Hegel.* Buenos Aires: Claridad.

Mayer, A. (2008). *Lutero en el Paraíso. La Nueva España en el espejo del reformador alemán.* México: Fondo de Cultura Económica.

Merton, T. (2011). *Semillas de contemplación.* Versión digitalizada para la *Revista Cistercium.* Recuperado de https://www.cistercium.es/wp-content/uploads/2016/11/ Semillas_de_Contemplacion.81.pdf

Miegge, M. (2016). *Martín Lutero. La Reforma protestante y el nacimiento de las sociedades modernas.* Viladecavalls: Editorial CLIE.

Míguez, D. (2018). El protestantismo popular en la Argentina. Las lógicas de expansión del pentecostalismo durante el siglo XX. En: Ceriani Cernadas, C. & Espinosa, M. (Comp.). *Argentina evangélica: estudios antropológicos sobre misiones e iglesias.* Santiago del Estero: Bellas Alas Editorial; Córdoba: Instituto de Antropología de Córdoba CONICET-UNC.

Míguez, N. (2017a). *Sola Scriptura: la importancia de la lectura de la Biblia en la Reforma y sus implicancias actuales* [Conferencia]. Conmemoración de los 500 años de la Reforma protestante. Córdoba, 12 de octubre de 2017.

Míguez, N. (Ed.). (2017b). *Solo la Escritura. La Biblia según los reformadores.* Buenos Aires: Sociedad Bíblica Argentina.

Míguez Bonino, J. (1999). *Poder del Evangelio y poder político. La participación de los evangélicos en la vida política de América Latina.* Florida: Ediciones Kairós.

Míguez Bonino, J. (2002). El rostro liberal del protestantismo latinoamericano. En: Míguez Bonino, J., Sepúlveda, J. & Gálvez, R. *Unidad y diversidad del protestantismo latinoamericano.* Florida: Ediciones Kairós.

Míguez Bonino, J. et. al. (1977). *Jesús: ni vencido ni monarca celestial (imágenes de Jesucristo en América Latina).* Buenos Aires: Tierra Nueva.

Moltmann, J. (1972). *Sobre la libertad, la alegría y el juego. Los primeros libertos de la Creación.* Salamanca: Ediciones Sígueme.

Moltmann, J. (1975). *El Dios crucificado. La cruz de Cristo como base y crítica de toda teología cristiana.* Salamanca: Ediciones Sígueme.

Moyn, S. (2015). *La última utopía: los Derechos Humanos en la historia.* Bogotá: Pontificia Universidad Javeriana.

Nessan, C. (2016). Más allá de la Reforma ética de Lutero: campesinos, anabaptistas y judíos. En: Hoffmann, M.; Beros, D. & Mooney, R. (Eds.). *Radicalizando la Reforma. Otra teología para otro mundo.* San José: Sebila; Buenos Aires: La Aurora.

Nietzsche, F. (1997). *Más allá del bien y del mal.* Madrid: Alianza Editorial.

Nietzsche, F. (2007). *La Gaya Ciencia.* Madrid: Edaf.

Nouwen, H. (2001). *En el nombre de Jesús. Un nuevo modelo de responsable de la comunidad cristiana.* Madrid: PPC Editorial.

Osiek, C.; Macdonald, M. & Tulloch, J. (2007). *El lugar de la mujer en la Iglesia primitiva. Iglesias domésticas en los albores del cristianismo.* Salamanca: Ediciones Sígueme.

Packer, J. I. (1985). *Conociendo a Dios*. Barcelona: Oasis.

Padilla, R. (1986). *Misión integral. Ensayos sobre el Reino y la Iglesia*. Grand Rapids: Nueva Creación.

Padilla, R. (2006). *¿Qué es la misión integral?* Florida: Ediciones Kairós.

Peterson, E. (2008). *The Word made Flesh: The Language of Jesus in His Stories and Prayers*. London: Hodder & Stoughton.

Piedra, A. (2003). Lo nuevo en la realidad del protestantismo latinoamericano. En: Piedra, Rooy & Bullón. *¿Hacia dónde va el protestantismo? Herencia y prospectivas en América Latina*. Florida: Kairós.

Piedra, A.; Rooy, S. & Bullón, H. (2003). *¿Hacia dónde va el protestantismo? Herencia y prospectivas en América Latina*. Florida: Kairós.

Platón. (1871). *Obras completas*. Madrid: Medina y Navarro.

Polanco, R. (2009). Eclesiología en Latinoamérica. Exposición y balance crítico. En: *Teología y vida*, Vol. I.

Pronzato, A. (1969). *Evangelios molestos*. Salamanca: Ediciones Sígueme.

Ramírez Z., A. (2019). De Martín Lutero a Juan Calvino. Sobre el papel del protestantismo en el surgimiento de la modernidad. En: Cervantes-Ortiz, L. (Ed.). *Antología de Martín Lutero. Legado y trascendencia. Una visión antológica*. Viladecavalls: Editorial CLIE.

Rincón González, A. (2019). Lutero y el humanismo. En: Cervantes-Ortiz, L. (Ed.). *Antología de Martín Lutero. Legado y trascendencia. Una visión antológica*. Viladecavalls: Editorial CLIE.

Rivera Pagán, L. (2021). *Historia de la conquista de América. Evangelización y violencia*. Viladecavalls: Editorial CLIE.

Robinson, J. (1971). *¿La nueva Reforma?* Barcelona: Libros del Nopal.

Rodríguez Fernández, L. (2017). El ministerio eclesial de las mujeres, el patriarcado y el poder en las iglesias. *XXXVII Congreso de Teología*. Asociación teológica Juan XXIII.

Rooy, S. (2017). Nuestra invitación a la fiesta: el día que cambió el mundo. En: Bullón, H. & Panotto, N. (Ed.). *¿Hacia dónde va el protestantismo en América Latina? Una visión multidisciplinaria y prospectiva a los 500 años de la Reforma*. Florida: Ediciones Kairós.

Roper, L. (2017). *Martín Lutero: renegado y profeta*. Madrid: Taurus.

Ropero, A. (1999). *Introducción a la filosofía. Una perspectiva cristiana*. Viladecavalls: Editorial CLIE.

Ropero, A. (2016). *La vida del cristiano centrada en Cristo*. Viladecavalls: Editorial CLIE.

Royo Mejía, A. (2011). *Historias de la Historia de la Iglesia*. Maxstadt: Editorial Vita Brevis.

Sack, J. (Coord.). (2018). *Huellas y marcas. Rastros de lo que nos dejan los 500 años de la Reforma a una Iglesia que quiere vivir el Evangelio*. Villa Adelina: Juan Uno1 Ediciones.

Sánchez Cetina, E. (1998). La misión de Israel a las naciones: Pentateuco y profetas anteriores. En: Padilla, R. (Ed.). *Bases bíblicas de la misión. Perspectivas latinoamericanas.* Florida: Ediciones Kairós.

Sánchez Cetina, E. (2017). Las "Solas" de la Reforma en la teología contemporánea. En: Bullón, H. & Panotto, N. (Ed.). *¿Hacia dónde va el protestantismo en América Latina? Una visión multidisciplinaria y prospectiva a los 500 años de la Reforma.* Florida: Ediciones Kairós.

Schmidt, P. (2019). El protestante. Martin Lutero, el luteranismo y el mundo germánico en el pensamiento e imaginario españoles de la época moderna. En: Cervantes-Ortiz, L. (Ed.). *Antología de Martín Lutero. Legado y trascendencia. Una visión antológica.* Viladecavalls: Editorial CLIE.

Sider, R. (2015). *Cristianos ricos en la era del hambre. De la acumulación a la generosidad.* Florida: Ediciones Kairós

Snyder, H. (2014). *La comunidad del Rey.* Florida: Ediciones Kairós.

Stark, R. (1996). Why religious movements succeed or fail: A revised general model. En: *Journal of Contemporary Religion,* 11(2), pp. 133-146.

Stott, J. (1975). *Las controversias de Jesús.* Buenos Aires: Ediciones Certeza.

Svensson, M. (2016). *Reforma protestante y tradición intelectual cristiana.* Viladecavalls: Editorial CLIE.

Tamayo Acosta, J. J. (1997). *Para comprender la crisis de Dios hoy.* Estella: Editorial Verbo Divino.

Tamayo Acosta, J. J. (2011). *Otra teología es posible. Pluralismo religioso, interculturalidad y feminismo.* Barcelona: Herder.

Tamez, E. (2006). *Las mujeres en el movimiento de Jesús, el Cristo.* Uruguay: Sociedades Bíblicas Unidas.

Tertuliano. (1927). *Apología contra los gentiles en defensa de los cristianos.* Madrid: Librería y Casa Editorial Hernando.

Theissen, G. (1985). *Estudios de sociología del cristianismo primitivo.* Salamanca: Ediciones Sígueme.

Tillich, P. (1965). *La era protestante.* Buenos Aires: Paidós.

Tillich, P. (1972). *Teología sistemática.* Barcelona: Ariel.

Tillich, P. (1974). *Teología de la cultura.* Buenos Aires: Amorrortu.

Tillich, P. (2019). Martín Lutero. En: Cervantes-Ortiz, L. (Ed.). *Antología de Martín Lutero. Legado y trascendencia. Una visión antológica.* Viladecavalls: Editorial CLIE.

Tunc, S. (1999). *También las mujeres seguían a Jesús.* Santander: Editorial Sal Terrae.

Van Den Heuvel, A. (1970). *La humillación de la Iglesia.* Madrid: Ediciones Marova.

Watson, R. et. al. (1996). Alabemos al Señor. En: *Summa,* n° 106, abril.

Weber, M. (2011). *La ética protestante.* Buenos Aires: Libertador.

Westhelle, V. (2016). *Transfiguring Luther: The Planetary Promise of Luther's Theology.* Eugene: Cascade Books.

Williams, G. (2019). La Reforma Magisterial y la Reforma Radical. En: Cervantes-Ortiz, L. (Ed.). *Antología de Martín Lutero. Legado y trascendencia. Una visión antológica.* Viladecavalls: Editorial CLIE.

Wirth, L. (2016). Martín Lutero, Bartolomé de las Casas y la fe del otro. En: Hoffmann, M.; Beros, D. & Mooney, R. (Eds.). *Radicalizando la Reforma. Otra teología para otro mundo.* San José: Sebila; Buenos Aires: La Aurora.

Wit, H. (2002). *En la dispersión el texto es patria. Introducción a la hermenéutica clásica, moderna y posmoderna.* San José: Universidad Bíblica Latinoamericana.

Wittgenstein, L. (2009). *Tractatus Logico-Philosophicus. Investigaciones filosóficas sobre la certeza.* Madrid: Editorial Gredos.

Yancey, P. (2000). *¿Desilusionado con Dios?* Miami: Editorial Unilit.

# NOTAS

1 Küng, 1997, p. 547.
2 Robinson, 1971, p. 33.
3 Cortázar, 1970, p. 13.
4 Chesterton, 1942, p. 105.
5 Alfred North Whitehead. Citado en Eco, 1985, p. 47.
6 Míguez Bonino, 2002, p. 10.
7 Distinctio 96, canon Constantinus.
8 Nouwen, 2001, pp. 37-38.
9 *Ad lectorem de hypothesibus huius operis, prefacio a De Revolutionibus Orbium Caelestium.* Recuperado de https://www.milenio.com/cultura/laberinto/ciencia-y-religion-un-debate-interminable
10 Bacon, 1988, p. 56.
11 Van Den Heuvel, 1970, p. 48.
12 Levoratti, 2007, Vol. II, p. 595.
13 *Contra los profetas celestiales acerca de las imágenes y los sacramentos* (1525). Lutero, 2017a, Tomo V, p. 361. [Citado a continuación como Obras]
14 Citado en Williams, 2019, p. 210.
15 Lewis, 1977b, p. 153.
16 Chesterton, 2007, p. 241.
17 Cruz, 1996, p. 58.
18 Sermón *La lucha permanente del cristiano contra sí mismo* (17 de enero de 1546). Obras IX, p. 238.
19 *De homine* (1536). Citado en Svensson, 2016, p. 104.
20 Ropero, 1999, p. 311.
21 Ibíd., p. 307.
22 *A la nobleza cristiana de la nación alemana* (1520). Obras I, p. 124.
23 Roper, 2017, p. 437.
24 Ramírez Z., 2019, p. 184.
25 Citado en Roper, 2017, p. 33.
26 Febvre, 1956, p. 44.
27 Bainton, 1955.
28 Foster, 2010, p. 92.
29 Bonhoeffer, 2004, p. 40.
30 Citado en Roper, 2017, p. 330.
31 Introducción de Manfred Bahmann a *Contra los profetas celestiales acerca de las imágenes y los sacramentos* (1525). Obras V, pp. 246-247.
32 *A la nobleza cristiana de la nación alemana* (1520). Obras I, p. 115.
33 Campbell, 1959, p. 314.
34 Lampedusa, 2004, p. 41.
35 Van Den Heuvel, 1970, p. 239.
36 Citado en Roper, 2017, p. 247.
37 *Confesión acerca de la Santa Cena de Cristo* (1528). Obras V, p. 509.
38 Roper, 2017, p. 329.
39 Illescas, 2019, pp. 273-274.
40 Chesterton, 2006, p. 132.
41 Borges & Ferrari, 2005, Vol. I, p. 70.
42 *A toda la clerecía reunida en Augsburgo para la Dieta del año 1530* (1530). Obras I, pp. 329-330.

[43] Tunc, 1999, p. 12.

[44] *Sermón para que se manden a los hijos a la escuela* (1530). Obras VII, p. 49.

[45] *Derechos de una comunidad cristiana* (1523). Obras VII, pp. 100-101.

[46] *Sermón La fe en el Dios trino* (4 de junio de 1531). Obras IX, p. 155.

[47] Chesterton, 2007, pp. 137-138.

[48] De Lubac, 1989, pp. 25-26.

[49] De Lubac, 1979, p. 10.

[50] Moltmann, 1975, p. 17.

[51] *Disputación acerca de la determinación del valor de las indulgencias* (1517). Obras I, p. 12.

[52] Pronzato, 1969, p. 58.

[53] Tamayo Acosta, 1997, p. 15.

[54] Ellul, 2019, p. 20.

[55] Fonti, 2019, p. 39.

[56] 1606 Denz. 849 Can. 6.

[57] Tillich, 2019, p. 48.

[58] Roper, 2017, p. 130.

[59] *Artículos de Esmalcalda* (1537). Obras V, p. 189.

[60] Citado en Barrett, 2017.

[61] *Artículos de Esmalcalda* (1537). Obras V, p. 172.

[62] *Catecismo mayor* (1529). Obras V, p. 50.

[63] Bonhoeffer, 2004, p. 24.

[64] Ibíd., p. 16.

[65] Bonhoeffer, 2000, p. 135.

[66] De Certeau & Domenach, 1976, p. 11.

[67] Boff, 1980, p. 169.

[68] Boff, 2001, p. 158.

[69] *La disputación de Heidelberg* (1518). Obras I, p. 40.

[70] Citado en Westhelle, 2016, p. 111.

[71] Tillich, 1972, p. 25.

[72] Westhelle, 2016, p. 120.

[73] Nietzsche, 1997, p. 78.

[74] *La disputación de Heidelberg* (1518). Obras I, p. 42.

[75] Mayer, 2008, p. 33.

[76] Relación del cuarto viaje. Colón, 2004, p. 288. El énfasis es mío.

[77] *Disputación acerca de la determinación del valor de las indulgencias* (1517). Obras I, p. 9. El énfasis es mío.

[78] Wirth, 2016, p. 140.

[79] Citado en Mayer, 2008, p. 123.

[80] Cortés, 1990, p. 165.

[81] Cortés, 1828, p. 74.

[82] Citado en Rivera Pagán, 2021, p. 77.

[83] Citado en Westhelle, 2016, p. 184.

[84] González Ruíz, 1970, p. 73.

[85] Mayer, 2008, p. 21.

[86] Girondo, 1991, p. 73.

[87] Citado en Febvre, 1956, p. 244.

[88] Citado en Ropero, 2016.

[89] Lewis, 2006a, p. 56.

[90] *Comentario a la Carta a los Romanos* (1515-1516). *Obras* X, p. 309.

[91] Chesterton, 1943, p. 155.

[92] Hoffmann, 2014, p. 185.

[93] Stark, 1996.

[94] Tillich, 1972, p. 16.

[95] King, 2014, p. 43.

[96] Ibíd.

[97] Levoratti, 2007, Vol. I, p. 757.

[98] Sánchez Cetina, 1998, p. 80.

[99] Padilla, 1986, p. 42.

[100] Citado en Bainton, 1955, p. 274.

[101] Lewis, 1993, Carta XXIII.

[102] Citado en Grau & Martínez, 1973, p. 33.

[103] Carta a Justus Jonas, 23 de septiembre de 1542.

[104] Leopardi, 2000, p. 113.

[105] Brueggemann, 1986, p. 61.

[106] *La voluntad determinada* (1525). Obras IV, p. 254.

[107] Ibíd., pp. 258-259.

[108] Hoffmann, 2016, p. 33.

[109] Sider, 2015, pp. 184-185.

[110] Piedra, 2003, p. 24.

[111] Citado en Fitzer, 1972, p. 49.

[112] Lewis, 1977a, p. 57.

[113] Fonseca, 2002, p. 19.

[114] Ellul, 2019, pp. 24, 26.

[115] Ibíd., p. 23.

[116] Frye, 1988, p. 160.

[117] Tillich, 2019, p. 62.

[118] Dulles, 1975.

[119] Snyder, 2014, pp. 100-101.

[120] Bellah, 1989.

[121] James, 1917, p. 31.

[122] Martínez Guerra, 2017, p. 205.

[123] *La voluntad determinada* (1525). Obras IV, p. 162.

[124] Sermón *Las Sagradas Escrituras: el sostén de la iglesia* (10 de diciembre de 1531). Obras IX, p. 276.

[125] Merton, 2009, p. 53.

[126] Wittgenstein, 2009, p. 137.

[127] *La voluntad determinada* (1525). Obras IV, p. 163.

[128] Bedford, 2017, p. 103.

[129] Ropero, 1999, p. 314.

[130] Borges, 2011, Tomo V, p. 222.

[131] Svensson, 2016, p. 149.

[132] Citado en Ropero, 1999, p. 466.

[133] Míguez, 2017b, p. 7.

[134] Atwood, 2017, p. 131.

[135] Citado en Bainton, 1955, p. 280.

[136] *A toda la clerecía reunida en Augsburgo para la Dieta del año 1530* (1530). Obras I, p. 319.

[137] *Juicio sobre los votos monásticos* (1521). Obras III, pp. 88-89.

[138] Citado en Westhelle, 2016, p. 45.

[139] *La voluntad determinada* (1525). Obras IV, p. 45.

[140] Ibíd., pp. 45-46.

[141] Ibíd., p. 47

[142] Ibíd., p. 46.

[143] Westhelle, 2016, p. 120.

[144] *La Disputación de Leipzig* (1519). Citado en J. González, 2003, p. 42.

[145] Sánchez Cetina, 2017, p. 85.

[146] *La voluntad determinada* (1525). *Obras* IV, p. 176.

[147] J. González, 2003, pp. 47-48.

[148] "La posición del doctor Martín Lutero frente a las Sagradas Escrituras", estudio preliminar de Federico Schäfer a Obras VI, p. 11.

[149] Sermón *Las Sagradas Escrituras: el sostén de la iglesia* (10 de diciembre de 1531). Obras IX, p. 276.

[150] *La voluntad determinada* (1525). *Obras* IV, p. 46.

[151] *Prefacio a las Epístolas de Santiago y Judas* (1522). Obras VI, p. 154.

[152] Ibíd.

[153] *Tesis sobre la fe y la ley* (1535). Citado en Bustamante, 2018, p. 59.

[154] *Prefacio a los profetas* (1532). Obras VI, p. 75.

[155] *Conferencias sobre el Génesis* (1535-1545). Citado en González, 2010, p. 619.

[156] Sermón *Las Sagradas Escrituras: el sostén de la iglesia* (10 de diciembre de 1531). *Obras* IX, p. 277.

[157] Citado en González, 2010, p. 639.

[158] Westhelle, 2016, p. 45.

159 Sermón *Las Sagradas Escrituras: el sostén de la iglesia* (10 de diciembre de 1531). *Obras* IX, p. 276.

160 Svensson, 2016, p. 152.

161 *Prefacio a las Epístolas de Santiago y Judas* (1522). Obras VI, p. 154.

162 Wit, 2002, p. 211.

163 Bainton, 1955, p. 229.

164 Citado en Ibíd., p. 292.

165 *Contra los profetas celestiales acerca de las imágenes y los sacramentos* (1525). Obras V, p. 269.

166 *Los artículos de Esmacalda* (1537). *Obras* V, p. 196.

167 Ibíd., p. 197.

168 Watson et. al., 1996.

169 Packer, 1985, p. 5.

170 Tamayo Acosta, 2011, p. 34.

171 Piedra, 2003, p. 63.

172 *La voluntad determinada* (1525). *Obras* IV, p. 39.

173 Padilla, 2006, p. 23.

174 Carta a Georg Spalatin, diciembre de 1528.

175 *Catecismo menor* (1529). Obras V, p. 13.

176 Ibíd., p. 15.

177 *Catecismo mayor* (1529). Obras V, p. 40.

178 Citado en Padilla, 2006, p. 24.

179 1215 Denz. 802 Can. 1.

180 Chesterton, 1943, pp. 43-44.

181 Tillich, 1965, p. 286.

182 Boff, 1984, p. 7.

183 Ropero, 1999, p. 322.

184 Brueggemann, 1986, p. 26.

185 Hurtado, 2017, p. 54.

186 A. González, 2003, p. 229.

187 Cruz-Villalobos, 2017, p. 47.

188 Altmann, 1987, p. 25.

189 Sermón *Jesús, el vencedor de nuestras tribulaciones* (7 de abril de 1531). *Obras* IX, p. 75.

190 Citado en Roper, 2017, p. 71.

191 *Catecismo menor* (1529). Obras V, p. 22.

192 Jauretche, 1967, p. 168.

193 Míguez Bonino et. al., 1977, p. 239.

194 Polanco, 2009, p. 150.

195 *La libertad cristiana* (1520). Obras I, p. 167.

196 Ibíd., p. 165.

197 Ibíd.

198 Bainton, 1955, p. 258.

199 Nessan, 2016, p. 301.

200 González Faus & Vives, 1985, pp. 25-26.

201 Manson, 1975, p. 139.

202 Citado en Rincón González, 2019, p. 122.

203 Citado en Beer, 2019, pp. 372-373.

204 Ropero, 1999, p. 283.

205 *A la nobleza cristiana de la nación alemana* (1520). *Obras* I, p. 116.

206 Roper, 2017, p. 229.

207 *La necesidad de crear y mantener escuelas cristianas* (1524). Obras VII, p. 26.

208 *Prefacio al primer tomo de los escritos latinos* (1545). *Obras* I, p. 360.

209 Citado en Febvre, 1956, p. 22.

210 Sermón *La oración de los cristianos en el nombre de Jesús* (14 de mayo de 1531). *Obras* IX, p. 326.

211 Yancey, 2000, p. 34.

212 *Prefacio al primer tomo de los escritos latinos* (1545). *Obras* I, p. 360.

213 *Juicio sobre los votos monásticos* (1521). *Obras* III, p. 88.

214 Carta a Marquard Schuldorp, 5 de enero de 1526.

215 González, 2010, p. 634.

216 *La Disputación de Leipzig* (1519). Citado en Bainton, 1955, p. 128.

217 *La libertad cristiana* (1520). *Obras* I, p. 157.

[218] Citado en A. González, 2003, p. 244.

[219] *Cantico delle creature* (c. 1224). Recuperado de http://www.franciscanos.org/esfa/cant.html

[220] Sermón *La promesa de Dios para la creación que gime* (6 de julio de 1544). *Obras* IX, p. 449.

[221] La expresión es de Sir Thomas Browne.

[222] *A la nobleza cristiana de la nación alemana* (1520). Obras I, p. 84.

[223] Míguez, 2018, p. 96.

[224] Sermón *El uso responsable de los bienes materiales* (5 de septiembre de 1532). *Obras* IX, p. 374.

[225] Sermón *La fe demuestra su vitalidad mediante obras de amor* (22 de junio de 1522). *Obras* IX, pp. 339-340.

[226] Bayer, 2020.

[227] Küng, 1997, p. 195.

[228] Küng, 2019, p. 91.

[229] Hansen, 2019, p. 423.

[230] *La autoridad secular* (1523). *Obras* II, p. 149.

[231] *Exhortación a la paz, en relación con los Doce artículos de los campesinos de Suabia. Obras* II, pp. 254-255.

[232] *Contra las hordas ladronas y asesinas de los campesinos* (1525). *Obras* II, p. 288.

[233] Ibíd., p. 287.

[234] Citado en Duchrow, 2016.

[235] Nietzsche, 2007, p. 115.

[236] Citado en Barrett, 2017.

[237] *Alegato contra los turcos* (1529). *Obras* II, p. 217.

[238] Ibíd., pp. 218-219.

[239] Citado en Bainton, 1955, p. 296.

[240] *El arte de traducir. Carta abierta* (1530). *Obras* VI, p. 26.

[241] Ibíd., p. 31.

[242] *Artículos de Esmalcalda* (1537). *Obras* V, p. 172.

[243] Bainton, 1955, p. 335.

[244] Míguez Bonino, 1999, p. 12.

[245] Stott, 1975, p. 21.

[246] Citado en Grau & Martínez, 1973, p. 48.

[247] Tertuliano, 1927, p. 282.

[248] Miegge, 2016, p. 24.

[249] *Catecismo mayor* (1529). *Obras* V, p. 93.

[250] *Refutación de Lutero al informe que Latomus da a favor de los teólogos de la Facultad de Lovaina que quemaron los escritos de Lutero* (1521). Citado en Fitzer, 1972, p. 43.

[251] Hurtado, 2017, p. 206.

[252] Recuperado de https://www.mercaba.org/TESORO/didaje.htm

[253] A. González, 2003, p. 228.

[254] Citado en Foster, 2010, p. 127.

[255] Citado en Lacan, 2011, p. 114.

[256] Ignacio Ellacuría. En: Míguez Bonino et. al., 1977, p. 145.

[257] *La cautividad babilónica de la iglesia* (1520). *Obras* I, pp. 274-275. La mayúscula es de Lutero.

[258] Carta a Bernhard Wurzelmann, 2 de noviembre de 1535.

[259] Carta a Katharina von Bora, 2 de julio de 1540.

[260] Lewis, 2006b, pp. 109-110.

[261] *La cautividad babilónica de la iglesia* (1520). *Obras* I, p. 275.

[262] Alaguibe, 2019.

[263] *Actas y hechos del Dr. Martín Lutero, Agustino, en la Dieta de Worms* (1521). *Obras* I, p. 292.

[264] Citado en Rivera Pagán, 2021, p. 51.

[265] Baudrillard, 1978, p. 7.

[266] Borges, 2011, Tomo VII, p. 107.

[267] Citado en Stott, 1975, p. 43.

[268] Carta al Papa León X, 28 de noviembre de 1518.

[269] *A la nobleza cristiana de la nación alemana* (1520). *Obras* I, p. 80.

[270] Citado en González, 2010, p. 635.

[271] Citado en Schmidt, 2019, p. 469.

[272] *Juicio sobre los votos monásticos* (1521). *Obras* III, p. 160.

[273] Ibíd., p. 161.

# NOTAS

274 Rooy, 2017, p. 36.
275 *La libertad cristiana* (1520). Obras I, p. 165.
276 Moyn, 2015.
277 Heschel, 1973, Vol. II, p. 81.
278 Platón, 1871, Tomo IV, p. 285.
279 Citado en Keller, 2012.
280 *Actas y hechos del Dr. Martín Lutero, Agustino, en la Dieta de Worms* (1521). *Obras* I, p. 292.
281 Grau & Martínez, 1973, p. 12.
282 Leonardo Boff. Citado en Míguez Bonino et. al., 1977, p. 213.
283 Citado en Royo Mejía, 2011, p. 170.
284 Alcántara Mejía, 2017, p. 411.
285 *Summa Theologiae*, I, q.1, a.8 ad 2.
286 Peterson, 2008.
287 *La voluntad determinada* (1525). Obras IV, p. 276.
288 Ropero, 1999, pp. 352-353.
289 Bonhoeffer, 2000, p. 69.
290 Citado en Bainton, 1955, p. 349.
291 Ropero, 1999, p. 315.
292 *El arte de traducir. Carta abierta* (1530). Obras VI, pp. 26-27. Citado según la traducción de Fitzer, 1972, p. 179.
293 Ibíd., p. 26. Aquí también preferí la traducción de Westhelle, 2016, p. 37.
294 Marx, 2009, pp. 6-7.
295 Ginzo, 2009, p. 8.
296 Citado en Maestro Cano, 2019, p. 222.
297 *Disputación acerca de la determinación del valor de las indulgencias* (1517). Obras I, p. 9.
298 Dobbelaere, 1999, p. 242.
299 *Juicio sobre los votos monásticos* (1521). *Obras* III, p. 133.
300 Weber, 2011, p. 54.
301 Bainton, 1955, p. 260.
302 *Confesión acerca de la Santa Cena de Cristo* (1528). *Obras* V, p. 558.
303 Mangalwadi, 2011, p. 350.
304 Eco, 2012, Tomo II, p. 274.
305 Lohfink, 1986, p. 38.
306 Marechal, 1970, p. 307.
307 Epist. LXXII. Cipriano, 1807, p. 358.
308 *Sermón para el segundo día de Navidad* (1521). Recuperado de https://teologialuterana.com/lutpostevannavidad2.htm
309 A la nobleza cristiana de la nación alemana (1520). Obras I, p. 127.
310 González, 2019, p. 17.
311 Piedra, 2003, p. 25.
312 Citado en Miegge, 2016, p. 31.
313 Roper, 2017, p. 27.
314 *Los concilios y la Iglesia* (1539). Obras VII, p. 253.
315 Bainton, 1955, p. 382.
316 Lewis, 1970, pp. 51-52.
317 Piedra, 2003, p. 27.
318 *La voluntad determinada* (1525). *Obras* IV, pp. 327-328.
319 *Contra los profetas celestiales acerca de las imágenes y los sacramentos* (1525). *Obras* V, p. 317.
320 Chesterton, 2003, p. 88.
321 *A toda la clerecía reunida en Augsburgo para la Dieta del año 1530* (1530). *Obras* I, p. 320.
322 *Catecismo mayor* (1529). Obras V, pp. 47-48.
323 Lewis, 2006a, p. 90.
324 Citado en Manning, 2015, p. 152.
325 *Charlas de sobremesa* (diciembre 1531). Lutero, 2017b, p. 93.
326 Citado en Piedra, Rooy & Bullón, 2003, p. 16.
327 *Catecismo mayor* (1529). Obras V, p. 157.
328 *Actas y hechos del Dr. Martín Lutero, Agustino, en la Dieta de Worms* (1521). Obras I, p. 289.
329 "Llueve", de Vicente Luy. Recuperado de https://artezeta.com.ar/llueve-de-vicente-luy/